PROBLEME DER POLITISCHEN ÖKONOMIE

Deutsche Akademie der Wissenschaften zu Berlin

Jahrbuch des Instituts für Wirtschaftswissenschaften

Band 8

Probleme der politischen Ökonomie

AKADEMIE-VERLAG · BERLIN

1965

Am 4. und 5. Juni 1964 beging das Institut für Wirtschaftswissenschaften der Deutschen Akademie der Wissenschaften zu Berlin den Jahrestag seines zehnjährigen Bestehens. Dieser Band enthält die – zum Teil überarbeiteten – Vorträge, die auf den Jubiläumsveranstaltungen gehalten wurden.

Verantwortlicher Redakteur: Dr. Hermann Lehmann

Erschienen im Akademie-Verlag GmbH, 108 Berlin, Leipziger Straße 3–4

Lizenznummer: 202 · 100/18/65
Gesamtherstellung: IV/2/14 VEB Werkdruck Gräfenhainichen 2398
Bestellnummer: 2113/8 · ES 5 B 2

INHALTSVERZEICHNIS

Fred Oelßner

DIE WIRTSCHAFTSWISSENSCHAFT IN UNSERER ZEIT

Wenn ich hier über die Wirtschaftswissenschaft in unserer Zeit spreche, dann in dem eingeschränkten Sinn, daß ich gleichsam einen Blick aus unserem Institutsfenster auf das weite Feld der Wirtschaftswissenschaften werfe. Dieser Blick wird bestimmt von unserem Standpunkt, dabei auch vom Platz unseres Instituts im arbeitsteiligen System der wirtschaftswissenschaftlichen Forschungen in der Deutschen Demokratischen Republik. Das Blickfeld hängt ab von der Höhe unseres Fensters, unseres Standpunktes. So schließt die Begrenzung des Themas zugleich die Forderung ein, die eigene Arbeit des Institutskollektivs an der Weite des wirtschaftswissenschaftlichen Feldes zu messen und ebenso am Tempo der internationalen und nationalen Bestellarbeiten.

I.

Das Institut besteht zehn Jahre, eine sehr kurze Zeit, wenn die nächste Generation zurückblicken wird, doch eine sehr dynamische Periode, in der sich auf dem Feld der Wirtschaftswissenschaften, das Weltgeschehen in einem bestimmten Sektor reflektierend, außerordentlich viel ereignet und verändert hat. In den letzten Jahren hat sich eine grundlegende Veränderung im internationalen Verhältnis zwischen den Kräften des Sozialismus und des Friedens und den Kräften des Imperialismus vollzogen. Damit wurde eine neue Situation in der Welt geschaffen, die vor allem durch das Wachstum des sozialistischen Weltsystems charakterisiert wird. Vor den sozialistischen Ländern steht die historische Aufgabe, die führenden kapitalistischen Länder auf ökonomischem Gebiet in kürzester Zeit einzuholen und zu überholen. Das ist die revolutionäre Grundaufgabe in der gegenwärtigen Etappe.

Der Wettstreit der beiden Systeme vollzieht sich auf der Basis einer wissenschaftlich-technischen Revolution, die sowohl im kapitalistischen als auch im sozialistischen System neue Probleme aufwirft. Das auf dem VI. Parteitag der SED beschlossene *Neue ökonomische System der Planung und Leitung der Volkswirtschaft* stellt die wirtschaftspolitische Grundkonzeption dar, wie der Wettstreit der beiden Systeme unter den Bedingungen der DDR zu führen ist. Die Anforderungen an die ökonomische Wissenschaft verlangen eine Verbesserung der Arbeit der Wirtschaftswissenschaftler·

Notwendig sind ein neuer Arbeitsstil, der vor allem von der Orientierung auf die gesellschaftliche Praxis bestimmt wird, die Anwendung neuer wissenschaftlicher Methoden, die Erhöhung des wissenschaftlichen Niveaus der Forschungsarbeit und die Orientierung der theoretischen Arbeit auf die künftige Entwicklung der Produktivkräfte, des wissenschaftlich-technischen Fortschritts, in ihren Wechselbeziehungen mit den sich vervollkommnenden sozialistischen Produktionsverhältnissen. Anders gefaßt: im abgelaufenen Zeitraum bereicherte sich der Gegenstand unserer Forschungsarbeit über die sozialistische Wirtschaft, unsere wissenschaftliche Methodologie wurde verbessert und unsere Forschung stärker in den Dienst der sozialistischen Wirtschaftsleitung gestellt.

Eine zweite große Veränderung im abgelaufenen Jahrzehnt ergibt sich aus den Siegen der kolonialen und nationalen Befreiungsbewegung, der Zerschlagung des alten imperialistischen Kolonialsystems. Damit entsteht die Aufgabe, die sozialistische Revolution mit der kolonialen Befreiungsbewegung auf neue und höhere Art zu verschmelzen. Im Rahmen der antiimperialistischen Politik der friedlichen Koexistenz entwickeln wir im Kampf gegen den Neokolonialismus die wirtschaftliche Zusammenarbeit der sozialistischen mit den neuen Staaten; wir helfen beim Wirtschaftsaufbau durch Planungsvorschläge, Entwicklungsprogramme, Industrialisierungskonzeptionen, Genossenschaftspläne und durch Außenwirtschaftsbeziehungen der verschiedenen Art. Damit ist ein neues Betätigungsfeld und ebenfalls wieder eine Bereicherung unseres Gegenstandes gegeben.

Schließlich besteht eine dritte große Veränderung im abgelaufenen Dezennium darin, daß der Kapitalismus in die dritte Etappe seiner allgemeinen Krise eingetreten ist. In den führenden kapitalistischen Ländern vollzog sich der allgemeine und umfassende Übergang zum staatsmonopolistischen Kapitalismus auf der Basis einer nie dagewesenen Konzentration der Produktion und des Kapitals. Die wachsende Vergesellschaftung der Produktion, die sich auf der Grundlage der auch in den kapitalistischen Ländern vor sich gehenden wissenschaftlich-technischen Revolution entwickelte, hat zur Entstehung neuer Widersprüche und neuer Erscheinungsformen bekannter Widersprüche geführt. Immer deutlicher wird die Notwendigkeit der revolutionären Umgestaltung der Gesellschaft. Die Erforschung der Grundprozesse des modernen Kapitalismus bleibt eine vorrangige Aufgabe der Wirtschaftswissenschaftler in unserer Zeit.

II.

Waren wir marxistischen Ökonomen – und speziell an unserem Institut – wissenschaftlich genügend vorbereitet und ausgerüstet, um die vom Leben, von der historischen Vernunft, vom Kampf um den Sieg des Sozialismus gestellten Aufgaben zu lösen?

Zweifellos haben die Entstellungen der sozialistischen Praxis und der marxistisch-leninistischen Theorie während der Herrschaft des Dogmatismus und des Personenkults um Stalin unserer Forschungsarbeit geschadet. Die Fortschritte und Erfolge hätten größer sein können; auf einigen Gebieten gab es Stagnation und sogar Rückschritte gegenüber dem Entwicklungsstand und den bedeutenden Diskussionen in der marxistischen Wirtschaftswissenschaft vor dem ersten Weltkrieg und in den 20er Jahren. Aber wir hatten die Lehre des Marxismus-Leninismus, sie ermöglichte, durch eigene Anstrengungen, historisch gesehen relativ schnell, Grundlagen für das logische System der Theorie von der sozialistischen Wirtschaft auszuarbeiten.

Mit diesem großartigen und funktionssicheren Instrumentarium ausgerüstet, sind wir in der DDR und auch im Institut darangegangen, unseren Forschungsgegenstand genauer zu bestimmen, durch Verbindung mit der Praxis, durch Konzentration auf Schwerpunkte und durch Entwicklung der sozialistischen Gemeinschaftsarbeit einen neuen Arbeitsstil zu entwickeln, durch Anwendung der Mathematik, mathematischen Statistik, Kybernetik neue wissenschaftliche Methoden anzuwenden und die praktische Anwendbarkeit unserer Forschungsergebnisse entsprechend den Beschlüssen unserer Partei und Regierung zu erstreben.

Die Ergebnisse des VI. Parteitages der SED, der Wirtschaftskonferenz des Zentralkomitees und des Ministerrats vom Juni 1963 und der 5. Tagung des Zentralkomitees der SED vom Februar 1964 weisen den Ökonomen unserer Republik den Weg, die im Programm formulierte Aufgabe zu erfüllen, „. . . die Erkenntnisse so in die Praxis der Leitung der Volkswirtschaft und der Planung überzuführen, daß das günstigste Entwicklungstempo der Wirtschaft und der beste Wirkungsgrad der gesellschaftlichen Arbeit erreicht werden"[1], und gleichzeitig daran zu gehen, den notwendigen wissenschaftlichen Vorlauf durch die weitere Erforschung der objektiven ökonomischen Gesetze, ihres Wirkungsmechanismus und ihres Zusammenhanges zu schaffen.

Dabei liegt auf den Schultern der Wirtschaftswissenschaftler der Deutschen Demokratischen Republik die besondere Verantwortung, die sich aus den Aufgaben unseres nationalen Kampfes ergibt. Die Verantwortung der deutschen Arbeiterklasse für die Erhaltung des Friedens in Europa ist angesichts der Existenz des westdeutschen Imperialismus als Hauptaggressors in Europa besonders groß. Stellen doch nur die deutschen Imperialisten territoriale Forderungen. Unter den Bedingungen der Spaltung des Landes und der Diversionstätigkeit des Klassenfeindes hat die Aufgabe, in einem entwickelten Industrieland den Sozialismus aufzubauen, auch internationale Bedeutung. Die allseitige Stärkung der nationalen Wirtschaft der DDR ist in diesem Kampfe die entscheidende Aufgabe. Die Durchsetzung des *Neuen ökonomischen Systems der Planung und Leitung der Volkswirtschaft* und seine weitere Gestaltung dienen dieser Aufgabe und sind eine besondere Ehrenpflicht jedes Wirtschaftswissenschaftlers der DDR.

Die vom Präsidium des Ministerrats der Deutschen Demokratischen Republik am 11. Juli 1963 beschlossene *Richtlinie für das neue ökonomische System der Planung und Leitung der Volkswirtschaft* ist zugleich auch für die sich daraus ergebenden Aufgaben der Wirtschaftswissenschaftler die Richtlinie. Sie legt als notwendige strukturelle Voraussetzung die Hauptaufgaben des Ministerrates und der staatlichen Organe der Wirtschaftsführung fest, wobei sie davon ausgeht, daß die wissenschaftliche

[1] VI. Parteitag der SED, *Walter Ulbricht*: Referat, Schlußwort, Programm, Dietz-Verlag, Berlin 1963, S. 347.

Führungstätigkeit unlöslich mit der konsequenten Durchführung des Produktionsprinzips verbunden ist. Erst die Leitung nach dem Produktionsprinzip ermöglicht eine konkrete, den Reproduktionsbedingungen entsprechende wissenschaftliche Führung und die richtige Ausnutzung der ökonomischen Gesetze.

Die Ausnutzung der ökonomischen Gesetze ist das Kernstück des neuen ökonomischen Systems. Zu seiner Begründung sagte Walter Ulbricht auf dem VI. Parteitag der Sozialistischen Einheitspartei Deutschlands: „Hauptaufgabe der Planung und Leitung der sozialistischen Volkswirtschaft ist es, die ökonomischen Gesetze des Sozialismus richtig und vollständig auszunutzen, um eine optimale und damit zugleich proportionale Entwicklung der Produktivkräfte zu sichern. Allein auf diese Weise ist es möglich, die entscheidenden Vorzüge unserer Wirtschaftsordnung zu nutzen".[2]

In den letzten Jahren zeichnet sich eine neue Etappe in der Entwicklung der politischen Ökonomie des Sozialismus ab. Die größeren theoretischen Kenntnisse über die Gesetze und Kategorien der sozialistischen Produktionsweise erlauben es, die Planung, Bilanzierung, Optimierung, die praktische Erfassung des Reproduktionsprozesses als wissenschaftliche Probleme zu untersuchen. Die Entwicklung der neuen Etappe ergibt sich aus objektiven und subjektiven Gegebenheiten: Reifegrad der sozialistischen Produktionsverhältnisse, Entwicklung der wissenschaftlich-technischen Revolution, Produktionsniveau und -volumen und damit Umfang und Struktur des Marktes, Stand der Planungs- und Leitungstätigkeit, Stand der Zusammenarbeit der sozialistischen Länder, Überwindung des Personenkults und Dogmatismus und damit zusammenhängend Stand unserer theoretischen Kenntnisse über das Wesen der sozialistischen Produktionsweise, Entwicklungsstand technischer und theoretischer Hilfsmittel für die Planung, Bilanzierung und Leitung.

In der neuen Etappe wurde die Kluft zwischen der allgemeinen Formulierung der Gesetze und der Praxis geschlossen, und es wird versucht, vorhandene theoretische Erkenntnisse praktisch anwendbar zu machen, den Wirkungsmechanismus der Gesetze von den konkreten Prozessen aus zu erforschen und neue Zusammenhänge zwischen den ökonomischen Prozessen und Erscheinungen zu finden, die ökonomischen Gesetze und Prozesse nicht schematisch, sondern in ihren tatsächlichen inneren Zusammenhängen zu erfassen, die neuen Erscheinungen ins Blickfeld zu rücken, die mit der wissenschaftlich-technischen Revolution, dem Entwicklungsstand der Produktionsverhältnisse, dem Stand des Leitungssystems, der Struktur und dem Volumen des Marktes entstanden sind. Daraus ergeben sich neue Fragestellungen wie das Verhältnis von Zentralismus und Dezentralismus, Planung und Markt, die Anwendung neuer Methoden, (ökonomisches Experiment, Mathematik, Informationstheorie, Kybernetik, Spieltheorie), neuartige Untersuchungen von Detailprozessen mit Hilfe der neuen Methoden (Fondsintensität, Faktorenanalyse, Abrechnungs- und Erfassungsprobleme), die Verbesserung der Planungs- und Leitungsmethoden, die Schaffung neuer Kennziffern und neuer Methoden (Variantenrechnung, Optimierung, Verflechtungsbilanzierung). Die Aufgaben der Wirtschafts-

[2] VI. Parteitag der SED, *Walter Ulbricht:* Referat, Schlußwort, Programm, Dietz-Verlag, Berlin 1963, S. 82.

wissenschaftler erscheinen mannigfaltiger, umfassender, der Ökonom dieser Etappe bedarf eines neuen Profils.

Es ist wahrscheinlich, daß in dieser Etappe der Entwicklung der politischen Ökonomie des Sozialismus die entscheidenden, bis jetzt noch fehlenden Voraussetzungen geschaffen werden, um eine der Logik des Marxschen *Kapital* entsprechende Logik für die sozialistische Produktionsweise zu entwickeln, also im echten Sinn den Wirkungsmechanismus der ökonomischen Gesetze des Sozialismus zu erfassen und darzustellen oder dem nahe zu kommen.

III.

Die Bereicherung und größere Mannigfaltigkeit des Forschungsgegenstandes umfaßt auch die Einbeziehung der Entwicklung der Produktivkräfte in die Untersuchungen, nicht nur ihrer allgemeinen, sondern auch der konkreten Wechselbeziehungen zu den Produktionsverhältnissen, einschließlich der sich daraus ergebenden Aufgaben für die Wirtschaftspolitik. Das betrifft sowohl die politische Ökonomie des Kapitalismus als auch die des Sozialismus. Damit im Zusammenhang steht die Festigung, ja eigentlich erst die Schaffung des Bündnisses der Wirtschaftswissenschaft mit der Technik und den Naturwissenschaften, wie es z. B. in der Vertretung von Wirtschaftswissenschaftlern, dabei auch unseres Instituts, im Forschungsrat der DDR zum Ausdruck kommt.

Wenn in der Vorbereitung des 5. Plenums und des Perspektivplanes der DDR-Wirtschaft für 1964/70 den Naturwissenschaftlern und Technikern die Aufgabe gestellt wurde, Entwicklungstempo, -richtungen und -stand der Naturwissenschaft, Technik und Technologie für die Jahre 1970 bis 1980 einzuschätzen und von daher Entwicklungskonzeptionen auszuarbeiten, so geht es für die Wirtschaftswissenschaft darum, entsprechend diesen Entwicklungstendenzen ökonomische Parameter, Varianten und Entwicklungsreihen auszuarbeiten. Der Wirtschaftswissenschaftler kann nicht an den Entwicklungstendenzen der Produktivkräfte vorbeigehen. Die wissenschaftlich-technische Revolution setzt neue Maßstäbe für die Aufgaben des umfassenden Aufbaus des Sozialismus und des Wettstreits mit dem Kapitalismus. Wenn zum Beispiel Mitarbeiter der Arbeitsgruppe *Sozialistische Weltwirtschaft* des Instituts die Wachstumsfaktoren des sozialistischen Weltwirtschaftssystems untersuchen, so müssen sie die Entwicklungstendenzen der modernen Produktion studieren, um einschätzen zu können, wie sich diese auf die Struktur der einzelnen Volkswirtschaften und der Weltwirtschaft auswirken werden, welche Profilveränderungen sich dadurch in unserer Industrie notwendig machen und wie sich durch Einführung neuer Erzeugnisse und Produktionsverfahren die Import- und Exportstruktur verändert.

Die größere Mannigfaltigkeit des Gegenstandes fordert ferner, die wissenschaftlichen Grundlagen und das Instrumentarium der sozialistischen Wirtschaftsführung ausarbeiten zu helfen. Dazu gehören neben der gründlichen Erforschung der ökonomischen Gesetze und ihres Wirkungsmechanismus, neben der Ausarbeitung eines entsprechenden geschlossenen Systems der ökonomischen Hebel das System ökonomischer Stimuli für die Regelung und Steuerung der Volkswirtschaft, das System der ökonomischen Parameter für optimale volkswirtschaftliche und betriebswirtschaftliche Entscheidungen, das volkswirtschaftliche Informationssystem, Sozialpsychologie, Industrie- und andere Soziologie.

Zur Erweiterung unseres Forschungsgegenstandes gehört auch ein neues Herangehen an die Erforschung der ökonomischen Gesetzmäßigkeiten der Produktivkräfte und der Produktionsverhältnisse, der umfassenden und der detaillierten Gesetze, der Gesetze des Kreislaufs und der des Wachstums, wie man sie vielleicht gruppieren könnte. Es ist heute eine unumstößliche Erkenntnis der marxistischen Ökonomie, daß auch in der sozialistischen Produktionsweise objektive ökonomische Gesetze und Kategorien existieren, welche die Bewegungsform dieser neuen Produktionsweise widerspiegeln. Aus dieser Erkenntnis ergibt sich für die Wirtschaftswissenschaft die Aufgabe, diese Gesetze durch Erforschung der konkreten Produktionsprozesse zu entdecken, ihre Wirkungsweise zu untersuchen und die Methoden ihrer Ausnutzung in der praktischen Planung und Leitung der Volkswirtschaft auszuarbeiten.

Im Programm der Sozialistischen Einheitspartei Deutschlands wird von den Wirtschaftswissenschaftlern gefordert: „Die Hauptaufgabe auf dem Gebiet der Wirtschaftswissenschaften, besonders der politischen Ökonomie des Sozialismus, besteht darin, die objektiven ökonomischen Gesetze und ihren Wirkungsmechanismus gründlich zu erforschen und die Erkenntnisse so in die Praxis der Leitung der Volkswirtschaft und der Planung überzuführen, daß das günstigste Entwicklungstempo der Wirtschaft und der beste Wirkungsgrad der gesellschaftlichen Arbeit erreicht werden."[3]

Die Erfassung und Darlegung der ökonomischen Gesetze und Kategorien der politischen Ökonomie des Sozialismus erfolgte lange Zeit schematisch; die Auffassung von ökonomischen Gesetzen erschien schematisch (das Grundgesetz ist ...; es hat das Ziel ...; die Mittel sind ...). Eine solche Auffassung macht es fast unmöglich, den Wirkungsmechanismus der Gesetze zu erfassen. Marx hat im *Kapital* bei der Darlegung der grundlegenden Gesetze der kapitalistischen Produktionsweise nie derart schematisiert, er hat vielmehr die inneren Zusammenhänge dargelegt, die inneren Prozesse in ihrer wechselseitigen Verknüpfung, und nur deshalb konnte er den inneren Mechanismus des Zusammenwirkens der Gesetze aufdecken und darstellen.

Bei der Bearbeitung der Preisprobleme genügt es z. B. nicht mehr, nur das Wertgesetz zu kennen. Einige sowjetische Ökonomen haben die interessante Frage gestellt, ob es ein spezifisches Preisgesetz der sozialistischen Produktionsweise, ob es auch im Sozialismus eine Wertmodifikation gäbe. Auch bei uns im Institut wird an diesem Problem gearbeitet.

Es genügt nicht mehr, einige allgemeine Zusammenhänge zwischen Akkumulation und Konsumtion im Sozialismus zu erörtern und das Grundgesetz gleichsam einmal

[3] VI. Parteitag der SED, *Walter Ulbricht:* Referat, Schlußwort, Programm, Dietz-Verlag, Berlin 1963, S. 346 ff.

von links und einmal von rechts zu formulieren (einmal mit der Befriedigung der Bedürfnisse zu beginnen und einmal mit der Entfaltung der Produktion). Wir brauchen die Erkenntnis der konkreten Gesetze der Akkumulation im Sozialismus, so etwa der Zweigverflechtungen, der Fondsintensität, der Produktionsfunktionen, der Investitionsintensität, der Zusammenhänge von Investitionen, technischem Fortschritt und Wirtschaftswachstum, der Faktorenanalyse bei der Erforschung der Arbeitsproduktivität.

Um ein Beispiel zu nennen: In unserem Institut sind Arbeiten begonnen worden, in denen versucht wird, auf der Grundlage der Fondsintensitäts- und Investitionsintensitätsbestimmung der Produktion numerische Normative zu ermitteln, die wichtige Voraussetzungen für die effektive Verteilung der Investitionen auf die Zweige und für die Optimierung der Perspektivplanung darstellen könnten. Das noch ungelöste Problem der Bestimmung der Nutzeffekte der Investitionen kann, wenn es unter dem Aspekt der effektiven Verteilung der Investitionen auf die verschiedenen Zweige betrachtet wird, einer Lösung näher geführt werden. Ein anderes Beispiel aus der Arbeit unseres Instituts: Die konkrete Aufgabenstellung zur Durchsetzung des Gesetzes der stetigen Steigerung der Produktivität in der Volkswirtschaft erfordert, Niveau und Entwicklung der Produktivität in allen Bereichen der Produktion zu kennen. Deshalb muß nach Wegen gesucht und müssen Maßnahmen getroffen werden, um die Arbeitsproduktivität exakt messen, planen und analysieren zu können.

Ohne umfassende Analyse der produktivitätswirksamen Faktoren können nicht alle Wege zur Steigerung der Arbeitsproduktivität beschritten und die vorhandenen Reserven mobilisiert werden. Es sind über die bisher bekannten Ansätze vorwiegend betrieblicher Untersuchungen hinaus neue Möglichkeiten der Analyse produktivitätswirksamer Faktoren zu entwickeln, die besonders auf volkswirtschaftlicher Ebene wirken. Untersucht werden müssen die Faktoren der Auslastung der Arbeitszeit, die Struktur der Arbeitskräfte, der Einfluß der Struktur der Produktion, das Verhältnis zwischen Arbeitsproduktivität und Qualität, die Auswirkungen unterschiedlicher Größen der Grundfonds und unterschiedlicher Kapazitätsnutzung, der Einfluß des Stufen- und des Struktureffektes auf die Produktivität, die Wirksamkeit des Niveaueffektes. Des weiteren ist die Beziehung der Arbeitsproduktivität zu anderen ökonomischen Kategorien und ihre Rolle in den verschiedensten ökonomischen Prozessen aufzudecken und zu analysieren. Das bedingt die Darstellung funktioneller Zusammenhänge zwischen Produktivität und anderen ökonomischen Kategorien in einem umfassenden und geschlossenen Kennziffernsystem.

Als Grundlage der Perspektiv- und der Jahresplanung ist dieses Kennziffernsystem zugleich ein Instrument der Leitung der Betriebe und der Volkswirtschaft. Als betriebliches System muß es neben den Kennziffern der Arbeitsproduktivität Kennziffern für Selbstkosten, Gewinn, Preise, wichtigste Kostenbestandteile (Lohnkosten, Kosten des Produktionsverbrauchs), für Grundfonds, Umlauffonds und dergleichen umfassen. Als System für die Zweige und Bereiche und für die ganze Volkswirtschaft muß es sich so verdichten lassen, daß es die wesentlichen Planungs- und Kontrollziffern enthält. Die komplexe Faktorenanalyse kann zur Grundlage wirtschaftspolitischer Entscheidungen über bestimmte Entwicklungsvarianten auf betrieblicher und volkswirtschaftlicher Ebene werden.

Zu erwähnen sind auch andere Verfahren, mit denen wir uns im Institut befassen. So sind neben den herkömmlichen und für bestimmte Fragenkomplexe bewährten Methoden der Indextheorie jene erst in den letzten Jahren in der internationalen Fachliteratur erörterten Verfahren zur Messung speziell der volkswirtschaftlichen Entwicklung der Arbeitsproduktivität aufzugreifen und zu bearbeiten, die aggregierte Produktionsfunktionen konstruieren und diese mit Hilfe der Regressionsanalyse für Vorausschätzungen der Arbeitsproduktivitätsentwicklung verwenden.

Die Beispiele zeigen, daß es bei der Erforschung der ökonomischen Gesetze und Kategorien darum geht, die wissenschaftlichen Grundlagen für die Ausnutzung der Gesetze und Kategorien in der wirtschaftlichen Praxis zu schaffen. Die ökonomischen Gesetze des Sozialismus werden in der Weise ausgenutzt, daß die objektiven ökonomischen Kategorien der sozialistischen Produktionsweise in der Wirtschaftspolitik als ökonomische Hebel angewandt werden, um die im Plan gesteckten Ziele zu erreichen. Da die einzelnen ökonomischen Gesetze nicht isoliert voneinander wirken, sondern innerhalb eines einheitlichen Systems, muß auch ein einheitliches System der ökonomischen Hebel entwickelt werden, d. h. die in der einheitlichen sozialistischen Produktionsweise vorhandenen objektiven Kategorien sind planmäßig nach einem einheitlichen System miteinander in Bewegung zu setzen und anzuwenden. Um dies zu erreichen, ist noch viel wissenschaftliche Arbeit zu leisten. Denn die Kenntnis von der Existenz dieses oder jenes ökonomischen Gesetzes, dieser oder jener ökonomischen Kategorie – so wertvoll sie ist – sagt noch nichts darüber, *wie* das Gesetz auszunutzen, *wie* die Kategorie als Hebel anzusetzen ist. Sie sagt noch nichts darüber, wie die Betätigung eines Hebels sich auf die anderen Kategorien auswirkt. Um diese Fragen beantworten zu können, sind umfangreiche ökonomische Studien unmittelbar in der Praxis nötig. Zum Teil sind auch – die *Richtlinie* selbst nennt solche Fälle – ökonomische Experimente in der Praxis erforderlich, um die günstigste Variante herauszufinden.

So wie das System der ökonomischen Gesetze und Kategorien den gesellschaftlichen Reproduktionsprozeß in allen seinen Phasen umfaßt, so muß auch das in sich geschlossene System der ökonomischen Hebel alle Phasen, die Gesamtheit des gesellschaftlichen Reproduktionsprozesses umfassen. Nun gibt es aber bestimmte Phasen des Reproduktionsprozesses, die bisher von den Wirtschaftswissenschaftlern sehr vernachlässigt wurden. Das gilt besonders für die Zirkulationssphäre. Wenn in der *Richtlinie* gesagt wird, es komme darauf an, die künstliche Trennung zwischen Produktion und Zirkulation zu überwinden, so gilt dies auch für die wirtschaftswissenschaftliche Forschung. In der *Richtlinie* hat auch die Erkenntnis Niederschlag gefunden, daß das ökonomische Ergebnis der Produktion erst in der Zirkulation realisiert wird. Die Realisierung hängt aber in großem Maße von den Marktbedingungen ab. Daher wird auch der Marktforschung und der Bedarfsanalyse in der *Richtlinie* große Aufmerksamkeit geschenkt. Diese Aufgaben werden vor allem den Vereinigungen Volkseigener Betriebe gestellt. Das ist insofern richtig, als vor allem die VVB in der Lage sind, den Bedarf und die konkrete Marktsituation für ihre

Erzeugnisse zu ermitteln. Zweifellos gibt es aber auch auf diesem Gebiet allgemeine theoretische und methodologische Fragen, die von der Wirtschaftswissenschaft beantwortet werden müssen. In den kapitalistischen Ländern ist die Marktforschung und die Verkaufspolitik (Marketing) bekanntlich zu einer Spezialwissenschaft geworden, die eine unübersehbare Literatur hervorgebracht hat. In der politischen Ökonomie des Sozialismus gehören Bedarfsanalyse und Marktforschung noch zu den stark vernachlässigten Gebieten. Wenn das Marktproblem im Sozialismus auch ganz anders aussieht als im Kapitalismus, so ist doch unbestreitbar, daß es auch im Sozialismus ein Marktproblem gibt, das mit der zunehmenden Entfaltung der Ware-Geld-Beziehungen an Bedeutung gewinnt. Die Wirtschaftswissenschaftler sollten sich daher dem Marktproblem rechtzeitig zuwenden und nicht abwarten, bis ihnen von der Wirtschaftspraxis wieder ein kurzfristiger Wechsel präsentiert wird.

Wir dürfen uns nicht scheuen, in Neuland vorzustoßen, das durch die sozialistische Form der Produktion erschlossen worden ist und weiter erschlossen wird. Es wird z. B. viel über das Wertgesetz im Sozialismus gesprochen, das als universelles Gesetz der Warenproduktion mit allen anderen ökonomischen Gesetzen verbunden ist. Wir sind uns darüber einig, daß wir das Wertgesetz als Gesetz der sozialistischen Produktionsweise nicht mit dem Wertgesetz der einfachen Warenproduktion oder der kapitalistischen Warenproduktion gleichsetzen dürfen. Denn in der sozialistischen Produktionsweise gibt es keine isolierten Warenproduzenten mehr, kein Privateigentum an den Produktionsmitteln, keine Anarchie. Das Wertgesetz ist nicht mehr der spontane Regulator der Produktion. Das neue Wertgesetz wirkt auf der Grundlage des gesellschaftlichen Eigentums an den Produktionsmitteln, der Planwirtschaft, es wirkt auf der Basis des ökonomischen Grundgesetzes des Sozialismus. Dieses ökonomische Grundgesetz des Sozialismus setzt aber an die Stelle des alten Zieles der Produktion, des Profits, ein neues Ziel: die allseitige Befriedigung der materiellen und kulturellen Bedürfnisse der Menschen. Für das Profitstreben war der Wert entscheidend, der Gebrauchswert war relativ gleichgültig. Die Bedürfnisse der Menschen werden aber nicht durch den Wert, sondern durch den Gebrauchswert der Waren befriedigt. Das Entwicklungstempo der sozialistischen Produktion wird durch das Anwachsen des materiellen Reichtums, nicht seines Werts, bestimmt. Es ist also ganz offensichtlich, daß dem Gebrauchswert in der sozialistischen Produktionsweise eine viel größere Bedeutung zukommt, als das früher der Fall war. In der Praxis erkennen wir dies an, indem wir die Qualität der Produkte zu einer zentralen Frage der Wirtschaftstätigkeit machen. In der Theorie aber sind wir in der Erforschung der ökonomischen Rolle des Gebrauchswertes in der sozialistischen Produktionsweise weit zurückgeblieben. Eine weitere Aufgabe, die die Praxis den Wirtschaftswissenschaftlern stellt, ist die Ausarbeitung der Lehre über die sozialistische Wirtschaftsführung. Dieser Aufgabe dienen unsere Forschungen über die wirtschaftliche Rechnungsführung. Die wirtschaftliche Rechnungsführung ist unter den Bedingungen der sozialistischen Warenproduktion die Form der Wirtschaftsführung der sozialistischen Betriebe und neuerdings auch der VVB. Erst durch die Überführung auf wirtschaftliche Rechnungsführung wird beispielsweise die VVB von einem nur administrativen zu einem im wahren Sinn ökonomischen Führungsorgan. Die wirtschaftliche Rechnungsführung zwingt und interessiert die Leitungen der Betriebe und VVB, so komplex zu planen, zu leiten und zu kontrollieren, daß mit gegebenem Aufwand ein höchstmöglicher volkswirtschaftlicher Effekt erzielt wird. Deshalb wird ihre Bedeutung im Rahmen des neuen ökonomischen Systems so stark betont. Die Erfahrungen des letzten Jahrzehnts beweisen, daß die wirtschaftliche Rechnungsführung noch nicht entsprechend ihren Erfordernissen wirkte. Es müssen vor allem die Voraussetzungen für eine volle Wirkung der wirtschaftlichen Rechnungsführung geschaffen werden.

Ein anderes Beispiel ist die Einbeziehung der Soziologie in den Problemkreis der sozialistischen Wirtschaftsführung. Es wäre verfehlt, wollte man diese Aufgabe auf die Entwicklung und Erprobung einiger konkreter Leitungsmethoden und Hinweise für die praktische Menschenführung beschränken. Ausgangspunkt für den Beitrag der Soziologen müßte die aus dem hochgradigen Vergesellschaftungsprozeß der Produktion entspringende soziale Kooperation sein, die neben der ökonomischen und technologischen Kooperation in der Zukunft unser verstärktes Interesse verdient. Die aus der sozialen Kooperation resultierenden Gruppenstrukturen der Beschäftigten in der Produktion bedürfen einer eingehenden und umfassenden Analyse. Neben der Analyse der objektiven Strukturlinien der Gruppen verdient die Kommunikation der einzelnen Gruppenmitglieder untereinander und der verschiedenen Gruppen zueinander besonderes Interesse. Die Analyse der verschiedenartigen gruppentypischen Verhaltensweisen und die Aufdeckung der sie bestimmenden Gesetzmäßigkeiten in unserer Wirtschaft gestatten uns schließlich die Erarbeitung von konkreten Methoden für die Leitungstätigkeit.

Mit der Herausbildung der Kybernetik zu einer neuen selbständigen Wissenschaft beginnt sich in den Kreisen der Fachwissenschaftler der unterschiedlichsten Disziplinen die Erkenntnis durchzusetzen, daß es Gesetzmäßigkeiten des funktionalen Verhaltens, des Wachstums und der Steuerung und Regelung in Prozessen und Systemen gibt, die in den einzelnen Untersuchungsobjekten zwar eine spezifische Gestalt annehmen, in ihren Grundzügen aber von so allgemeiner Natur sind, daß sie in vielen Wissensgebieten gleichermaßen wirken und beschrieben werden können. Wie neuere Forschungen zeigen, gilt dies auch für die politische Ökonomie, zum Beispiel für den Begriff des volkswirtschaftlichen Systems. Die Erkenntnisse der mathematischen Logik ermöglichen es, exakter als zuvor die Bedingungen anzugeben, unter denen ein solches System vollständig, geschlossen und widerspruchsfrei wirkt. Die Begriffe des Optimums, des Gleichgewichts, der Stabilität von Prozessen wurden von der Regelungstechnik theoretisch und praktisch entwickelt und können mit großem erkenntnistheoretischem und praktischem Nutzen für die Konstruktion und Berechnung ökonomischer Modelle herangezogen werden. Ähnlich wie in vielen Zweigen der Naturwissenschaften eröffnet sich für die theoretisch komplizierten Modelle der Volkswirtschaft die Möglichkeit, die Verfahren der Analogiemodelle zu Berechnungsexperimenten auszunutzen. Die in diesem Zusammenhang von der Wahrscheinlichkeitstheorie ausgearbeiteten modernen Analysemethoden ermöglichen auch der ökonomischen Forschung, eine Brücke von der reinen Theorie zur komplizierten und vielschichtigen Wirtschaftspraxis zu schlagen. Dort durchkreuzen sich die Wirkungen der spezifischen Gesetzmäßigkeiten bekanntlich zu einer auf den ersten Blick unüberschaubaren Buntheit, aus der die grundlegenden, für längere Zeit typischen Entwicklungstendenzen nur mit Hilfe derartiger statistischer Methoden herausgefunden werden können. Die von der mathematischen Statistik für jene in sehr vielen Forschungsgebieten gleichermaßen wirkenden Gesetzmäßigkeiten entwickelten und angepaßten Kriterien gestatten deshalb – wie die Forschungen auf den Gebieten der Wirtschaftsmathematik beweisen – zugleich, unsere Untersuchungen zu präzisieren, ihre Ergebnisse zu verfeinern und die Verläßlichkeit für praktische Entscheidungen genauer als zuvor anzugeben.

Die Erweiterung unseres Forschungsgegenstandes bezieht sich auch auf die verschiedenen Wege des Übergangs vom Kapitalismus zum Sozialismus, wie sie z. B. mit der Entstehung neuer unabhängiger Staaten aktuell geworden sind. Die patriotischen antiimperialistischen Kräfte dieser Länder streben nach der Festigung ihrer politischen Unabhängigkeit durch die Erlangung ihrer ökonomischen Selbständigkeit.

In diesem Zusammenhang wird die nationale Industrialisierung zu einem erstrangigen Problem. Die Wirtschaftswissenschaftler müssen die Probleme und die Methoden dieser Industrialisierung um so gründlicher untersuchen, als viele Entwicklungsländer die Hilfe marxistisch-leninistischer Ökonomen für die Lösung ihrer wirtschaftlichen Probleme ausdrücklich verlangen, wir also aufgerufen sind, eine Art wirtschaftswissenschaftlicher Entwicklungshilfe zu leisten. Hierbei müssen viele Fragen eingehend erforscht werden, wie z. B. die Möglichkeiten und Grenzen der Planung der wirtschaftlichen Entwicklung dieser Länder, die Rolle des staatlichen Sektors, die Finanzierung der Industrialisierung, die Agrarfrage, insbesondere im Zusammenhang mit der Entwicklung des inneren Marktes. Diese vielfältigen einzelnen Fragen kulminieren in der Thematik des nichtkapitalistischen Entwicklungsweges.

In vielen jungen Staaten wurden bereits die Vorbedingungen für das Beschreiten dieses Weges geschaffen, und in einigen von ihnen werden bereits die ersten Schritte in diese Richtung getan. Die Untersuchungen der Probleme des nichtkapitalistischen Weges der Entwicklungsländer ist eine der wichtigsten Aufgaben der Wirtschaftswissenschaft in unserer Zeit. Sie müssen die Hauptlinien der Entwicklung erfassen, wobei auch die wichtigsten Besonderheiten als Folge der konkreten sozialökonomischen Struktur und der konkreten Kräfteverhältnisse in den einzelnen Ländern zu beachten sind, da sich die nichtkapitalistische Entwicklung in den jungen Staaten in verschiedenen Formen vollziehen kann. Hierbei müssen auch die verschiedenen Formen und Methoden der Hilfe untersucht werden, die die sozialistischen Länder den Entwicklungsländern beim Beschreiten dieses Weges leisten können.

In dem Maße, wie das Problem des nichtkapitalistischen Entwicklungsweges zur ökonomischen und politischen Kernfrage der Entwicklungsländer geworden ist, ist die Verhinderung der nichtkapitalistischen Entwicklungswege, die Aufrechterhaltung des imperialistischen Kolonialmonopols zum Angelpunkt des Neokolonialismus geworden. Diese Erkenntnis stellt auch die Untersuchung des Neokolonialismus vor neue Probleme. Eine besondere Arbeitsgruppe an unserem Institut hat die Aufgabe, unter diesem Aspekt besonders den westdeutschen Neokolonialismus zu erforschen und damit einen Beitrag zum Kampf gegen den westdeutschen Imperialismus zu leisten.

Auch die Erforschung der Probleme des modernen Kapitalismus stellt neue Anforderungen an die Wirtschaftswissenschaftler. Der grundlegende Konflikt zwischen dem gesellschaftlichen Charakter der Produktivkräfte und den kapitalistischen Produktionsverhältnissen wurde durch das Monopol entscheidend verschärft. Die Lösung liegt allein im Sozialismus. Der Kapitalismus hat seine historische Aufgabe erfüllt, er hat die Produktivkräfte des Sozialismus hervorgebracht, aber er bricht nicht spontan zusammen. Die grundlegenden inneren und äußeren Widersprüche des Kapitalismus verlangen auch bei kapitalistischen Produktionsverhältnissen, solange diese nicht durch den revolutionären Kampf der Arbeiterklasse und aller Werktätigen beseitigt worden sind, objektive kapitalistische Lösungswege, die natürlich immer nur relativ sind und die grundlegenden Konflikte nicht beseitigen, sondern verschärfen. Eben unter diesem Gesichtspunkt ist der staatsmonopolistische Kapitalismus zu betrachten.

Lange Zeit wurde der staatsmonopolistische Kapitalismus fast nur als staatliche Politik, als System staatlicher Maßnahmen betrachtet. Seine ökonomischen Grundlagen, sein eigentliches Wesen, seine Objektivität sind noch keineswegs restlos geklärt. Wir kennen die entscheidenden Hinweise, die uns Marx, Engels und Lenin zu diesem Thema gaben. Marx wies im Zusammenhang mit der Entstehung von Aktiengesellschaften darauf hin, daß dies die Aufhebung der kapitalistischen Produktionsweise innerhalb der kapitalistischen Produktionsweise selbst ist, ein Widerspruch, der sich als Übergang zu einer neuen Produktionsform darstellt. Lenin sprach davon, daß der staatsmonopolistische Kapitalismus die vollständige materielle Vorbereitung des Sozialismus ist, seine unmittelbare Vorstufe, daß hier der Rahmen der gesellschaftlichen Wirtschaftsführung bereits fertig vorhanden sei. Aus diesen Hinweisen sind die richtigen Schlußfolgerungen für die Erforschung des modernen Kapitalismus zu ziehen.

Die marxistische Theorie des modernen Kapitalismus hat eine zweifache Aufgabe zu lösen. Sie muß erstens die Zusammenhänge der komplizierten Prozesse analysieren, um der revolutionären Arbeiterklasse die theoretische Waffe für ihren Kampf gegen das monopolkapitalistische System in die Hand zu geben. Dies haben die Klassiker immer als ihre Hauptaufgabe betrachtet. Wir würden in unserer Arbeit grundlegend versagen, wenn wir diese theoretische Waffe nicht ständig entwickeln und immer auf den modernsten Stand der Erkenntnisse bringen.

Zweitens wird die Analyse der neuen Züge des heutigen Kapitalismus, seines Funktionsmechanismus, die Entfaltung und Bewegungsformen seiner Widersprüche, die neuen Formen ihrer zeitweiligen Lösung unter staatsmonopolistischen Bedingungen, die ökonomische Rolle des Militarismus, die neuen Methoden der Ausbeutung, die strukturellen Veränderungen in der Volkswirtschaft und auf dem Weltmarkt, insbesondere auch die neuen Züge im Verhältnis von Ökonomie und Politik unter den Bedingungen des verschärften Klassenkampfes auch wesentliche Aufschlüsse für den Sozialismus bringen. Die marxistischen Wirtschaftswissenschaftler haben auch die Aufgabe, die im heutigen Kapitalismus vorhandenen positiven Erscheinungen in der Entwicklung der Produktivkräfte, in der gesellschaftlichen Organisation und Kombination komplizierter Produktionsprozesse, in der Erhöhung der Arbeitsproduktivität durch technischen Fortschritt, Automatisierung und wissenschaftliche Organisierung des Arbeitsprozesses, in der Organisation des Absatzes, in der wissenschaftlich-technischen Durchleuchtung der Marktbeziehungen kritisch zu analysieren und das Wertvolle für die Entwicklung der sozialistischen Produktionsweise nutzbar zu machen. An unserem Institut beschäftigt sich eine Arbeitsgruppe speziell mit diesen Problemen des heutigen Kapitalismus.

Seit längerer Zeit versucht die bürgerliche politische Ökonomie, Instrumente für die staatsmonopolistische Wirtschaftspolitik zu entwickeln und dadurch dem Kapitalismus nicht nur durch ideologische Rechtfertigung, sondern auch durch wirtschaftspolitische Maßnahmen Nutzen zu bringen. Es steht außer Zweifel, daß die wirtschaftspolitischen Maßnahmen der imperialistischen Staaten einen – im einzelnen sicher unterschiedlichen – Einfluß auf den Reproduktionsprozeß ausüben. Außer der notwendigen Untersuchung der Möglichkeiten und Grenzen monopolistischer Wirtschaftspolitik müssen wir auch die Beziehungen zwischen bürgerlicher Wirtschaftstheorie und Wirtschaftspolitik analysieren. Die gründliche Untersuchung des in der bürgerlichen Wirtschaftswissenschaft immer mehr zunehmenden Strebens nach praktischer Anwendbarkeit, nach wirtschaftspolitischer Nützlichkeit ihrer Forschungsergebnisse wird uns ermöglichen, den gegenwärtigen Zustand und die Entwicklungstendenzen der bürgerlichen politischen Ökonomie genauer zu erfassen und unser Verhältnis dazu exakter zu bestimmen.

Wir dürfen aber nie vergessen, daß die politische Ökonomie mehr als jede andere Wissenschaft eine Klassenwissenschaft ist. Solange Klassen existieren, berührt sie unmittelbar die materiellen Grundlagen der Klasseninteressen, sie ruft, wie Karl Marx sagte, die Furien des Privatinteresses auf den Plan. Die bürgerliche politische Ökonomie hat in unserer Zeit mehr denn je die Aufgabe, diese materiellen Grundlagen zu verteidigen: das kapitalistische Eigentum an Produktionsmitteln, die Kommandogewalt des Kapitals in der Produktion, die Unterordnung und Ausbeutung der Arbeiterklasse. Möge die bürgerliche Ökonomie in der Sammlung von Tatsachen und in der Erforschung einzelner wirtschaftlicher Erscheinungen noch so Hervorragendes leisten, sie kann und darf die grundlegenden Widersprüche der kapitalistischen Produktionsweise nicht aufdecken.

Die marxistische politische Ökonomie ist eine scharfe Waffe im Klassenkampf des Proletariats gegen die kapitalistische Ausbeutung, für den Sturz der kapitalistischen Produktionsweise, für die Beseitigung ihrer Grundlagen. Sie ist die wissenschaftliche Anleitung für die Entwicklung der sozialistischen Produktionsweise. Der Sozialismus/Kommunismus kann nur auf der wissenschaftlichen Grundlage des Marxismus-Leninismus errichtet werden. Bürgerliche und marxistische politische Ökonomie stehen in unversöhnlichem Gegensatz zueinander. Darum ist die ideologische Auseinandersetzung mit der bürgerlichen Ökonomie eine ständige Aufgabe der marxistischen Wirtschaftswissenschaft, ein wichtiger Frontabschnitt des ideologischen Klassenkampfes und ein wirksames Mittel zur Herausbildung des sozialistischen Bewußtseins.

Die Teilnahme am ideologischen Klassenkampf auf dem Gebiet der politischen Ökonomie ist die Pflicht aller marxistischen Wirtschaftswissenschaftler. Sie darf nicht nur eine Ressortaufgabe einiger Wirtschaftswissenschaftler sein, die sich speziell mit den bürgerlichen ökonomischen Auffassungen beschäftigen. Denn die bürgerlichen Ökonomen führen offen oder versteckt den ideologischen Klassenkampf nicht nur in der allgemeinen Volkswirtschaftslehre, sondern auch auf den Spezialgebieten der Wirtschaftswissenschaft: ökonomisch-technische Forschungen, Produktionsorganisation, Geld-, Kredit- und Finanzwissenschaft, Monopoltheorie, Preislehre, Konjunkturforschung, Weltwirtschaftslehre, Betriebswirtschaftslehre, Betriebssoziologie, Sozialpsychologie. Alle diese Spezialzweige der Wirtschaftswissenschaften sind, soweit sie von bürgerlichen Ökonomen betrieben werden, von apologetischen Zügen durchdrungen. Daher müssen auch die marxistischen Wirtschaftswissenschaftler, die auf diesen Spezialgebieten arbeiten, der bürgerlichen Ideologie auf ihrem Fachgebiet entgegentreten. Es gibt keinen Zweig, keinen Winkel der Wirtschaftswissenschaften, der von diesem ideologischen Klassenkampf ausgeschlossen wäre.

In den letzten Jahrzehnten ist besonders zu beobachten, daß die neuen, zweifellos brauchbare Elemente enthaltenden mathematischen Methoden von den bürgerlichen Ökonomen zur Verteidigung des Monopolkapitalismus mißbraucht werden. War das schon bei den Monopolpreistheorien von Schneider und Stackelberg zu sehen, so tritt es noch deutlicher bei der ökonomischen Spieltheorie von Neumann und Morgenstern zutage. Sie mißbrauchen die mathematische Spieltheorie, um den kapitalistischen Profit als Spielgewinn zu verharmlosen. In ihrem umfangreichen, mehr als 600 Seiten starken Werk ist von der Arbeit und von der Ausbeutung überhaupt nicht die Rede. Wenn wir das Brauchbare in diesen Theorien nutzen, dürfen wir dabei auch die andere Seite nicht vernachlässigen, nämlich den apologetischen Mißbrauch zur Verteidigung des Monopolkapitalismus zu entlarven.

Die Teilnahme aller marxistischen Ökonomen an der ideologischen Auseinandersetzung schließt nicht aus, daß marxistische Wirtschaftswissenschaftler die Beschäftigung mit den bürgerlichen ökonomischen Theorien zu ihrem Spezialgebiet machen. Ihnen fällt vor allem die Aufgabe zu, sich mit den allgemeinen Theorien der bürgerlichen Ökonomen über volkswirtschaftliche Fragen und mit speziellen Richtungen der bürgerlichen ökonomischen Theorie auseinanderzusetzen. Diesen Aufgaben widmet sich eine Abteilung an unserem Institut. Gegenwärtig wird an einem Buch gearbeitet, das einen umfassenden Überblick über die bürgerliche Ökonomie in Westdeutschland geben soll. Die Rolle, die diese Arbeit in der ideologischen Auseinandersetzung mit der bürgerlichen Ökonomie in Westdeutschland spielen wird, verlangt ein hohes wissenschaftliches Niveau.

In den letzten Jahren ist die Zahl von Publikationen bürgerlicher Ökonomen über wirtschaftliche Probleme der sozialistischen Länder sehr stark angewachsen, wobei diese Literatur bestimmte Unterschiede in der Art der Behandlung dieser Probleme erkennen läßt. Wenn wir bis heute in der marxistischen Literatur noch nicht über gründliche Untersuchungen und Auseinandersetzungen mit dieser bürgerlichen Literatur verfügen, so ist das kein Zufall. Viele unserer Spezialisten für Ökonomie des Sozialismus kennen die bürgerliche Literatur kaum; unsere Theorienkritiker kennen die praktischen Probleme des sozialistischen Aufbaus nicht ausreichend, um sich detailliert mit dieser Literatur auseinanderzusetzen. Da aber die Zahl der bürgerlichen Publikationen über den Sozialismus noch mehr anwachsen wird, erlangt auch die wirkungsvolle ideologische Auseinandersetzung mit diesen Produkten der bürgerlichen Ökonomie eine wesentlich größere Bedeutung.

Zur Verteidigung der kapitalistischen Gesellschaftsordnung durch die bürgerlichen Ökonomen gehört auch ihr Kampf gegen die marxistisch-leninistische Wissenschaft. Neben den grobschlächtigen Methoden plumper Verleumdung wenden sie, unter dem Vorwand vorurteilsfreier wissenschaftlicher Forschung, auch die subtileren Formen der sogenannten Marx- oder Marxismusforschung an. Wenn wir den Kampf gegen derartige bürgerliche Verfälschungen des Marxismus führen, so verpflichtet uns nicht nur unsere Hochachtung vor den genialen wissenschaftlichen Leistungen unserer Klassiker dazu, auch unsere gegenwärtigen praktischen Aufgaben verlangen eine exakte und entschiedene Kritik dieser Angriffe auf unsere Theorie. Eine Untersuchung über die Entwicklung der Werttheorie bei Marx, wie sie gegenwärtig von einem Mitarbeiter unseres Instituts durchgeführt wird, ist unter diesem Gesichtspunkt ein wichtiger Beitrag im ideologischen Kampf.

Im Kampf gegen die bürgerliche Ökonomie verteidigen wir nicht nur die Reinheit unserer marxistisch-leninistischen Theorie. Auch die Pflege der wissenschaftlichen Traditionen der bürgerlichen klassischen Ökonomie ist ein wichtiges wissenschaftliches Anliegen. Wenn der bürgerliche Ökonom Edgar Salin vor einiger Zeit feststellte, daß es um die Edition ökonomischer Meisterwerke im deutschen Sprachraum heute schlecht bestellt sei und daß heute außer Marx kaum ein Klassiker in adäquater deutscher Ausgabe zu finden sei, so ist diese Bemerkung in mehrfacher Hinsicht aufschlußreich. Sie kennzeichnet einerseits das Desinteresse der bürgerlichen Ökonomie an der Edition klassischer ökonomischer Schriften, während andererseits die Leistungen der marxistischen Editoren der Marxschen Werke wohl oder übel eingestanden werden müssen.

Aber so schlecht, wie Salin meint, ist es um die Edition bürgerlicher ökonomischer Meisterwerke gar nicht bestellt. Allerdings werden diese Werke in der DDR und von Marxisten herausgegeben. Bisher erschienen, von unserem Institut herausgegeben: List, *Das natürliche System der politischen Ökonomie*; Ricardo, *Über die Grundsätze der politischen Ökonomie und der Besteuerung*; Smith, *Eine Untersuchung über das Wesen und die Ursachen des Reichtums der Nationen*, Bd. I. An einer Reihe weiterer Ausgaben wird gegenwärtig gearbeitet. So werden eine zweibändige Quesnay-Ausgabe und eine Ausgabe ökonomischer Schriften von Tschernyschewski, ein Sammelband ausgewählter Texte der Hauptvertreter des progressiven ökonomischen Denkens in Rußland 1790–1861 und der II. und III. Band des genannten Werkes von A. Smith in absehbarer Zeit veröffentlicht werden.

IV.

Offenbar verlangen die gegenwärtigen Aufgaben auch ein neues Profil des Wirtschaftswissenschaftlers. Der Wirtschaftswissenschaftler, der den heutigen Aufgaben genügt, muß erstens ein festes weltanschauliches Fundament besitzen. Er muß die politische Ökonomie als Grundbestandteil des Marxismus-Leninismus und unsere wissenschaftliche Tätigkeit als Bestandteil des ideologischen Kampfes begreifen. Unsere Grundpositionen werden dauernd von revisionistischer und dogmatischer Seite angegriffen. Der Ökonom, sei sein Forschungsgebiet noch so eng spezialisiert, muß in der Lage sein, die richtige Orientierung in der ideologischen Auseinandersetzung zu finden, da er sonst auch in seinen speziellen Aufgaben unweigerlich Irrwege gehen wird. Hierzu ist insbesondere eine Vertiefung der marxistischen philosophischen Kenntnisse erforderlich.

Zweitens muß der Wirtschaftswissenschaftler unserer Zeit über umfangreiche Kenntnisse der volkswirtschaftlichen Prozesse verfügen. Soll man der Praxis dienen, so muß man die Praxis kennen. Der Wirtschaftswissenschaftler muß über die methodologischen Kenntnisse verfügen, die zur Aneignung der Praxis erforderlich sind.

Drittens muß der Wirtschaftwissenschaftler unserer Zeit die für sein Gebiet erforderlichen mathematischen Instrumente beherrschen und entsprechende technisch-naturwissenschaftliche Kenntnisse besitzen.

Nennenswerte prinzipielle Einwendungen gegen den Gebrauch mathematischer, naturwissenschaftlicher und in letzter Zeit auch kybernetischer Denkvorstellungen und Methoden werden von der wirtschaftswissenschaftlichen Forschung nicht erhoben. Der Weg ist frei für den unvoreingenommenen und kühnen Einsatz derartiger Methoden in Theorie und Praxis der marxistischen Ökonomie. Aber wir dürfen uns nicht verhehlen, daß Wollen und Können nicht dasselbe sind. Hier besteht noch immer ein weiter Abstand. Neben die subjektiven Ursachen tritt eine objektive, vom Forschungsgegenstand diktierte Schwierigkeit für die rasche und wirksame Ausnutzung solcher Verfahren in der Ökonomie. Sie ist im Fehlen praktisch anwendbarer eindeutiger Maßsysteme, z. B. für den Gebrauchsnutzen der Produkte, und in der Tatsache begründet, daß die volkswirtschaftlichen Prozesse äußerst verwickelt sind und wir ihre gegenseitigen Beeinflussungen nur ausnahmsweise und meist unvollkommen im Experiment ausschalten können. Daher stellt sich uns ein ökonomischer Zusammenhang nie rein dar, es wirken viele Zufallsgrößen mit, deren Existenz und Verhalten wir nur zum Teil kennen und berechnen können. Kompliziertheit des Objekts und die Schwierigkeit seiner Beobachtung hatten seinerzeit Max Planck bewogen, dem beabsichtigten Studium der Wirtschaftswissenschaften zu entsagen und zur „leichteren“ Physik überzugehen.

Der Wirtschaftswissenschaftler muß rechnen lernen, wenn er der Planung verwertbare Aussagen über die künftige Entwicklung bestimmter Seiten der Reproduktion liefern soll. Die in den letzten Jahren mit einer zuvor ungeahnten Geschwindigkeit ausgebaute Rechentechnik gestattet bereits heute die Durchführung gigantischer Berechnungsexperimente in kurzer Zeit. Auch – oder gerade – der Wirtschaftswissenschaftler in der Grundlagenforschung muß die Möglichkeiten erkennen und nutzen lernen, um für die Praxis fruchtbare Ergebnisse vorlegen zu können.

An den wenigen Beispielen mag man bereits ermessen, daß unser Arbeitsgebiet in einer raschen Wandlung zu einer exakteren und produktiveren Wissenschaft begriffen ist. Jeder unter uns muß sich dieses Umwandlungsprozesses bewußt werden und die erforderlichen Konsequenzen ziehen, wollen wir den uns zukommenden Platz als eine Stätte echter ökonomischer Grundlagenforschung ausfüllen und behaupten. An unserem Institut wurden in den letzten Jahren eine Reihe Maßnahmen getroffen, um dieser Lage gerecht zu werden.

Schon lange vollzieht sich auch in den Wirtschaftswissenschaften ähnlich wie in den Naturwissenschaften ein Prozeß zunehmender Spezialisierung. Diese kann aber nur dann fruchtbar sein und zu den gewünschten Ergebnissen führen, wenn der Spezialforscher mit der materialistisch-dialektischen Erkenntnistheorie, der ökonomischen Theorie des Marxismus und anderen Elementen der theoretischen Allgemeinbildung ausgerüstet ist. Spezialisierung erfordert als ihre Ergänzung die Kooperation. Der neue Typ des Wirtschaftswissenschaftlers muß seine Stellung in der Arbeitsteilung erkennen, er muß die Zusammenarbeit nicht allein mit Vertretern seines Fachgebietes suchen (hier spielt gerade die Zusammenarbeit der Politökonomen des Sozialismus, des Kapitalismus und der Spezialisten für ökonomische Theorien eine große Rolle), sondern auch mit Mathematikern, Philosophen und Naturwissenschaftlern aller Richtungen.

V.

Es entstehen auch neue Anforderungen an die Organisation der wirtschaftswissenschaftlichen Arbeit. In der Verbesserung der Organisation der wirtschaftswissenschaftlichen Arbeit liegen bisher unerschlossene Reserven zur Erhöhung der Effektivität der wissenschaftlichen Forschungsarbeit. Auf der Grundlage des erreichten Entwicklungsstandes unseres gesellschaftlichen Lebens und unseres Erkenntnisstandes verlangt die Verbesserung der wissenschaftlichen Führungstätigkeit auf dem Gebiet der Wirtschaftswissenschaften die Konzentration der Forschungsarbeit auf Schwerpunkte, die zentrale Leitung und Koordination der Forschungsarbeit, die Ausarbeitung einer langfristigen Forschungsperspektive in Übereinstimmung mit den Schwerpunkten der ökonomisch-kulturellen Entwicklung unserer Gesellschaft, die konkrete Befristung der Forschungspläne entsprechend den gesellschaftlichen Erfordernissen und die gesellschaftliche Kontrolle ihrer Erfüllung durch die Verteidigung der Ergebnisse vor fachkundigen Gremien.

Zur Durchsetzung dieser Grundprinzipien der Organisation der wissenschaftlichen Arbeit haben wir an unserem Institut in letzter Zeit große Anstrengungen unternommen. Dabei gelang es, die früher vorherrschende Zersplitterung auf viele Einzelthemen zu überwinden. Die Konzentration auf Schwerpunkte brachte auch eine engere Verbindung mit der Praxis, wobei die Mitarbeit im *Beirat für ökonomische Forschung* bei der Staatlichen Plankommission große Bedeutung hat. Für zwei von neun Arbeitskreisen des Beirates bilden die Arbeitsgruppen unseres Instituts die wissenschaftliche Basis, die Leiter dieser Arbeitsgruppen sind Mitarbeiter unseres Instituts.

Wissenschaftliche Arbeit im Rahmen eines an den Bedürfnissen der Volkswirtschaft orientierten Gesamtplanes der ökonomischen Forschungsarbeit erfordert ein höheres Niveau der Planung und Abrechnung der Forschungsarbeit. Sie erfordert eine konkret befristete Planung der wissenschaftlichen Arbeit, die festlegt, in welcher Zeit die Forschungsergebnisse in bestimmter Qualität vorgelegt werden müssen, welche Etappen das Forschungskollektiv zu bewältigen hat, um zu den angestrebten Forschungsergebnissen zu gelangen.

Ein spezielles Problem der Wissenschaftsorganisation ist die systematische Erfassung und inhaltliche Erschließung der wissenschaftlichen Quellen. Gegenwärtig ist der Wirtschaftswissenschaftler nicht in der Lage, alle für die Lösung seiner wissenschaftlichen Aufgaben notwendige Literatur und andere wissenschaftlichen Unterlagen selbst zu ermitteln, weil der Umfang der wissenschaftlichen Veröffentlichungen immer größer wird. Nach sowjetischen Schätzungen rechnet man mit einem jährlichen Zuwachs von etwa 10 %, so daß sich das Volumen der wissenschaftlichen Literatur alle zehn Jahre verdoppelt. Dazu kommt, daß infolge der sich ständig vertiefenden Arbeitsteilung und Spezialisierung der spezialisierte Fachwissenschaftler auch entsprechende spezielle Arbeitsunterlagen benötigt.

Dieses Problem kann nur durch eine wissenschaftlich organisierte Informationsarbeit gelöst werden. Die inhaltliche Erschließung der Quellen, die Ordnung des Materials und die Gestaltung der Informationsmittel müssen möglichst genau den Erfordernissen der wirtschaftswissenschaftlichen Forschung und der Wirtschaftspraxis entsprechen. Dazu ist es unumgänglich, daß sich die Wirtschaftswissenschaftler selbst aktiv an der Informationsarbeit, an der Auswertung der Quellen und der Ordnung der Auswertungsergebnisse, beteiligen.

Eine andere Seite dieses Problems ist die Anwendung der neuen Technik. Eine grundlegende Verbesserung der Informationsarbeit, besonders der Speicherung mit Befragung von Sachverhalten, ist nur bei Anwendung maschineller oder automatischer Verfahren möglich. Auch dieser Aufgabe haben wir uns zugewandt, indem wir Anfang 1962 am Institut eine *Zentralstelle für wirtschaftswissenschaftliche Dokumentation und Information* einrichteten. Ferner haben wir 1963 eine *statistisch-analytische Rechengruppe* gegründet. Sie hat begonnen, zusammen mit der Zentralstelle für Dokumentation experimentelle Methoden der Lochkartentechnik anzuwenden, um die Literaturrecherche zu qualifizieren.

VI.

Die Orientierung auf gesellschaftliche Praxis heißt natürlich nicht, daß als Forschungsarbeit nur gelten soll, was sich unmittelbar auszahlt, oder daß die Forschungskräfte von der laufenden Wirtschaftsarbeit absorbiert werden. Für wirtschaftliche Veränderungen gilt im Grunde dasselbe wie für die Entwicklungen in den Naturwissenschaften und der Technik: Sie sind nur möglich, wenn der wissenschaftliche Vorlauf durch die Grundlagenforschung geschaffen wurde und auf dieser Grundlage die schnelle und rationelle Einführung der wissenschaftlichen Ergebnisse in die Praxis gewährleistet wird.

Die Erarbeitung eines wissenschaftlichen Vorlaufs ist ihrem Wesen nach die theoretische Vorbereitung einer künftigen Praxis. Die Kunst bei der Festlegung solcher in die Zukunft weisender Forschungsarbeiten besteht darin, aus der Sicht der gegenwärtigen Praxis, ihrer Probleme, Schwierigkeiten und Entwicklungstendenzen die künftigen praktischen Forderungen für theoretische Lösungen zu bestimmen. Dabei wird es nicht immer möglich sein, die Bedeutung bestimmter Forschungsarbeiten so aus den gegenwärtigen und künftigen Bedürfnissen abzuleiten, wie dies bei der Erteilung des Forschungsauftrages war, eine Methodik zu entwickeln, den Arbeitsaufwand je Produkt in Zeit zu messen. Wenn es auch jetzt noch Stimmen gibt, die versuchen, die Ermittlung des Arbeitsaufwandes in Zeit als ein für die nächste Zukunft unmögliches, unnötiges und zu aufwendiges Vorhaben hinzustellen, und die meinen, die Aussagefähigkeit einer Zeitkennziffer sei, solange Warenproduktion besteht, gering und praktisch bedeutungslos, so wird doch mehr und mehr die Zweckmäßigkeit und Notwendigkeit einer solchen Kennziffer für die Praxis und für theoretische Untersuchungen erkannt.

Wie die Preisdiskussion bei uns und in anderen Ländern zeigt, benötigt die sozialistische Volkswirtschaft eine Kennziffer des gesellschaftlichen Arbeitsaufwandes, die weitgehend frei ist von wirtschaftspolitischen, politischen, sozialen und anderen modifizierend wirkenden Einflüssen, eine Kennziffer, die als Basis für eine Vielzahl ökonomischer Berechnungen fungieren könnte, für Nutzeffektsberechnungen bei der Investitionsplanung und bei der Projektierung, für die Überprüfung von Planvarianten, für die Untersuchung der tatsächlichen Produktionsverflechtungen, für Nutzeffektsanalysen des Außenhandels. Eine solche Kennziffer würde es auch gestatten, die Abweichungen der Preise vom gesellschaftlichen, und bei entsprechender Verfeinerung auch vom gesellschaftlich notwendigen Arbeitsaufwand annähernd genau festzustellen, und uns damit eine Orientierungsgröße für die Preisbildung und ein Instrument zur Bestimmung der Gesetzmäßigkeiten geben, nach denen sich die Preise im Sozialismus gestalten oder gestaltet werden sollen. Wir würden dem Preisgesetz im Sozialismus näher auf die Spur kommen und auch in die Lage versetzt werden, die Preise diesem Preisgesetz entsprechend zu bilden. Deshalb hat sich unsere Arbeitsgruppe *Planung und Wertgesetz*, obwohl ihr Hauptanliegen der Erforschung des Preisgesetzes im Sozialismus dient, als nächste zu lösende Aufgabe die Ermittlung des Arbeitsaufwandes in Zeit je Produkt gestellt.

Ein Beispiel, wie durch die rechtzeitige Schaffung eines wissenschaftlichen Vorlaufs wissenschaftliche Grundlagen für die Wirtschaftspolitik geschaffen wurden, ist die Zeitsummenmethode zur Messung der Arbeitsproduktivität. Heute ist die Zeitsummenmethode durch staatliche Beschlüsse die verbindliche Methode zur Messung der Arbeitsproduktivität. Die wissenschaftlichen Vorarbeiten gehen aber auf den Anfang der fünfziger Jahre zurück, und die Forscher, die sich mit dieser Problematik beschäftigen, begegneten zahlreichen objektiven und subjektiven Hemmnissen. Eine gewisse Zeit stagnierten die Arbeiten und wurden erst nach einer Unterbrechung wieder in vollem Umfang aufgenommen. Rund zehn Jahre waren notwendig, von der Aufnahme der theoretischen Arbeiten bis zur verbindlichen Durchführung in der Praxis. Eine solche Zeitspanne ist nicht in jedem Fall erforderlich. Das Beispiel zeigt jedoch, wie notwendig gerade bei den grundlegenden Aufgaben der wissenschaftlich-theoretische Vorlauf ist.

VII.

Die Aufgaben sind sehr groß, die Verantwortung der Wirtschaftswissenschaftler in unserer Zeit ist angewachsen. Das sozialistische System kämpft um den maximalen Zeitgewinn; der ökonomische Wettbewerb zwischen den beiden Systemen ist die Hauptform des Klassenkampfes auf internationaler Ebene. Die marxistischen Wirtschaftswissenschaftler in den sozialistischen und in den kapitalistischen Ländern müssen die noch vorhandenen vielfältigen Reserven aufdecken, um ihre Arbeit noch effektiver in den Dienst dieses Kampfes zu stellen.

So wie die Produktivkräfte immer mehr über den Rahmen einer Nation hinauswachsen und internationale Spezialisierung und Kooperation in der Produktion bei den Investitionen und nicht zuletzt auch bei den Forschungs- und Entwicklungsarbeiten im Interesse des Wachstums unerläßlich sind, sollte die gesellschaftliche Spezialisierung und Kooperation zwischen den Wirtschaftswissenschaften der sozialistischen Länder stärker als bisher in Gang gebracht werden. Über die *Ständige Kommission des RGW für ökonomische Fragen* gibt es entwicklungsfähige Ansätze. Aber in der Zusammenarbeit der marxistischen Akademie-Institute für Wirtschaftswissenschaften sind wir trotz mancherlei Versuche über einige Ansätze nicht hinausgekommen; es gibt sogar Rückschritte.

Aus bescheidenen Anfängen ist unser Institut in den zehn Jahren seines Bestehens zu einem starken und qualifizierten Kollektiv von Wirtschaftswissenschaftlern geworden, das die Kraft hat, einen beachtlichen wissenschaftlichen Beitrag zur Vollendung des sozialistischen Aufbaus in der Deutschen Demokratischen Republik und im Kampf gegen den westdeutschen Imperialismus zu leisten. Aber nicht nur das Institut ist gewachsen, noch mehr sind die Anforderungen gestiegen, die uns heute und in den nächsten Jahren gestellt werden. Ins zweite Lebensjahrzehnt unseres Instituts fallen der 50. Jahrestag der Großen Sozialistischen Oktoberrevolution, der 100. Jahrestag des Erscheinens des ersten Bandes des *Kapital* und der 150. Geburtstag von Karl Marx. Wir werden an diesen historischen Gedenktagen mit entsprechenden wissenschaftlichen Leistungen aufwarten. Unser Hauptanliegen wird es auch weiterhin sein, auf der Grundlage der Beschlüsse des Zentralkomitees der Sozialistischen Einheitspartei Deutschlands einen maximalen wissenschaftlichen Beitrag zur Entwicklung der marxistischen politischen Ökonomie als Waffe des proletarischen Klassenkampfes und als Anleitung zur sozialistischen Wirtschaftsführung zu leisten.

Fritz Behrens

ZUR SYSTEMATISIERUNG DER BEGRIFFE PRODUKTIVE ARBEIT UND ARBEITSPRODUKTIVITÄT

Mir scheint, daß es einer Begründung bedarf, warum wir hier nicht über ein konkretes *theoretisches* Problem, sondern über den praktischen Zweck einer begrifflichen Systematisierung sprechen. Der Grund ist ein doppelter:

Erstens scheint uns eine Systematisierung, welcher wissenschaftlichen Begriffe auch immer, nicht nur selbst *ein* Problem, sondern *einige* theoretische Probleme aufzuwerfen, die sich nicht nur mit der Definition dieser Begriffe ergeben. Aus der Tradition der Wirtschaftswissenschaften als sogenannter Geisteswissenschaft haben wir die Gewohnheit übernommen, statt begrifflicher Exaktheit verbale Vieldeutigkeit zu dulden. Diese Tradition wurde bei den sozialistischen Ökonomen höchstens noch verstärkt durch die durch den Personenkult um Stalin üblich gewordenen Deklarationen und Kommentare an Stelle qualitativer und quantitativer Analysen. Wenn man kritisch – und natürlich auch selbstkritisch – Diskussionen der Vergangenheit überprüft, kommt man nicht umhin zuzugeben, daß manche dieser Diskussionen *Streit um Worte* waren. Zu der Forderung, aus der politischen Ökonomie eine *exakte* Wissenschaft zu machen, scheint uns daher auch zu gehören, ihre Begriffe exakt zu definieren. Damit erfüllen wir nur eine Voraussetzung, die für Naturwissenschaftler und Techniker selbstverständlich ist. Dazu kommt *zweitens*, daß es sich bei den Begriffen *produktive Arbeit* und *Arbeitsproduktivität* nicht um irgendwelche Begriffe, sondern um zwei grundlegende Kategorien der politischen Ökonomie handelt. Wenn jede Diskussion, in der Begriffen verschiedenartige Bedeutung beigelegt wird und die Diskussionspartner daher aneinander vorbeireden, unfruchtbar ist, so können solche Diskussionen über grundlegende Kategorien der politischen Ökonomie aber erst recht nicht nützlich sein. Uns scheint außerdem, daß die über die beiden genannten Begriffe geführten Diskussionen und vor allem die auch praktische – wirtschaftspolitische und statistische – Arbeit mit ihnen ihren Inhalt so weit geklärt haben, daß Definitionen möglich sind, die einerseits rein verbale Diskussionen vermeidbar machen, andererseits echte wissenschaftliche Diskussionen ermöglichen. Die Notwendigkeit solcher echten Diskussionen über *produktive Arbeit* und *Arbeitsproduktivität* liegt auf der Hand, besonders dann, wenn man davon ausgeht, was Erich Apel in seinem Referat über *Aktuelle Fragen der ökonomischen Forschung* sagte: „Mit dem neuen ökonomischen System der Planung und Leitung der Volkswirtschaft werden neue inhaltliche Ausgangspunkte sowohl für die

Entwicklung der ökonomischen Theorie und die Anwendung ihrer Ergebnisse in der Wirtschaftspraxis als auch überhaupt für das Wirken der Wirtschaftswissenschaftler und der Ökonomen geschaffen."[1] Anders ausgedrückt: Die Planung und Leitung der ökonomischen Prozesse und ihrer Entwicklung erfordert wissenschaftlich begründete Entscheidungen, und dafür ist eine unabdingbare Voraussetzung, daß von exakt definierten und einheitlich verwendeten Begriffen ausgegangen wird.

Wir wollen versuchen, zu einem begrifflichen System zu kommen, mit dem wir deshalb in den nächsten Jahren arbeiten können, weil wir uns verstehen werden, so daß *inhaltliche* Probleme der *produktiven Arbeit* und der *Arbeitsproduktivität* diskutiert und nicht mißverstanden werden können. Es versteht sich, daß es viele solcher inhaltlichen Probleme nicht nur in der DDR mit ihrer einzigartig ungünstigen Altersgliederung, sondern in allen sozialistischen Ländern gibt. Daß die Steigerung der Arbeitsproduktivität als Nutzeffekt der produktiven Arbeit die grundlegende und entscheidende Aufgabe beim Aufbau der sozialistischen Gesellschaftsordnung ist, wird von niemandem bestritten, aber die Schlußfolgerungen daraus für den ökonomischen Wettbewerb beider Systeme im Weltmaßstab werden nicht immer konsequent gezogen. Wenn wir von der DDR ausgehen, dann bedeutet *ökonomischer Wettbewerb beider Systeme* vor allem *ökonomischer Wettbewerb zwischen der DDR und der BRD.* Viele Menschen schauen beim Vergleich nicht darauf, wie sie 1945 gelebt haben, sondern wie ihre Verwandten oder Bekannten im Westen Deutschlands leben. Dabei bedenken sie nicht, daß ein nicht unbeträchtlich höheres Niveau der Arbeitsproduktivität in Westdeutschland manches gestattet, was wir noch nicht haben können. Sie rechnen das höhere Produktivitätsniveau dem Kapitalismus, das niedrigere dem Sozialismus zu und begreifen nicht, daß nicht nur bereits im ehemaligen Deutschen Reich ein von West nach Ost abnehmendes Produktivitätsgefälle existierte, sondern daß in den ersten Jahren unseres Aufbaus die Investitionen vorwiegend zur Überwindung der sich aus der Spaltung Deutschlands ergebenden Disproportionen in der Wirtschaft verwendet werden mußten.

Während in Westdeutschland nach dem Krieg auf der Grundlage eines bereits höheren Produktivitätsniveaus und mit Hilfe der USA die Neuinvestitionen für eine Modernisierung der Produktion benutzt wurden, mußten die Investitionen in unserer Wirtschaft zunächst auf den Aufbau neuer Industriebetriebe konzentriert werden. Dazu kommen die Verluste durch die offene Grenze. Aber dieser historisch bedingte Aspekt ist nicht die einzige Ursache für die Unterschiede im Niveau der Arbeitsproduktivität beider deutscher Staaten. Der VI. Parteitag brachte klar zum Ausdruck, daß dieser Unterschied auch aus einem Rückstand in der Forschung auf dem Gebiet der Natur-, technischen und ökonomischen Wissenschaften gegenüber dem Weltstand resultiert und vor allem aus Zeitverlusten, die bei der Überleitung wissenschaftlicher Forschungsergebnisse in die materielle Produktion entstehen.

Die sozialistische Planwirtschaft muß die Einheit von zentraler Leitung und aktiver Mitarbeit der werktätigen Massen verwirklichen. Von dem Grad, wie ihr das gelingt, hängt ihre Überlegenheit über den Kapitalismus ab. Das erfordert nicht nur

[1] *Erich Apel,* Aktuelle Fragen der ökonomischen Forschung, Dietz Verlag, Berlin 1964, S.16.

Einsicht in die ökonomische Notwendigkeit und materielle Interessiertheit an ihrer Durchsetzung, das erfordert Klarheit über die ökonomischen Probleme und Kenntnis der Mittel, sie zu lösen. Der ökonomische Wettbewerb beider Systeme verlangt in den Staaten des Sozialismus ein hohes Tempo im Zuwachs der materiellen Produktion, um auf der Grundlage wachsenden Volkswohlstandes den Wettbewerb mit dem Kapitalismus zu gewinnen und damit die friedliche Lösung der großen weltpolitischen Probleme zu sichern. Um ein Produktionsniveau und ein Tempo seiner weiteren Entwicklung zu erreichen, die uns den Sieg im ökonomischen Wettbewerb sichern, müssen wir nicht nur eine richtige, modernen technischen Bedingungen angepaßte Struktur des *produktiven Gesamtarbeiters* auf betrieblicher und überbetrieblicher Ebene erreichen, sondern auch eine – um ein Modewort zu gebrauchen – *optimale Zusammensetzung* unserer Beschäftigten nach produktiv und unproduktiv Tätigen.

Das gilt nicht nur für die Volkswirtschaft insgesamt, sondern für jeden einzelnen Betrieb. Es müßte unsere Entwicklung hemmen, würde man – um ein Beispiel zu nennen – argumentieren, es gehöre zu den Vorzügen des Sozialismus, daß der Anteil der produktiven Arbeiter an der Gesamtzahl der Beschäftigten gesetzmäßig höher sein müsse als der Anteil der unproduktiv Tätigen und daß der Anteil der produktiv Tätigen gesetzmäßig wachse. Dadurch würde die Anpassung unserer Beschäftigtenstruktur an ein höheres Niveau der technischen Entwicklung behindert werden. Natürlich ist produktive Arbeit unter allen gesellschaftlichen Bedingungen immer Arbeit innerhalb der materiellen Produktion und unter sozialistischen Bedingungen zugleich Arbeit, die gesellschaftliches Reineinkommen schafft. Alle Arbeit außerhalb der materiellen Produktion ist unproduktive Arbeit; sie zehrt vom gesellschaftlichen Reineinkommen, auch wenn sie gesellschaftliche Bedürfnisse befriedigt. Unter modernen technischen Bedingungen kann produktive Arbeit nur von arbeitsteilig verbundenen Gesamtarbeitern verrichtet werden, die manuelle und geistige Tätigkeiten vereinen. Unter sozialistischen Bedingungen ist unproduktive Arbeit gesellschaftlich nützliche Arbeit, die Bedürfnisse befriedigt, die nicht unmittelbar von der materiellen Produktion befriedigt werden.

Wissenschaftliche Arbeit unter sozialistischen Bedingungen ist daher z. B. gesellschaftlich nützliche Arbeit, wenn sie von gesellschaftlichen Bedürfnissen ausgeht, aber sie ist nur dann produktive Arbeit, wenn sie unmittelbar mit der materiellen Produktion verbunden ist. Die Kennzeichnung wissenschaftlicher Arbeit als unproduktive Arbeit hat somit nichts mit ihrem schöpferischen Charakter im Sinne wissenschaftlicher Produktivität zu tun. Sie ist kein Werturteil, sondern ein ökonomisches Urteil.

Der Begriff der produktiven Arbeit ist eine ökonomische und keine moralische Kategorie. Es muß daher unterstrichen werden, daß die Verwischung des Begriffs der produktiven Arbeit durch Konzessionen an einen anderen Sprachgebrauch schädliche Folgen hat, weil die produktive Arbeit als lebendige Arbeit in der materiellen Produktion die Schöpferin des Nationaleinkommens ist, von dessen Niveau und Entwicklung die Möglichkeit und der Umfang auch jeder nichtproduktiven Arbeit letztlich abhängen. In der kommunistischen oder sozialistischen Gesellschaft gibt es keine Klassen mehr, die von der Ausbeutung anderer Klassen leben. Daher ist die unproduktive Arbeit zwar gesellschaftlich nützlich wie die produktive Arbeit, aber der Grad ihrer Nützlichkeit ist uns nicht bekannt, bevor wir die Frage beantwortet haben, *ob* wir ihre Nützlichkeit und wenn ja, *wie* wir sie quantifizieren können.

Soll man auch bei unproduktiver Arbeit von einem Nutzeffekt sprechen, der ja in irgendeiner Weise quantifizierbar sein muß, oder nur vom Nutzen, dessen Quantifizierbarkeit bisher nicht erwiesen ist? Wenn man an die Vielfältigkeit denkt, in der der Begriff des Nutzens bei uns in der Praxis verwendet wird, sollte die Dringlichkeit dieser Frage erwiesen sein.

Prinzipiell erscheint uns wesentlich zu sein, daß man aus der abgeschlossenen Entwicklungsperiode der politischen Ökonomie des Sozialismus, die zur Anerkennung der Warenproduktion mit ihren Gesetzen nicht nur als Übergangserscheinung vom Kapitalismus zum Kommunismus führte, nunmehr auch *die* Schlußfolgerung zieht, auch die Kategorien *produktive Arbeit* und *Arbeitsproduktivität* als Kategorien einer sozialistischen *Waren*produktion zu betrachten.

Wenn man das tut, folgt für die *produktive Arbeit,* daß sie einen Doppelcharakter hat, und für die *Arbeitsproduktivität,* daß sie eine Kategorie des Arbeitsprozesses ist. Das heißt mit anderen Worten: Für den Begriff der sozialistischen produktiven Arbeit reicht das Merkmal der materiellen Produktion nicht aus, und man muß die Arbeitsproduktivität dem Begriff des Nutzeffektes unterordnen, der dann den Nutzeffekt sowohl der konkreten, nützlichen Arbeit als auch der abstrakten wertbildenden Arbeit einschließt.

Die Literatur zum Begriff *produktive Arbeit* ist reichhaltig. In ihr wurde, soweit ich zu sehen vermag, einhellig die gelegentlich geäußerte Forderung nach Identifizierung der *produktiven Arbeit* mit der *gesellschaftlich nützlichen Arbeit* zurückgewiesen. Meinungsverschiedenheiten gibt es aber noch hinsichtlich der Ausdehnung des Begriffs *materielle Produktion.* Doch sind diese Meinungsverschiedenheiten, wie die Erfahrung lehrte, praktisch nicht von Belang. Ausgehend von der prinzipiellen Auffassung, daß die produktive Arbeit Arbeit in der materiellen Produktion ist, gibt es jedoch noch zahlreiche Einzelfragen und spezielle Probleme, die beantwortet und gelöst werden müssen, wie z. B. die Frage der nicht unmittelbar mit der materiellen Produktion verbundenen Forschungsarbeit oder das Problem der Vergegenständlichung in einem materiellen Produkt bei solchen Arbeiten wie Funk und Fernsehen.

Daß auch solche Fragen von uns klar beantwortet werden müssen, wie die, ob auch die staatlichen Planungs- und Leitungsorgane der sozialistischen Wirtschaft mit in den produktiven Gesamtarbeiter einzubeziehen sind oder nicht, braucht nicht bewiesen zu werden. Es geht dabei letztlich um die Frage, welche Arbeiten gesellschaftliches Reineinkommen produzieren und welche es nur verzehren. Gerade das neue ökonomische System der Planung und Leitung der Volkswirtschaft, das den Gewinn zu einer zentralen Steuerungsgröße macht, verlangt die theoretische Klärung auch dieser Fragen als Grundlage wirtschaftspolitisch-organisatorischer Maßnahmen.

Als Definition des Begriffs *produktive Arbeit* schlage ich vor: *Unter produktiver Arbeit verstehen wir die Arbeit in der materiellen Produktion, die sich in Gebrauchs-*

werten vergegenständlicht. Neben diesem *allgemeinen* Merkmal des Begriffs *produktive Arbeit* in allen Produktionsweisen muß als zusätzliches, *besonderes* Merkmal der historische Charakter der produktiven Arbeit berücksichtigt werden, der sich aus den jeweiligen Produktionsverhältnissen ergibt. Dieses Merkmal besteht unter sozialistischen Bedingungen in der Schaffung eines gesellschaftlichen Mehrproduktes. *Unter produktiver Arbeit im Sozialismus verstehen wir somit alle Arbeit in der materiellen Produktion, die an der Erzeugung eines gesellschaftlichen Mehrproduktes beteiligt ist.*

Zur Begründung dieser Definition kann angeführt werden:

Erstens. Zur materiellen Produktion gehören Industrie, Bauwirtschaft, produzierendes und reparierendes Handwerk, Land- und Forstwirtschaft, Wasserwirtschaft, Transport- und Nachrichtenwesen (soweit es der Produktion dient) und Handel (soweit hier Prozesse der Produktion wie Lagerung, Verpackung, Transport fortgesetzt werden). Zur materiellen Produktion gehören auch die materiellen Dienstleistungen, soweit sie zur Reproduktion von Gebrauchswerten bestimmt sind oder soweit sie Gebrauchswerteigenschaften erhöhen, z. B. die Nutzungsdauer der Gebrauchswerte verlängern.

Soweit innerhalb der Bereiche der materiellen Produktion körperliche und geistige Arbeit verausgabt wird, die nicht zur Herstellung von Gebrauchswerten bestimmt ist (z. B. für die kulturelle und soziale Betreuung der Werktätigen), ist diese Arbeit unproduktiv, auch wenn sie gesellschaftlich notwendig und nützlich ist.

Nicht zur materiellen Produktion gehören die nichtmateriellen Dienstleistungen, der Personenverkehr und das Nachrichtenwesen für individuelle Zwecke sowie der Handel (mit Ausnahme seiner noch zur Produktion rechnenden Funktionen). In diesen Bereichen wird weder ein materielles Produkt noch eine materielle Dienstleistung erzeugt, also auch kein Mehrprodukt oder Reineinkommen.

Über den Personenverkehr und das Nachrichtenwesen gibt es keine einheitliche Auffassung, da die Transportökonomen den Personenverkehr und das Nachrichtenwesen für individuelle Zwecke ebenfalls zur materiellen Produktion rechnen. Diese Meinungsverschiedenheit ist jedoch praktisch unbedeutend, da aus organisatorisch-technischen und statistisch-methodischen Gründen der Verkehr und das Nachrichtenwesen insgesamt zur materiellen Produktion gerechnet werden. Das gleiche gilt auch für den gesamten Handel.

Zweitens. Jede produktive Arbeit ist Einheit von körperlicher und geistiger Arbeit. Infolge des kooperativen Charakters des Arbeitsprozesses ist der Gebrauchswert nicht das unmittelbare Ergebnis individueller Arbeit, sondern produktiver, gesellschaftlicher Gesamtarbeit. Der fortschreitende Prozeß der gesellschaftlichen Arbeitsteilung unter den Bedingungen des wissenschaftlich-technischen Fortschritts führt dazu, daß Umfang und Gliederung des produktiven Gesamtarbeiters, das Verhältnis zwischen körperlicher und geistiger Arbeit und der Bereich der materiellen Produktion sich verändern.

Der Begriff *produktive Arbeit* erweitert sich im Sozialismus. Diese Erweiterung des Begriffs der produktiven Arbeit hat objektive Ursachen in der sozialistischen Produktion selbst: in ihrem Charakter als Produktion auf der Grundlage gesellschaftlichen

Eigentums an den Produktionsmitteln und als Großproduktion. Sie ergibt sich also sowohl aus den allgemeinen als auch aus den besonderen Momenten des Begriffs *produktive Arbeit.* Die zunehmende Konzentration der Produktion und die wachsende Mechanisierung und Automatisierung führen bereits unter kapitalistischen Bedingungen zu einer quantitativen Erweiterung des produktiven gesellschaftlichen Gesamtarbeiters. Aber erst das sozialistische Produktionsmitteleigentum ermöglicht die einheitliche Leitung der individuellen ökonomischen Prozesse durch die einheitliche Leitung des ökonomischen Gesamtprozesses. Daher erweitert sich der Begriff *produktive Arbeit* im Sozialismus über den Begriff *produktive Arbeit* im Kapitalismus hinaus und erhält einen neuen qualitativen Charakter. Mit anderen Worten, der sozialistische produktive Gesamtarbeiter ist gegenüber dem kapitalistischen Gesamtarbeiter nicht nur quantitativ erweitert, er ist auch von einem qualitativ höheren Typus.

Drittens. Die produktive Arbeit ist einmal konkrete, nützliche Arbeit im Arbeitsprozeß als „allgemeine Bedingung des Stoffwechsels zwischen Mensch und Natur, ewige Naturbedingung des menschlichen Lebens und dabei unabhängig von jeder Form dieses Lebens, vielmehr allen seinen Gesellschaftsformen gleich gemeinsam“[2], das andere Mal abstrakte Arbeit in dem Wertbildungsprozeß als der gesellschaftlichen Form des Produktionsprozesses. Daraus ergibt sich, daß der Nutzeffekt der produktiven Arbeit auf Grund des Doppelcharakters der Arbeit betrachtet werden muß:

1. als Nutzeffekt der konkreten, nützlichen, lebendigen Arbeit (allgemein als Arbeitsproduktivität bezeichnet),

2. als Nutzeffekt der abstrakten Arbeit, der sich z. B. als Produktion je Einheit Nettowert, als Verhältnis von Reineinkommen zu Lohneinkommen, als Rentabilität darstellt.

Als Probleme und offene Fragen möchte ich nennen:

Erstens. Gegen die Begriffsdefinition *produktive Arbeit ist zugleich Mehrprodukt erzeugende Arbeit* wird eingewendet, daß danach die Arbeit in unrentablen Betrieben der materiellen Produktion unproduktive Arbeit sei. Dieses Argument trifft nicht zu, da hierdurch der Charakter als produktive Arbeit nicht geändert wird. Abgesehen davon, daß Unrentabilität bestimmter Betriebe im Sozialismus eine nichttypische und zeitweilige Erscheinung ist, wird ein aus subjektiven oder objektiven Gründen zeitweilig unter dem gesellschaftlich durchschnittlichen Produktivitätsniveau liegender Arbeiter in der materiellen Produktion durch diesen Tatbestand nicht zu einem unproduktiven Arbeiter. Einmal sind die Gründe für die fehlende Rentabilität nicht ausschließlich in einem ungerechtfertigt hohen Lohneinkommen der produktiven Arbeiter zu suchen, zum anderen dürfte wohl kein Arbeiter so viel oder mehr Lohn erhalten, wie das *Produkt für sich* und das *Produkt für die Gesellschaft,* die von ihm geschaffen wurden, wertmäßig ausmachen.

Zweitens. Die Erweiterung des Begriffs *produktive Arbeit,* die sich aus dem Charakter des Arbeiters als eines arbeitsteiligen Gesamtarbeiters im Prozeß der wissenschaft-

[2] *Karl Marx/Friedrich Engels,* Werke, Bd. 23, Dietz Verlag, Berlin 1962, S. 198.

lich-technischen Entwicklung ergibt, beginnt bereits in der kapitalistischen Produktionsweise (Forschungsinstitute kapitalistischer Großunternehmen, Planungsinstitutionen der Konzerne u. dgl.), ist jedoch infolge des kapitalistischen Eigentums an den Produktionsmitteln begrenzt. Erst unter den Bedingungen der sozialistischen Planung der Volkswirtschaft findet ein qualitativer Umschlag statt.

Drittens. Prinzipiell ist alle Arbeit, die an der materiellen Produktion direkt oder indirekt beteiligt ist, produktive Arbeit. Hieraus ergibt sich, daß alle Leitungs- und Planungsarbeit produktive Arbeit ist, auch wenn sie aus historischen oder organisatorischen Gründen von der unmittelbaren Produktion getrennt ist und zum Überbau gezählt wird, wie die Arbeit im Volkswirtschaftsrat, in der Staatlichen Plankommission und den entsprechenden Organen der örtlichen Wirtschaftsräte. Das ergibt sich einmal aus dem Charakter des produktiven Arbeiters als arbeitsteiligen Gesamtarbeiters, der nicht dadurch aufgehoben wird, daß bestimmte Organe oder Funktionäre räumlich oder organisatorisch von der Produktion getrennt sind, zum anderen aus dem sozialistischen Charakter der produktiven Arbeit, für den die zentrale Leitung und Planung der ökonomischen Prozesse wesentlich ist.

Ohne *Rechnungslegung und Kontrolle* sind eine wissenschaftlich begründete Planungs- und Leitungstätigkeit und Entscheidungen mit dem Ziel optimaler ökonomischer Ergebnisse nicht möglich. Deshalb ist in der sozialistischen Planwirtschaft *Rechnungslegung und Kontrolle* nicht einfach eine passive Registrierung abgelaufener ökonomischer Prozesse, sondern im Gegensatz zum Kapitalismus ein aktiver Bestandteil der Leitung und Planung der betrieblichen und gesamtwirtschaftlichen Prozesse.

Viertens. Eine der wichtigsten gesellschaftlichen Bedingungen für die Überlegenheit der sozialistischen über die kapitalistische Wirtschaft ergibt sich gerade aus der zentralen Leitung und Planung der ökonomischen Prozesse, der Einheit von materieller und finanzieller Planung, Abrechnung und Analyse des gesellschaftlichen Gesamtprozesses, durch die Disproportionen vermieden und gesellschaftliche Produktionsverluste verhindert werden können. Daher ist es auch theoretisch durchaus gerechtfertigt, nicht nur die Beschäftigten zur Lenkung und Leitung der Produktion, sondern auch die Beschäftigten in den Arbeitsbereichen der Hauptbuchhaltung, der kaufmännischen Leitung und allgemeinen Verwaltung zum sozialistischen produktiven Gesamtarbeiter zu zählen. Damit würden in den Betrieben sämtliche Beschäftigte für wirtschaftsbereich-typische Leistung (Haupttätigkeit des jeweiligen Betriebes) zum produktiven Gesamtarbeiter gehören.

Fünftens. Natürlich kann es bei der Planung der Volkswirtschaft und der Abrechnung der Pläne immer technische oder organisatorische Gründe geben, die die Anwendung des exakten Begriffs der produktiven Arbeit nicht zulassen. Bei der Planung und Abrechnung der betrieblichen Arbeitsproduktivität kann man aus statistischen und technisch-organisatorischen Gründen zunächst auf eine Zurechnung der von der unmittelbaren betrieblichen Arbeit getrennten Leitungs- und Planungsarbeit verzichten. Jedoch hat diese Zurechnung keinen prinzipiell unterschiedlichen Charakter im Vergleich zu der üblichen Zurechnung der sogenannten *Gemeinkosten verursachenden Arbeit.*

Demnach können wir folgende Beschäftigtenkategorien unterscheiden:

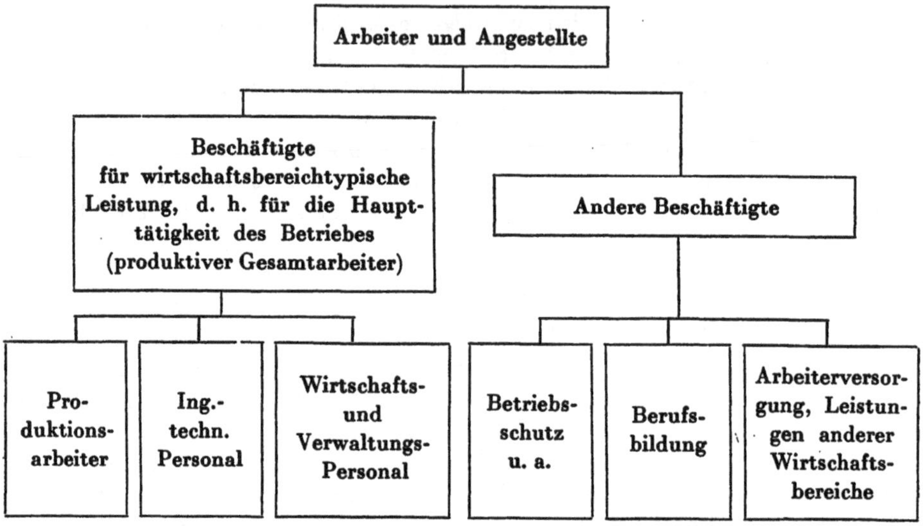

A. Beschäftigte für die wirtschaftsbereich-typische Leistung

a) Produktionsarbeiter (direkt in der Produktion Tätige und Beschäftigte für Zwischenlagerung, Reparatur- und Transportleistungen);

b) ingenieur-technisches Personal (nicht nur das direkt im Produktionsprozeß tätige ingenieur-technische Personal, sondern auch Beschäftigte für die Forschung und Entwicklung der Produktion, für die Konstruktion und Projektierung);

c) Wirtschafts- und Verwaltungspersonal (Beschäftigte für die Lenkung und Leitung der Produktion, Beschäftigte in den Arbeitsbereichen der Hauptbuchhaltung, der kaufmännischen Leitung, der allgemeinen Verwaltung).

B. Andere Beschäftigte

a) Beschäftigte für Betriebssicherheit (Luftschutz, Feuerwehr, Betriebsschutz, Gasschutz);

b) Beschäftigte für die Berufsbildung (in den Betriebsakademien, für polytechnischen Unterricht, Erwachsenenqualifizierung und technische Betriebsschulen);

c) Beschäftigte für Leistungen anderer Wirtschaftsbereiche, Dienstleistungen und Arbeiterversorgung.

Sechstens. Da der Produktionsarbeiter unmittelbar an der Herstellung der materiellen Produkte und Dienstleistungen beteiligt ist und da sich im Produktionsergebnis der Beschäftigten für wirtschaftsbereich-typische Leistung der größte Teil aller produktivitäts- und kostenwirksamen Faktoren widerspiegelt, sind für internationale Vergleiche folgende Kennziffern der Arbeitsproduktivität[3] wünschenswert:

Kennziffer	*Erläuterung*
1. Pro-Kopf-Leistung[4] der Beschäftigten für wirtschaftsbereich-typische Leistung	1. Pro-Kopf-Leistung des produktiven Gesamtarbeiters. Durchschnittsgröße allgemeiner Art.
1.1 Pro-Kopf-Leistung[4] des ingenieur-technischen Personals und der Produktionsarbeiter	1.1 Pro-Kopf-Leistung derjenigen Arbeitskräfte, die den technisch-wissenschaftlichen Fortschritt entwickeln, sichern und ihn in der Produktion unmittelbar anwenden.
1.2 Pro-Kopf-Leistung[4] der Produktionsarbeiter	1.2 Pro-Kopf-Leistung derjenigen Arbeitskräfte, die unmittelbar das materielle Produkt schaffen.
1.3 Arbeitsproduktivität je tatsächlich geleisteter Arbeitsstunde der Produktionsarbeiter	1.3 Produktive Stundenleistung der Produktionsarbeiter unter Ausschluß aller Arten von Ausfallzeiten.
2. Pro-Kopf-Produktion der Bevölkerung	2. Das Aufkommen an materiellen Produkten und Leistungen je Einwohner ist ein Ausgangspunkt für die Bilanzierung des Pro-Kopf-Verbrauchs der Bevölkerung.

Für den länderweisen Vergleich könnte als globale Kennziffer zusätzlich die Pro-Kopf-Leistung der Arbeiter und Angestellten ermittelt werden.

Komplizierter liegen die Dinge bei dem Begriff *Arbeitsproduktivität,* weil es hier noch prinzipielle Meinungsverschiedenheiten gibt. Während die Mehrheit der sozialistischen Theoretiker und unsere gesamte Praxis die Arbeitsproduktivität prinzipiell als Nutzeffekt lebendiger Arbeit definiert, gibt es auch sozialistische Ökonomen, die sie als Nutzeffekt der lebendigen *plus* vergegenständlichten Arbeit definieren. Der Streit hierüber ist aber zu einem solchen Ende geführt, daß die Standpunkte klar sind und daß er für die praktische Arbeit und Problemstellung gegenstandslos geworden ist, wenn man den *Nutzeffekt* als Oberbegriff wählt. Dann ist nicht nur eine exakte Unterscheidung des Nutzeffektes der lebendigen Arbeit hinsichtlich ihres Doppelcharakters möglich, sondern auch die Unterscheidung des Nutzeffektes der lebendigen Arbeit vom Nutzeffekt der vergegenständlichten Arbeit und der gesamten Arbeit als Summe beider.

Die vorherrschende Auffassung versteht dann unter *Arbeitsproduktivität* den Nutzeffekt lebendiger Arbeit als konkrete, nützliche Arbeit. Man kann von ihr zum Nutzeffekt der abstrakten Arbeit durch Reduktion der komplizierten auf einfache Arbeit

[3] Die verschiedenen Kennziffern der Arbeitsproduktivität beziehen sich grundsätzlich auf die gleiche Produktionsgröße und nicht auf das spezifische Arbeitsergebnis der einzelnen Beschäftigtenkategorien.

[4] Neben dem Nutzeffekt der produktiven Arbeit weist die Pro-Kopf-Leistung noch den Einfluß der unproduktiven Ausfallzeiten aus.

gelangen und vom Nutzeffekt der lebendigen über den Nutzeffekt der vergegenständlichten zum Nutzeffekt der gesamten Arbeit.

Der reziproke Ausdruck der Arbeitsproduktivität ist dann der *Aufwand an lebendiger Arbeit*, von dem man über den Aufwand an vergegenständlichter Arbeit zum gesamten Aufwand an Arbeit gelangt. Dieser gesamte Aufwand an Arbeit ist – wenn wir zunächst einmal von der Schwierigkeit absehen, die in dem verbrauchten Produktionsmittel vergegenständlichte Arbeit in Arbeitszeit auszudrücken – die Grundlage für die Berechnung erst des individuellen, später des gesellschaftlichen Wertes der Erzeugnisse, in Arbeitszeit ausgedrückt. Die herkömmliche Definition der Arbeitsproduktivität ist so nicht nur eng mit unserer theoretischen Problemstellung, sondern auch mit unserer Planungspraxis und unserer Problemstellung für die Forschung für unsere wirtschaftspolitische Praxis verknüpft.

Wenn man die *Arbeitsproduktivität* aber als Nutzeffekt lebendiger, und zwar konkreter, nützlicher Arbeit definiert, so ergibt sich daraus *erstens*, daß man die Arbeitsproduktivität *einer* Stufe, in der Regel eines Betriebes, von der Arbeitsproduktivität *aller* Stufen, die an der Produktion eines Erzeugnisses beteiligt sind, unterscheiden muß. Die Produktivität des Gesamtaufwandes an lebendiger Arbeit für ein Erzeugnis ist nicht identisch mit dem Aufwand an *gesamter* Arbeit in einer Stufe. Die Erfassung dieses Aufwandes an gesamter Arbeit einer Stufe erfordert die Umrechnung der in Kosten des Produktionsverbrauches vergegenständlichten Arbeit in Arbeitszeit, während der Gesamtaufwand an lebendiger Arbeit aller Stufen nur in Arbeitszeit ausgedrückt erfaßbar ist. Für konkrete Erzeugnisse sind praktizierbare Wege bisher nicht gefunden worden, die Produktivität des Gesamtaufwandes an lebendiger Arbeit oder den Nutzeffekt der gesamten Arbeit im Sinne des Nutzeffektes der auf einer Stufe verbrauchten lebendigen und in Arbeitszeit umgerechneten verbrauchten vergegenständlichten Arbeit zu ermitteln. Die Ermittlung der Produktivität des Gesamtaufwandes an lebendiger Arbeit scheint sich aber schneller verwirklichen zu lassen, wenn man davon ausgeht, daß er für ein konkretes Produkt mit dem aus der Input-Output-Rechnung bekannten *vollen* Arbeitsaufwand identisch ist, wenn man diesen auf Grund gesamtwirtschaftlicher Verflechtungsbilanzen ermittelt.

Unter *Gesamtaufwand an lebendiger Arbeit* verstehen wir also den gesamten Arbeitsaufwand in Reproduktionszeit, d. h. die Summe der gegenwärtig wirkenden lebendigen Arbeit bei der Produktion eines konkreten Erzeugnisses. In diesem Gesamtaufwand ist keine in der Vergangenheit vergegenständlichte Arbeit, sondern nur gegenwärtig wirkende Arbeit enthalten, anders als im gesamten Arbeitsaufwand einer Stufe als Summe lebendiger und vergegenständlichter Arbeit für ein konkretes Erzeugnis. Dieser gesamte Aufwand als Summe lebendiger und vergegenständlichter Arbeit erfaßt nur die lebendige Arbeit als Reproduktionszeit, die vergegenständlichte Arbeit dagegen als Produktionszeit und nähert sich daher dem üblichen Begriff des Wertes und auch der Kosten, so daß der Weg zu seiner Ermittlung eng mit der Selbstkostensenkung verknüpft ist.

Die *begriffliche* Seite scheint klar zu sein. Nicht so einfach ist es mit der *verbalen* Seite, da die herrschende Sprachpraxis nicht ausreicht, alle notwendigen Begriffe abzudecken. Aber wir müssen, wollen wir uns verständigen, davon abkommen, mit einem Wort mehrere Begriffe oder Begriffsausdeutungen zu bezeichnen, und vermeiden, durch die Entwicklung notwendig gewordene neue Begriffe mit alten – besetzten – Worten zu bezeichnen.

Um die Unterscheidung zwischen dem Gesamtaufwand an lebendiger Arbeit und dem gesamten Aufwand an Arbeit als Summe lebendiger und vergegenständlichter Arbeit zu erleichtern, schlagen wir vor, den Gesamtaufwand an lebendiger Arbeit als *komplexen Arbeitsaufwand* zu bezeichnen. Der gesamte Arbeitsaufwand unterscheidet sich dann vom komplexen Arbeitsaufwand dadurch, daß er die zur Produktion eines konkreten Erzeugnisses erforderlichen Produktionsmittel als in der Vergangenheit vergegenständlichte Arbeit erfaßt. Wenn man diese Sprachregelung akzeptiert, ist die Frage, ob die vergegenständlichte Arbeit in die Messung der Arbeitsproduktivität einbezogen werden muß oder nicht, ein Streit um Worte. Selbstverständlich muß der Nutzeffekt der vergegenständlichten Arbeit gemessen werden, und es ist ja auch noch nie auf seine Messung verzichtet worden, wenn man an die Kostenrechnung denkt. Offen bleibt aber die Frage, wie man den Produktionsverbrauch in Arbeitszeit umrechnen kann, und unbestreitbar bleibt die Tatsache, daß vergangene Arbeit nicht mehr gegenwärtig wirkende lebendige Arbeit sein kann.

Aus der Definition der *Arbeitsproduktivität* als *Nutzeffekt lebendiger Arbeit* ergibt sich *zweitens*, daß man zwischen individueller und gesellschaftlicher Arbeitsproduktivität unterscheiden muß. Es ist hier nicht der Ort, den Begriff der gesellschaftlichen Arbeit hinsichtlich seiner verschiedenen Bedeutungen zu behandeln, mit denen wir ihn verwenden. Uns scheint, daß man die Unterscheidung zwischen individueller und gesellschaftlicher Arbeitsproduktivität aber entsprechend der von Marx zwischen individuellem und gesellschaftlichem Wert treffen sollte, das heißt, die individuelle Arbeitsproduktivität ist mit dem individuellen, die gesellschaftliche Arbeitsproduktivität mit dem gesellschaftlichen Wert verbunden. Wie für Marx der betriebliche Wert eines Produktes ein individueller Wert ist, so sollten wir auch die betriebliche Arbeitsproduktivität als individuelle Arbeitsproduktivität verstehen. Wie der gesellschaftliche Wert nicht einfache Summe oder Durchschnitt individueller Werte ist, so ist auch die gesellschaftliche Arbeitsproduktivität nicht der einfache Durchschnitt individueller Arbeitsproduktivität. So verstanden, hängen gerade mit dem Begriff der gesellschaftlichen Arbeitsproduktivität noch eine Reihe ungelöster Fragen zusammen. Der Durchschnitt der betrieblichen Arbeitsproduktivität ist noch keine gesellschaftliche Arbeitsproduktivität, selbst wenn man ihn als gewogenen Durchschnitt so berechnen würde, daß der sogenannte Stufeneffekt in ihm enthalten ist. Die Arbeit, die Gebrauchswerte produziert, die Bedürfnisse befriedigen, ist als nützliche Arbeit zwar zugleich auch Teil der gesellschaftlichen Arbeit als Arbeit schlechthin, abstrakte Arbeit, aber der Grad ihrer Nützlichkeit, ihr Nutzeffekt, wird nicht nur von der Produktion, sondern auch vom Markt her bestimmt. Ein Betrieb, der Waren mit einem über dem gesellschaftlichen Wert liegenden individuellen Wert produziert, kann natürlich keine über dem gesellschaftlichen Durchschnitt liegende betriebliche Arbeitsproduktivität haben.

Anders formuliert: Der individuelle (betriebliche) Arbeitsaufwand – ob in Arbeitszeit oder in Geld ausgedrückt – ist nicht identisch mit dem gesellschaftlich durchschnittlichen Arbeitsaufwand, und der gesellschaftlich durchschnittliche Arbeitsaufwand wieder ist nicht identisch mit dem gesellschaftlichen Wert. So wie der gesellschaftliche Wert nicht nur unter dem Aspekt der Produktion gesehen werden kann, sondern auch die Berücksichtigung des Bedarfs verlangt, so ist für die Ermittlung der gesellschaftlichen Arbeitsproduktivität die Berücksichtigung sowohl der Qualität der Produkte als auch der bedarfsgerechten Struktur der Produktion erforderlich. Ich brauche nicht zu beweisen, daß wir hier erst am Anfang stehen. Wir sind in unserer gesamten Arbeit bisher nicht über die Ermittlung der betrieblichen Arbeitsproduktivität oder des zweigweisen oder industriellen Durchschnitts der betrieblichen Arbeitsproduktivität hinausgekommen. Uns scheint die vorgeschlagene Unterscheidung zwischen individueller und gesellschaftlicher Arbeitsproduktivität besonders wichtig zu sein, zumal bei uns mitunter auch unter individueller Arbeitsproduktivität die Produktivität lebendiger Arbeit und unter gesellschaftlicher Arbeitsproduktivität die Produktivität lebendiger *und* vergegenständlichter Arbeit verstanden wird. Es sollte aber einleuchten, daß auch die komplexe Arbeitsproduktivität nicht mit der gesellschaftlichen Arbeitsproduktivität identisch ist, wenn man sie nur unter dem Produktionsaspekt betrachtet.

Hier könnte man einwenden, daß ja der gesellschaftliche Wert im Sinne von Marx' Marktwert infolge des Systems unserer Preisbildung gar nicht bekannt sei, daß sein Bekanntwerden echte Marktbeziehungen voraussetze und daß damit auch die Ermittlung der gesellschaftlichen Arbeitsproduktivität in diesem Sinne nicht möglich sei. Ein solcher Einwand ließe aber entweder ein völliges Unverständnis des neuen ökonomischen Systems der Planung und Leitung der Volkswirtschaft oder aber seine prinzipielle Ablehnung erkennen.

Die Abgrenzung der *Bedingungen* von den *Faktoren* der Arbeitsproduktivität und die Unterscheidung zwischen *Faktoren* und *Effekten* scheinen trotz mancher Einwände sowohl für den Niveauvergleich als auch für den zeitlichen Vergleich erforderlich. Wenn wir das Niveau innerhalb eines Landes oder zwischen zwei Ländern vergleichen wollen, so müssen wir nicht nur die unterschiedlichen natürlichen Gegebenheiten, sondern vor allem auch die verschiedenen Produktionsverhältnisse berücksichtigen. Der Meinung, die Effekte mit in die Faktoren einzubeziehen, können wir uns auch deshalb nicht anschließen, weil die Faktoren vorwiegend auf die betriebliche, die Effekte vorwiegend auf die gesellschaftliche Arbeitsproduktivität wirken.

Als Definition schlage ich vor:

Erstens. Unter *Arbeitsproduktivität* verstehen wir den *Nutzeffekt der produktiven Arbeit in ihrer konkreten, nützlichen Form.* Die Arbeitsproduktivität muß somit als Nutzeffekt der konkreten, nützlichen Arbeit doppelt abgegrenzt werden, und zwar einerseits gegen die in der materiellen Produktion in Form der Produktionsmittel *vergegenständlichte* Arbeit, andererseits gegen die *unproduktive* Arbeit.

Zweitens. Als *Arbeitsaufwand* unterscheiden wir

a) die im Produktionsprozeß für eine bestimmte Menge an Erzeugnissen aufgewendete Arbeit,
b) die im Produktionsprozeß je Erzeugniseinheit aufgewendete Arbeit, die wir auch als den spezifischen Arbeitsaufwand bezeichnen.

Der Arbeitsaufwand für die Menge der Erzeugnisse oder je Erzeugniseinheit kann als Aufwand an lebendiger Arbeit, vergegenständlichter Arbeit oder lebendiger und vergegenständlichter Arbeit (Gesamtaufwand an Arbeit) auftreten.

Drittens. Reziprok genommen ist jede Kennziffer des *spezifischen* Arbeitsaufwandes eine Kennziffer des Nutzeffektes. Die Kennziffer des spezifischen Arbeitsaufwandes und des Nutzeffektes der Arbeit lassen sich formelmäßig wie folgt darstellen:

Aufwand	spezifischer Aufwand	Nutzeffekt
lebendige Arbeit	$a^{tl} = \frac{Tl}{Q}$	$e^{tl} = \frac{Q}{Tl}$
vergegenständlichte Arbeit	$a^{tv} = \frac{Tv}{Q}$	$e^{tv} = \frac{Q}{Tv}$
gesamte Arbeit (lebendige und vergegenständl.)	$a^{t} = \frac{Tl + Tv}{Q} = \frac{T}{Q}$	$e^{t} = \frac{T}{Tl + Tv} = \frac{Q}{T}$

Viertens. Wir unterscheiden zwischen dem individuellen Arbeitsaufwand in engerem Sinne und in weiterem Sinne. Unter individuellem Arbeitsaufwand in engerem Sinne verstehen wir den eines einzelnen Arbeiters, unter individuellem Arbeitsaufwand in weiterem Sinne den eines Betriebes (betrieblicher Arbeitsaufwand)[5]. Der reziproke Ausdruck des individuellen Aufwandes an lebendiger Arbeit ist individuelle Arbeitsproduktivität. Unter gesellschaftlichem Arbeitsaufwand verstehen wir die Summe betrieblicher und überbetrieblicher Arbeitsaufwände (z. B. VVB, Industrie).

Der spezifische gesellschaftliche Arbeitsaufwand weicht jedoch von der Summe der spezifischen betrieblichen Arbeitsaufwände ab. Damit ist die gesellschaftliche Arbeitsproduktivität nicht eine Summierung der betrieblichen Arbeitsproduktivität. Die Ursache ist u. a. im Wirken von *Struktureffekten* zu suchen.

Fünftens. Wir unterscheiden somit nicht nur zwischen lebendiger, vergegenständlichter und Gesamtarbeit, sondern jeweils auch zwischen individueller (betrieblicher) und gesellschaftlicher Arbeit. Das läßt sich in folgendem Schema darstellen:

Aufwand	individuell	gesellschaftlich
Tl	Arbeitsproduktivität	Arbeitsproduktivität
Tv	Nutzeffekt	Nutzeffekt
T	Nutzeffekt	Nutzeffekt

[5] Aus praktisch-statistischen Gründen wird die innerhalb eines Betriebes verbrauchte Menge an Arbeit als individuelle Arbeit angesehen.

Sechstens. Wir unterscheiden ferner zwischen dem lebendigen Arbeitsaufwand in der jeweiligen *Stufe* der materiellen Produktion und dem *Gesamtaufwand* an lebendiger Arbeit, der bei dem jeweils zuletzt erreichten Niveau der Arbeitsproduktivität in allen an der Produktion eines Enderzeugnisses beteiligten Stufen zu verzeichnen war. Diesen Aufwand an lebendiger Arbeit bezeichnen wir als *komplexen Arbeitsaufwand.* Er ist mit dem aus der Input-Output-Rechnung bekannten *vollen* Arbeitsaufwand identisch, wenn dieser für ein Enderzeugnis berechnet wird. Der volle Aufwand an lebendiger Arbeit kann jedoch auch für ein Nicht-Enderzeugnis (Material, Halbfabrikat) berechnet werden, so daß er nur einen Teil des komplexen Arbeitsaufwandes umfaßt. Daher ist es zweckmäßig, zwischen dem komplexen und dem aus der Input-Output-Rechnung bekannten vollen Arbeitsaufwand begrifflich zu unterscheiden.

Siebentens. Als Ursachen für die Veränderung des Niveaus und des Entwicklungstempos der Arbeitsproduktivität unterscheiden wir zwischen Bedingungen, Faktoren und Effekten.

Unter *Bedingungen* der Arbeitsproduktivität verstehen wir die natürlichen und gesellschaftlichen Voraussetzungen für das Wirksamwerden der produktiven Arbeit. Die Bedingungen wirken nicht direkt auf die Arbeitsproduktivität, sondern immer über die Faktoren, indem sie die Wirksamkeit der Faktoren abschwächen oder verstärken.

Die *Faktoren* wirken direkt auf Niveau und Dynamik der Arbeitsproduktivität. Zwischen den Bedingungen und Faktoren bestehen insofern enge Wechselbeziehungen und Verflechtungen, als einerseits die Bedingungen die Wirksamkeit der Faktoren positiv oder negativ beeinflussen (Produktionsweise, Klima, Wetter usw.), andererseits die Faktoren die Wirksamkeit der Bedingungen beeinflussen können (wissenschaftlicher Fortschritt kann Wetter, Klima verändern oder Bodenfruchtbarkeit erhöhen). Faktoren und Bedingungen sind grundsätzlich nicht austauschbar, das heißt, die einen können nicht in die anderen umschlagen.

Unter *Effekten* der Arbeitsproduktivität verstehen wir alle Faktoren, die vorwiegend die gesellschaftliche Arbeitsproduktivität beeinflussen und darüber hinaus auch auf betriebliche Faktoren einwirken. Wir unterscheiden den *Struktureffekt* als den Einfluß von Veränderungen in der Struktur der Produktion und des Arbeitskräftepotentials auf die Arbeitsproduktivität und den *Stufeneffekt* als Einfluß von Veränderungen im Verbrauch vergegenständlichter Arbeit auf die Arbeitsproduktivität.

Bestimmte Maßnahmen können sich auf betrieblicher Ebene als Faktoren und überbetrieblich als Effekte auswirken. So können Veränderungen in den Kooperationsbeziehungen infolge Spezialisierung überbetrieblich zu Struktureffekten führen, während sie innerhalb der Betriebe als Veränderung z. B. in der Kapazitätsauslastung und der Maschinenbelegung als Faktoren wirksam werden können.

Zur Begründung ist anzuführen:

Erstens. Die Arbeitsproduktivität ist ein spezifischer Nutzeffekt: der Nutzeffekt der produktiven Arbeit in ihrer konkreten, nützlichen Form als lebendige Arbeit im Arbeitsprozeß. Nutzeffekt ganz allgemein ist ein Verhältnis, das sich ergibt, wenn man das ökonomische Ergebnis eines Prozesses auf den für seine Erzielung erforderlichen Aufwand bezieht. Da sich alle ökonomischen Aufwendungen auf Aufwendungen an lebendiger und vergegenständlichter Arbeit reduzieren lassen, sind alle Kennziffern ökonomischer Nutzeffekte letztlich Kennziffern des Nutzeffektes von Arbeit.

Zweitens. Produktive Arbeit ist sowohl unter dem allgemeinen Aspekt des Zusammenwirkens von Mensch und Natur in der materiellen Produktion als auch unter dem Aspekt ihrer jeweiligen historischen Form stets lebendige Arbeit, die in der Kombination mit den Produktionsmitteln neue Gebrauchswerte für die produktive und individuelle Konsumtion erzeugt. Aber sie ist einmal lebendige Arbeit im Arbeitsprozeß, das andere Mal lebendige Arbeit im Wertbildungsprozeß, das heißt, sie ist konkrete nützliche Arbeit und abstrakte Arbeit, menschliche Arbeit schlechthin. Die Arbeitsproduktivität ist als Nutzeffekt der produktiven Arbeit in ihrer konkreten nützlichen Form somit eine Kategorie des Arbeitsprozesses.

Drittens. Die Unterscheidung von Bedingungen, Faktoren und Effekten der Arbeitsproduktivität erscheint sowohl für den internationalen und betrieblichen Vergleich als auch für den Zeitvergleich der Arbeitsproduktivität zweckmäßig. Obwohl die Bedingungen stets in Verbindung mit den Faktoren der Arbeitsproduktivität wirken, ist ihre begriffliche Trennung aus analytischen Gründen notwendig. Das gleiche gilt in erhöhtem Maße für die Effekte, da sie vor allem auf die gesellschaftliche Arbeitsproduktivität wirken und z. B. bei der Aufstellung optimaler Produktionspläne eine Rolle spielen können.

Als Probleme und offene Fragen möchte ich nennen:

Erstens. Die allgemeine Definition der Arbeitsproduktivität als des Nutzeffekts der lebendigen Arbeit steht nicht im Widerspruch zu der speziellen Definition der Arbeitsproduktivität als

a) des Nutzeffekts der lebendigen Arbeit einer oder mehrerer Stufen der gesellschaftlichen Produktion,
b) des Nutzeffekts der lebendigen Arbeit aller Stufen eines Enderzeugnisses (für die produktive oder individuelle Konsumtion bestimmt).

Stufen-Arbeitsproduktivität und komplexe Arbeitsproduktivität sind Nutzeffekt der lebendigen Arbeit, da es sich in beiden Fällen um gegenwärtig wirkende Arbeit handelt. Der Nutzeffekt der gesamten – lebendigen und vergegenständlichten – Arbeit einer Stufe kann nicht als komplexe Arbeitsproduktivität definiert werden, da die in einer Stufe verbrauchte vergegenständlichte Arbeit keine gegenwärtig wirkende lebendige Arbeit ist.

Zweitens. Da produktive Arbeit zwar immer gesellschaftlich nützliche Arbeit, aber nicht jede gesellschaftlich nützliche Arbeit auch produktive Arbeit ist, bleibt die Frage offen, ob man auch bei unproduktiver, aber gesellschaftlich nützlicher Arbeit von einem Nutzeffekt sprechen kann. Wenn ja, wie ist dieser Nutzeffekt quantifizierbar und meßbar? Die Beantwortung dieser Frage hängt nicht zuletzt davon ab, wie der Nutzen einer Arbeit quantifizierbar ist, die sich nicht in Gebrauchswerten oder materiellen Diensten vergegenständlicht.

Drittens. Der Begriff Nutzeffekt der Arbeit als reziproker Ausdruck des spezifischen Arbeitsaufwandes erscheint zweckmäßigerweise als Oberbegriff. Wir unterscheiden den Nutzeffekt der lebendigen, vergegenständlichten und gesamten Arbeit und bezeichnen nur den Nutzeffekt der lebendigen Arbeit als Arbeitsproduktivität. Damit wird der Begriff Produktivität nicht für den Nutzeffekt der Produktionsmittel verwendet. Das entspricht auch dem allgemeinen Sprachgebrauch, nach dem es sich nicht um die Produktivität der Investitionen oder der Akkumulation handelt, sondern um ihre Effektivität.

Viertens. Da die Volkswirtschaft nicht nur aus der materiellen Produktion besteht, sondern auch die Zirkulationssphäre umfaßt, erscheint es nicht zweckmäßig, von volkswirtschaftlicher Arbeitsproduktivität zu sprechen, sondern vom Nutzeffekt der volkswirtschaftlichen Arbeit. Soweit es sich um überbetriebliche Arbeitsproduktivität handelt, haben wir es mit der gesellschaftlichen Arbeitsproduktivität zu tun.

Als besonders wichtig erscheint die Klärung der Probleme, die mit dem Nutzen unproduktiver Arbeit zusammenhängen. Man sollte endlich davon abkommen, die Begriffe Nutzen und Nutzeffekt unkritisch gleichzusetzen, sondern man muß zwischen beiden unterscheiden und sich dabei darüber klar sein, daß der Nutzeffekt nur quantifizierbar ist, wenn man ihn als konkrete Kennziffer definiert. Ein Nutzeffekt der Arbeit kommt immer in Kennziffern zum Ausdruck, die die produzierten Gebrauchswerte auf verbrauchte Arbeit beziehen. Dabei ist es prinzipiell gleich, ob die Gebrauchswerte mengenmäßig oder wertmäßig gezählt und zusammengefaßt werden. Der Nutzeffekt der Arbeit kann mit diesen Ausdrücken gemessen werden, ohne daß der Nutzen als solcher quantifiziert wird, solange wir die den Nutzen stiftenden Gebrauchswerte selbst als Maß für den Nutzen nehmen. Wir klammern dann die Frage der Quantifizierung des Nutzens völlig aus und haben doch die Möglichkeit, exakte Ausdrücke für den Nutzeffekt der Arbeit zu berechnen. Das ist relativ einfach für den Nutzeffekt individueller Arbeit und am schwierigsten für den Nutzeffekt gesellschaftlicher Arbeit, da hierbei sowohl die Qualität der Produkte als auch der bedarfsgerechten Produktion berücksichtigt werden muß.

Gunther Kohlmey

VOLKSWIRTSCHAFTLICHE STRUKTURPOLITIK, MODERNE PRODUKTIONEN UND INTERNATIONALE SOZIALISTISCHE ARBEITSTEILUNG[1]

Vorbemerkung

In der Deutschen Demokratischen Republik sind in den letzten Jahren drei wirtschaftliche Aufgaben in den Vordergrund gerückt worden:

- die schärfere Profilierung der Volkswirtschaft durch eine Konzentration auf führende Zweige und Erzeugnisse;
- die Erhöhung der Arbeitsproduktivität durch Orientierung aller wissenchaftlich-technisch-ökonomischen Kennziffern am internationalen Niveau;
- der Aufbau eines neuen ökonomischen Systems der Planung und Leitung der Volkswirtschaft mit effektiveren Leitungs-, Planungs- und Bilanzierungsmethoden und einem wirkungsvollen System ökonomischer Stimuli.

Das Feld der Voraussetzungen, Bedingungen und Wirkungen dieser drei Aufgaben ist nicht auf das Innere unserer Volkswirtschaft begrenzt. Es erstreckt sich, in bestimmtem Umfang und auf spezifische Art, auch auf die internationalen Wirtschaftsbeziehungen unseres Staates. Diese Beziehungen sind umfangreich und lebenswichtig.

Daraus können wir einige Fragen ableiten, die bei der Lösung der oben skizzierten drei Wirtschaftsaufgaben auftauchen:

- Wie können wir die Konzeption der führenden Zweige mit einer Politik der Entfaltung der internationalen Arbeitsteilung verbinden?
- Welche Schlußfolgerungen ergeben sich aus unserem Kampf um technisch-ökonomische Produktionswerte, die dem Weltniveau entsprechen, für die internationale Arbeitsteilung und unseren Außenhandel?
- Wie können wir Grundgedanke und Elemente des neuen ökonomischen Systems auf unsere internationalen Wirtschaftsbeziehungen anwenden, um deren Planung zu verbessern und in ihnen ökonomische Stimuli einzusetzen, damit die sozialistische internationale Arbeitsteilung gefördert wird und unsere Produktions-

[1] In dieser Arbeit werden Gedanken ergänzt und weitergeführt, die in einem Beitrag des Verfassers im vorhergehenden Instituts-Jahrbuch vorgetragen wurden. (*G. Kohlmey*, Weltwirtschaftliche Strukturveränderungen und sozialistische Wirtschaftsplanung, Jahrbuch des Instituts für Wirtschaftswissenschaften, Band 7, Akademie-Verlag, Berlin 1964.) Ich schulde den Mitarbeitern der Arbeitsgruppe *Sozialistische Weltwirtschaft* Dank, die mir durch theoretische und praktische Untersuchungen bei der Vorbereitung der hier vorgelegten Studie geholfen haben.

betriebe und Außenhandelsunternehmen die Voraussetzungen erhalten, finanziell viel stärker als bisher an einem rationellen Außenhandel interessiert zu sein?

Es gibt auch noch andere Fragen. In dieser Studie sollen jedoch nur einige Seiten des gesamten Problemkreises erörtert werden.

Schnell zunehmende Internationalisierung der modernen Produktion

Wenn es die Aufgabe der sozialistischen Produktionsweise ist, ein gesamtwirtschaftliches System der Arbeitsproduktivität aufzubauen, das dem des Kapitalismus überlegen ist, so schließt diese geschichtliche Aufgabe ein, die Gesetzmäßigkeit von der zunehmenden Vergesellschaftung der Produktion rationell auszunutzen. Dazu gehört, daß die dafür erforderlichen gesellschaftlichen Bedingungen entwickelt werden müssen. Das ist im wirtschaftlichen Wettkampf mit dem Kapitalismus und im antiimperialistischen Ringen um weltpolitische und weltwirtschaftliche Freiheiten und Gleichberechtigung eine erstrangige Aufgabe.

Unter der historischen Bedingung, daß Nationen bestehen – und diese Bedingung besteht schon lange und gilt noch lange Zeit –, ist die größer werdende Internationalisierung der Produktion ein Teilvorgang im Prozeß der Vergesellschaftung der Produktion und Arbeit. Zur Internationalisierung der Produktion rechnen wir die internationalen wissenschaftlich-technischen Beziehungen (mit Spezialisierung, Kooperation und Konzentration), den Ausbau des internationalen Verkehrs- und Nachrichtensystems, internationale Produktionsspezialisierungen, internationale Kooperationsbeziehungen, international einheitliche Standards, Waren- und Gütebezeichnungen und anderes mehr. Die Internationalisierung der Produktion ist eine historische Gesetzmäßigkeit, die wir in ihrer ganzen Kompliziertheit und Tragweite erkennen und ausnutzen müssen.

Besonders in den kleinen und mittleren Ländern (also z. B. in allen europäischen sozialistischen und kapitalistischen Volkswirtschaften, mit Ausnahme der UdSSR) sprengen alle Arten moderner Produktion den Rahmen der nationalen Wirtschaften und Märkte immer mehr, besonders dort, wo diese Märkte noch nicht sehr intensiv entwickelt werden konnten. Aber auch große Länder (wie die USA und die UdSSR oder Kanada, China, Indien und Brasilien) werden, jeweils entsprechend ihren natürlichen und gesellschaftlichen Bedingungen, vom Sog der Internationalisierung der Produktion erfaßt und in das System der internationalen Integration einbezogen. Die modernen Produktivkräfte wirken in zunehmendem Maße über die Produktions- und Absatzkapazitäten einer einzelnen Volkswirtschaft hinaus. Ja, wir beobachten Erscheinungen, die anzeigen, daß selbst der regional begrenzte RGW-Markt heute auch ökonomisch zu eng wird. Wir kommen darauf noch zurück.

Ebenso wie die moderne Großproduktion sind die modernen Forschungs-, Entwicklungs- und Projektierungsarbeiten, vor allem bei den wichtigen neuen Erzeugnissen, in der Regel nicht mehr allein im nationalen Rahmen mit dem erforderlichen wissenschaftlichen und wirtschaftlichen Effekt durchzuführen. Nationale Beschränkung wäre unrationell und würde nicht den erforderlichen technisch-ökonomischen

Fortschritt im Wettkampf mit dem Kapitalismus sichern. Wir brauchen auf diesem Gebiet nicht Handwerk und nicht Manufaktur, sondern Großindustrie. International spezialisierte sozialistische Kollektive, Leitinstitute, gemeinsame Institute und anderes mehr sind Formen der Zusammenarbeit, die für den weiteren Fortgang der internationalen sozialistischen Wirtschaftszusammenarbeit sehr wichtig sind. In bestimmtem Umfang und auf bestimmte Art können sie auch im Wirtschaftsverkehr zwischen sozialistischen und nichtsozialistischen Staaten angewandt werden.

So ist in jedem kleineren und mittleren Land nationale Wirtschaftspolitik in starkem Maße Außenwirtschaftspolitik. Richtige Entscheidungen über internationale Arbeitsteilung und Außenhandel sind Voraussetzungen und Bestandteile der perspektivischen Wirtschaftspolitik und -planung.

Die einzelnen sozialistischen Volkswirtschaften helfen durch ihre nationale Wirtschaftspolitik und ihre internationale Zusammenarbeit, die weltwirtschaftlichen Strukturen und Beziehungen zu bestimmen; auf der anderen Seite müssen sie ihre volkswirtschaftlichen Entscheidungen unter Berücksichtigung der weltwirtschaftlichen Entwicklungen, besonders der Möglichkeiten der sozialistischen internationalen Arbeitsteilung und des sozialistischen Außenhandels, treffen.

Kurz- und langfristige Alleingänge kleinerer oder größerer Art bei den wirtschaftspolitischen Entscheidungen verschiedenster Natur sind weder für das betreffende sozialistische Land noch für das sozialistische System als Ganzes von Nutzen. Wir müssen national und international mehr Kontinuität und Stabilität in der wirtschaftlichen Entwicklung anstreben. Die Bedingungen dafür sind herangereift. Dafür sind unter anderem die erforderlichen Reserven zu schaffen, wodurch die Beweglichkeit in der nationalen Wirtschaftspolitik und auch in der internationalen Zusammenarbeit erhöht wird.

Die Qualität der nationalen Wirtschafts-, Planungs- und Leitungsarbeit ist eine entscheidende Voraussetzung, um die sozialistische internationale Arbeitsteilung und auch die Wirtschaftsbeziehungen der sozialistischen Länder mit dem nichtsozialistischen Weltwirtschaftsbereich zu erweitern und zu intensivieren.

Ganz offensichtlich verlangt die sozialistische internationale Arbeitsteilung, daß auch bestimmte innerwirtschaftliche Maßnahmen zwischen den einzelnen sozialistischen Ländern abgestimmt werden. Eine Untersuchung kapitalistischer Integrationsprozesse lehrt, daß dort gerade diese fehlende, ungenügende oder instabile Abstimmung zu Schwierigkeiten führt. Auch hier enthalten die sozialistischen Produktionsverhältnisse Potenzen, die wir unbedingt ausnutzen sollten.

Ich führe einige Beispiele an:

1. Der Aufbau gemeinsamer technischer und/oder Produktionsleitungen zwischen den RGW-Ländern setzt voraus, daß die Wirtschaft bei allen beteiligten Partnern auf etwa gleiche Art geleitet wird. Das ist heute bekanntlich nicht einheitlich der Fall. Deshalb stößt dieser Vorschlag gegenwärtig auf bestimmte Realisierungsschwierigkeiten.
2. Wenn wir in der wissenschaftlich-technischen Zusammenarbeit (WTZ) und im Außenhandel der RGW-Länder mehr direkte Kontakte zwischen den Produzenten und Verbrauchern von Produktionsinstrumenten herstellen wollen, müssen die

Aufgaben, Rechte und Pflichten der VVB bzw. VEB bei den beteiligten Partnern in etwa gleicher Art verteilt sein. Ist das nicht der Fall, wird man auch bei diesen Direktbeziehungen auf Schwierigkeiten stoßen.

3. Die stärkere Anwendung der Wertkategorien im Wirtschaftsverkehr zwischen den RGW-Ländern setzt voraus, daß diese Wertkategorien auch im Innern der beteiligten Volkswirtschaften die ihnen gebührende Funktion als ökonomische Stimuli ausüben.
4. Wenn wir die Außenhandelspreise zwischen den RGW-Ländern neugestalten wollen, sind Preisbildungsprinzipien in den einzelnen Volkswirtschaften vorauszusetzen, die in den Hauptzügen einheitlich oder doch ähnlich sind.

Viele andere Beispiele ließen sich anführen.

Vorrangige Entwicklung der Impuls- oder dynamischen Produktionen

Die Entwicklung der Produktivkräfte bringt ständige, mehr oder minder große Veränderungen ihres strukturellen Systems mit sich. Das hat zur Folge, daß in der Weltproduktion und auch im Welthandel laufend andere Erzeugnisse oder Erzeugnisgruppen dominieren. Früher waren das Sklaven, Gold, Gewürze, Baumwolle, Textilien, Getreide u. a. m. Heute sind es Erdöl, Maschinen, Transportmittel, elektrotechnische und Chemieerzeugnisse. So gibt es in jedem Zeitabschnitt der weltwirtschaftlichen Entwicklung führende, dynamische oder Impulsproduktionen. Sie liegen an der Spitze der Prozesse und Raten des wirtschaftlichen Wachstums, und von ihnen breiten sich die Wachstumsimpulse fächer- oder stufenförmig aus.

Es scheint mir zweckmäßig zu sein, den Begriff der dynamischen oder Impulsproduktionen dreifach zu gliedern, und zwar in

- dynamische Zweige,
- dynamische Erzeugnisse,
- dynamische Produktionsverfahren.

Ich verstehe unter dynamischen Produktionsverfahren diejenigen, die bei den relativ niedrigsten Kosten den höchsten volkswirtschaftlichen Wachstumseffekt auslösen. Unter dynamischen Zweigen und Erzeugnissen würde ich diejenigen verstehen, die erstens selbst eine hohe Wachstumsrate aufweisen und zweitens das höchstmögliche Tempo der volkswirtschaftlichen Gesamtentwicklung entscheidend bestimmen oder möglich machen.

Als dynamische oder auch führende Industriezweige der Gegenwart können wir bezeichnen:

innerhalb der Grundstoffindustrie die Energiewirtschaft und die Chemieindustrie,
innerhalb der metallverarbeitenden Industrie den Maschinenbau, den Fahrzeugbau und die Elektrotechnik.

In den dynamischen, aber auch in den übrigen Zweigen gibt es dynamische Erzeugnisse, gegenwärtig z. B.:

Erdöl, Edelstähle, synthetische Materialien,
in bestimmtem Umfang auch Zement und Aluminium,

Chemieanlagen,
Meß-, Steuerungs- und Regelungstechnik,
Transportmittel.

Dynamische Produktionsverfahren sind die Petrolchemie, automatisierte Nachrichtensysteme, Molekularelektronik, Lasertechnik u. a. m.

Ich würde also unter dynamischen Produktionen nicht nur diejenigen verstehen, die schnell zunehmen, und nicht nur diejenigen, die einen ausschlaggebenden Effekt auf das volkswirtschaftliche Gesamtwachstum ausüben. Ich würde von dynamischen Produktionen auch nicht allein schon dann sprechen, wenn ein Land seine besondere Aufmerksamkeit und Anstrengung auf bestimmte Produktionen konzentriert. Nicht jede Schwerpunktaufgabe bezieht sich auf den Bereich der dynamischen Produktionen.

In der sozialistischen Wirtschaftspolitik und -planung hat sich, so scheint es mir, eine Entwicklung von der Formulierung von Schwerpunktaufgaben bis zur Herausarbeitung der führenden Zweige unter den Bedingungen der wissenschaftlich-technischen Umwälzung vollzogen. Vielleicht ist es richtig, den Gedanken fortzuführen und, noch konkreter, von dynamischen Zweigen, Erzeugnissen und Produktionsverfahren zu sprechen.

Im gegenwärtigen Zeitabschnitt, in dem wir bei der Entwicklung der sozialistischen Industrie bereits gute Erfolge aufzuweisen haben, gewinnen die qualitativen Kennziffern des wirtschaftlichen Wachstums erstrangige Bedeutung. Zu diesen Kennziffern gehören die des Werts ebenso wie die des Gebrauchswerts, also etwa:

der Anteil der Forschungs- und Entwicklungsarbeiten am Gesamtumfang der produktiven Arbeit,
das Verhältnis von vergegenständlichter zu lebendiger Arbeit,
die Anwendung der Leichtbauweise,
der Entwicklungsstand der Mikrotechnik,
Höhe und Entwicklung der Selbstkosten,
Bauzeit und Rückflußdauer bei den Investitionen u. a. m.

Zu den qualitativ ausschlaggebenden ökonomischen Prozessen gehört auch, daß im Gesamtsystem der Produktivkräfte gerade die dynamischen (führenden, progressiven) Produktivkräfte, d. h. die Impuls- oder dynamischen Zweige, Erzeugnisse und Produktionsverfahren, vorrangig entwickelt werden. Ihnen sollten wir unsere volle Aufmerksamkeit schenken. Wir sollten versuchen, auch die sozialistische internationale Arbeitsteilung auf sie zu konzentrieren. Das ist u. a. deshalb vorteilhaft, weil sich neue Produktionen im allgemeinen leichter spezialisieren lassen als alte, in mehreren Ländern eingefahrene. Es hat den zweiten Vorteil, daß die internationale Spezialisierung dieser neuen Produktionen bei den Forschungs- und Entwicklungsarbeiten begonnen werden kann.

Die Auswahl der dynamischen Zweige, Erzeugnisse und Produktionsverfahren erfolgt in den einzelnen Ländern vor allem nach drei Gesichtspunkten:

1. entsprechend den naturwissenschaftlich-technisch-wirtschaftlichen Entwicklungslinien,

2. entsprechend den natürlichen und historischen (dabei vor allem wirtschaftlichen) Möglichkeiten und Bedingungen in den einzelnen Volkswirtschaften,
3. entsprechend den Möglichkeiten und Notwendigkeiten des Grades der internationalen Arbeitsteilung, besonders derjenigen zwischen den sozialistischen bzw. RGW-Ländern.

Während es bei der Auswahl nach Punkt 1 zwischen den einzelnen sozialistischen Ländern keine Unterschiede gibt, wird die Auswahl nach Punkt 2 starke und die Auswahl nach Punkt 3 bestimmte nationale Differenzierungen notwendig machen. Bei Punkt 2 spielen Menge und Art der zur Verfügung stehenden Arbeitskräfte, die historisch entstandene Wirtschaftsstruktur, die natürlichen Rohstoffvorkommen, die Verkehrswege, die Investitionsmöglichkeiten und bei uns in der DDR z. B. alle mit der Spaltung des Landes zusammenhängenden Faktoren eine Rolle.

Strukturmodelle und ihre Anwendung

Können wir aus den bunten Bildern der konkreten und oft sehr unterschiedlichen nationalen (natürlichen und historischen) Bedingungen einer volkswirtschaftlichen Struktur und aus den Veränderungen der natürlichen Bedingungen, Produktivkräfte, Produktions- und sonstigen gesellschaftlichen Verhältnisse allgemeine Wesenszüge herauslesen und Strukturmodelle ausarbeiten? Zweifellos ist das möglich. Nur sollten wir uns darüber im klaren sein, daß sie einen hohen Grad von Abstraktion haben und daß ihre Anwendung auf ein Land und in einem bestimmten Zeitraum vielstufig ist. Die relativ geringe Zahl von Variablen und Randbedingungen, die das Modell erhält, wird in der Wirtschaftspraxis erheblich vergrößert. Viele Gleichungen und Funktionen kommen hinzu. Vor allem aber wäre zu bedenken, daß die Realisierbarkeit der verschiedenen Modelle vom historisch gegebenen Entwicklungsstand der Produktivkräfte und von den jeweiligen gesellschaftlichen Verhältnissen abhängt.

Die Strukturmodelle der Monokultur und des hohen Konzentrationsgrades der Exporte[2], wie wir sie heute in so vielen unterentwickelten und auch Entwicklungs-

[2] Nach Hirschmann und Michaely unterscheiden wir regionale und strukturelle Konzentration. Der warenstrukturelle Konzentrationsgrad der Ein- und Ausfuhren wird nach Michaely durch die folgende Formel ausgedrückt:

$$G_{jx} = 100 \sqrt{\sum_i \left(\frac{X_{ij}}{x_j}\right)^2}$$

X = Gesamtexport bzw. -import
x = Einzelexport bzw. -import
i = Land
j = Ware

(*Albert O. Hirschmann*, National Power and the Structure of Foreign Trade, Berkeley, University of California Press, 1945.
Michael Michaely, Concentration in International Trade, Amsterdam 1962).

ländern vorfinden, bringen zwar den Entwicklungsstand der Produktivkräfte in eben diesen Ländern zum Ausdruck, entsprechen aber keineswegs den internationalen Möglichkeiten. Die dortige gesellschaftliche Realität steht im Widerspruch zu den Produktionsmöglichkeiten. Verantwortlich ist dafür das imperialistische System internationaler Wirtschaftsbeziehungen (die alte und neue Kolonialpolitik, der Kapitalexport, die Monopolisierung der internationalen Dienstleistungen usw.).

Zu Beginn des 19. Jahrhunderts war England die „klassische" Verifizierung eines Strukturmodells mit vorrangiger Exportwirtschaft. Das war möglich, weil England damals ein riesiges Kolonialreich ausplünderte, dem kontinentalen Europa im Grad der Industrialisierung eindeutig überlegen war und weil somit der Außenhandel eine beträchtliche Akkumulationsquelle darstellte.

Wenn sich heute schwachentwickelte Gebiete des kapitalistischen Weltwirtschaftssektors industrialisieren wollen, können sie das Modell mit vorrangiger Entwicklung des Exports als Akkumulationsquelle in der Regel nicht verwirklichen. Ich sehe dabei von dem Spezifikum ihrer möglichen und tatsächlichen Wirtschaftsbeziehungen zu den sozialistischen Staaten ebenso ab wie von Erdöl- und ähnlichen Exporten, die zwar regional, häufig aber nicht eigentumsmäßig und sozialökonomisch zu den schwachentwickelten Gebieten der kapitalistischen Weltwirtschaft gehören.

Und welche Gesichtspunkte gelten für die Anwendung von Strukturmodellen in sozialistischen Wirtschaften?

Die Sowjetunion industrialisierte in den zwanziger und dreißiger Jahren, als sie das einzige sozialistische Land war, ein riesiges Territorium mit entsprechenden Naturreichtümern besaß und technisch-ökonomisch außerordentlich zurückgeblieben war. Es wurde ein Industrialisierungsmodell verwirklicht, das geringe und bis Mitte der dreißiger Jahre passive Außenhandelsbeziehungen aufwies, in dem eine recht komplexe Schwerindustrie aufgebaut wurde – und dies mit eindeutigem Vorrang –, in dem die Landwirtschaft stark als Akkumulationsquelle herangezogen wurde und wiederholt Konsumdrosselungen zugunsten der Investitionsrate und des wirtschaftlichen Gesamtwachstums vorgenommen werden mußten, wodurch auch Disproportionen zwischen zahlungsfähiger Nachfrage der Bevölkerung und Warenangebot entstanden. Es war also ein damals im Prinzip politisch notwendiges Wachstum, das aber doch durch Ungleichgewichte gekennzeichnet war.

Wir brauchen dieses Industrialisierungsschema nicht mehr auf die heutigen sozialistischen Länder anzuwenden. Andere Bedingungen sind herangereift. Das sozialistische Weltsystem besteht; in ihm gibt es technisch-ökonomisch früher rückständige und auch früher schon entwickelte Länder. Die Möglichkeiten einer aufeinander abgestimmten, ja gemeinsamen Industrialisierungs- und Industriepolitik bieten sich an. Die komplexe Wirtschaftsentwicklung in den einzelnen Ländern kann und muß im Interesse der nationalen Produktivitätssteigerung bei gleichzeitiger internationaler Spezialisierung erfolgen.

Neue sozialistische Länder können den Industrialisierungsablauf und die Industrie- bzw. Volkswirtschaftsstruktur der Sowjetunion ebensowenig kopieren wie den der ČSSR, DDR oder auf der anderen Seite der USA, Italiens oder Großbritanniens. Alle diese volkswirtschaftlichen Strukturen sind unter bestimmten natürlichen Bedingungen und historischen Umständen entstanden, wozu auch Art und Grad der internationalen Integration gehören. Was aber unbedingt verallgemeinert werden kann und muß, sind erstens die Funktionen dynamischer Produktionen und zweitens die Wachstumsrelationen, z. B. zwischen verarbeitender Industrie und Energieerzeugung. Wir müssen aber auch darauf achten, daß die Konzentration auf dynamische Produktionen nicht zur Vernachlässigung anderer Produktionen und damit zum Zerreißen volks- und weltwirtschaftlicher Verflechtungen führt.

In Anbetracht des heutigen Entwicklungsstandes von Technik und Produktion sollten wir beim sozialistischen Industrieaufbau nicht nur vom Vorrang des Wachstums der Produktionsmittelerzeugung sprechen; es genügt auch nicht mehr die Gliederung in Produktionsmittelerzeugung für die Konsumgüter- und für die Produktionsmittelindustrie. Es ist u. a. notwendig, innerhalb der Produktionsmittelerzeugung, zu der ja auch der Bergbau und die Rohstoffgewinnung in der Landwirtschaft gehören, die Herstellung von Produktionsinstrumenten hervorzuheben. Außerdem ist es notwendig, innerhalb der Erzeugung von Produktionsinstrumenten und auch innerhalb der gesamten Produktionsmittelindustrie die Erzeugung der dynamischen Produkte einschließlich der Mittel für die modernen Produktionsverfahren hervorzuheben.

Sicher braucht jedes sozialistische Land – von zeitlichen und regionalen Grenzfällen sei hier ausdrücklich abgesehen – Chemie, Maschinenbau, Landwirtschaft, Elektronik, Fahrzeugbau, Herstellung von Synthetica usw. Aber dreierlei ist zu beachten:

1. Es muß nicht in jeder entwickelten sozialistischen Volkswirtschaft jede moderne Produktion aufgebaut werden; die Möglichkeiten für internationale Spezialisierungen sind auszunutzen; es kann genügen, wenn eine Volkswirtschaft, um komplex zu sein, nur ausgewählte dynamische Produktionen durchführt.
2. Innerhalb der einzelnen Erzeugnisgruppen und evtl. auch Erzeugnisse muß in der Regel international stark spezialisiert werden.
3. Der Weg zu einer komplexen, international spezialisierten Industrie kann unter dem Blickwinkel der Struktur unterschiedlich sein.

Die Möglichkeiten unter Punkt 3 hängen vor allem vom Entwicklungsstand des internationalen sozialistischen Systems und von der weltpolitischen Situation ab. So kann heute das sozialistische Kuba, unter einer Reihe von Voraussetzungen, nicht den Eisen- und auch nicht den Textilweg, sondern den Landwirtschafts-, ganz speziell den Zuckerweg der Industrialisierung gehen. Zuckerproduktion und Viehwirtschaft werden zunächst vorrangig entwickelt, Zucker wird stark exportiert. Der hohe Konzentrationsgrad (Monokulturcharakter) der Ausfuhr wird also eine bestimmte Zeit beibehalten. Die übrigen sozialistischen Länder sind langfristig gesicherte Hauptabnehmer des kubanischen Zuckers (in der Regel mit langfristigen Preisvereinbarungen). Der Export wird unmittelbar zur Akkumulationsquelle (die eigentliche Akkumulationsquelle ist natürlich – von den internationalen Krediten und Preiszugeständnissen abgesehen – der Zuckeranbau); und die gewonnenen Mittel werden für die Entwicklung der Landwirtschaft, für Reparaturwerkstätten, für den Aufbau einer Zuckerchemie, einer Zellulose- und Papierindustrie und allmählich auch für den stärkeren Aufbau einer Buntmetallurgie und metallverarbeitenden Industrie verwendet.

Das ist die Verifizierung eines durchaus anderen Struktur- und Wachstumsmodells als seiner Zeit in der Sowjetunion. Fidel Castro erklärte dazu in einer Rede am 10. August 1963: „. . . in dieser und vielleicht auch in der nächsten Dekade wird die Landwirtschaft die Basis unserer Wirtschaft sein, weil wir in unserer Entwicklung von unserer Landwirtschaft abhängen. Bis 1970 werden in erster Linie der Zucker und in zweiter Linie die Viehzucht die Pfeiler unserer Wirtschaft sein. Sie müssen wir entwickeln . . . Wir müssen solche Industrien entwickeln, die den bei uns vorhandenen Bodenschätzen, Energiequellen usw. angepaßt sind, ferner unserer Technik, unserer Erfahrung, unseren Märkten und unseren Möglichkeiten der Zusammenarbeit mit anderen Ländern, vor allem mit den sozialistischen, aber auch mit den kapitalistischen . . . Das Studium der Entwicklungsmöglichkeiten der Zuckerchemie steht jetzt auf der Tagesordnung . . . Wir brauchen . . . eine chemische Industrie, die Düngemittel für die Landwirtschaft erzeugt, einen Maschinenbau, der Maschinen für diese Landwirtschaft baut . . . Es ist sehr gut möglich, daß wir bis 1970 warten müssen, ehe wir eine Stahlindustrie aufbauen können . . .“[3]

Der Vorrang von Energiegewinnung, Maschinenbau und Chemieindustrie

Die Tabellen 1 bis 9 auf S. 60 ff. zeigen, daß und wie heute bei allen fortgeschrittenen industriellen Entwicklungen die Energieerzeugung, der Maschinen-, Geräte- und Anlagenbau und schließlich die Chemieindustrie eine führende Rolle spielen. Das sind die dynamischen Zweige oder Bereiche. Ihr Wachstum hängt wiederum von bestimmten dynamischen Erzeugnissen oder Erzeugnisgruppen innerhalb ihres Bereichs ab. Die erwähnten Tabellen enthalten Angaben für kapitalistische und sozialistische Länder, im allgemeinen für den Zeitraum von 1950 bis 1962. Wir sehen, wie überall die metallverarbeitende Industrie, Chemieindustrie und Energiegewinnung mit ihren Wachstumsraten über dem Durchschnitt liegen. Aber mindestens ebenso interessant ist die Tatsache, daß die Relationen in den einzelnen Ländern recht unterschiedlich sind. Das gilt sowohl für den Sozialismus als auch für den Kapitalismus.

Sehen wir uns Tabelle 1 an, so bieten uns die Relationen zwischen metallverarbeitender Industrie, Chemieindustrie und Elektroenergie wie auch ihr Verhältnis zum gesamten industriellen Wachstum von 1958 bis 1962 in den USA, Frankreich und Westdeutschland keine Überraschung. Wohl aber ist das Zurückbleiben der Energiegewinnung in den USA von 1950 bis 1959 überraschend und in Italien sowohl von 1950 bis 1959 als auch von 1958 bis 1962. Die Ursachen sind unterschiedlicher Natur. Es spielen besondere natürliche und historische Bedingungen eine

[3] *Fidel Castro Ruz*, Auszüge aus der Rede vom 10. August 1963; der kubanischen Zeitschrift „Comercio Exterior“ H. 4, 1963 und der französischen Zeitschrift „Économie et Politique“ Nr. 114, Januar 1964 entnommen.

Rolle. So gleicht z. B. Italien das relative Zurückbleiben der Erzeugung von Elektroenergie durch starke Erdölimporte aus. Auf der anderen Seite ist zu berücksichtigen, daß sich die Strukturen kapitalistisch organisierter Volkswirtschaften zyklisch bewegen und verändern. Dadurch gibt es Unterschiede in der Zeit und auch von Land zu Land. So blieb z. B. im Zeitabschnitt von 1958 bis 1962 (vgl. Tabelle 1) die Chemieindustrie der USA im Wachstumstempo hinter der Energiegewinnung und der metallverarbeitenden Industrie zurück, während sie in den anderen kapitalistischen Industrieländern, die in Tabelle 1 aufgeführt werden, an der Spitze lag.

Wenn wir die erstmals für sozialistische und kapitalistische Länder gegliederte UN-Statistik über die Indizes der Weltindustrieproduktion 1950-1962 betrachten[4], fallen einige interessante Gemeinsamkeiten und Unterschiede in der Entwicklung der Industrieproduktionen beider Systeme auf. Von 1950 bis 1962 lagen alle Zuwachsraten im sozialistischen Bereich höher, aber in der Reihenfolge und in den Abständen finden wir bemerkenswerte Unterschiede im Vergleich zum Kapitalismus. Für das Jahr 1962 ergaben sich, wenn wir 1950 = 100 setzen, die folgenden Zuwachsraten und Rangfolgen:

	Kapitalismus		*Sozialismus*	
	Zuwachs	Rangfolge	Zuwachs	Rangfolge
Elektrizität, Gas	85	1	122	3
Metallverarbeitung	74	2	144	1
Erdöl, Kautschuk, Chemie	70	3	93	6
Papier	57	4	81	8–9
Steine, Erden	56	5	128	2
Erze, Metallurgie	42	6	101	5
Holz, Holzverarbeitung	40	7–8	112	4
Nahrungs- und Genußmittel	40	7–8	82	7
Textil, Bekleidung, Leder	36	9	81	8–9

Neben den stark unterschiedlichen Plätzen von Holz und Papier sowie Steine und Erden in beiden Systemen fällt der Vorrang der metallverarbeitenden Industrie in den sozialistischen Ländern auf. Das ist ein Zeichen dafür, wie die sozialistische Industrieentwicklung vorangekommen ist, aber auch ein Zeichen dafür, daß die Erdöl- und Energiegewinnung wie auch die Chemieindustrie nicht Schritt gehalten haben. Das hat zu Disproportionen und Wachstumsschwierigkeiten geführt. Sie wurden z. T. schon korrigiert. Nehmen wir nur den Zeitraum 1959–1962 (1958 = 100), so sehen die obigen Rangfolgen und Unterschiede schon anders aus:

[4] „Monthly Bulletin of Statistics", UN, Oktober 1963; Wiedergabe in Deutsch als Tabelle 4 des in Anmerkung 1 erwähnten Beitrages des Verfassers. In diesem Beitrag wurde bereits der Vergleich von Zuwachs und Rangfolge der einzelnen Industrieproduktionen kapitalistischer und sozialistischer Länder vorgenommen.

	Kapitalismus		*Sozialismus*	
	Zuwachs	Rangfolge	Zuwachs	Rangfolge
Elektrizität, Gas	37	2	60	2
Metallverarbeitung	38	1	75	1
Erdöl, Kautschuk, Chemie	35	3	38	6
Papier	27	4	31	7–8
Steine, Erden	25	6	59	3
Erze, Metallurgie	26	5	44	5
Holz, Holzverarbeitung	23	7	51	4
Nahrungs- und Genußmittel	16	9	31	7–8
Textil, Bekleidung, Leder	20	8	27	9

Die Energiegewinnung hat große Fortschritte gemacht, wenn auch der Nachholbedarf noch nicht befriedigt ist. Die Chemie aber liegt immer noch an 6. Stelle.

Bekanntlich haben die sozialistischen Länder je für sich und im Rahmen des RGW die erforderlichen Maßnahmen bereits vor einiger Zeit beschlossen.

Die Tabellen 2 bis 9 (Anhang, Seite 61 bis 66) enthalten Angaben für einzelne europäische RGW-Länder. Wir sehen, wie in der sozialistischen Industrialisierung überall die Metallverarbeitung vorangebracht wurde, dabei aber, im einzelnen wiederum unterschiedlich, die Energieerzeugung und Chemieindustrie zeitweilig relativ zurückblieben. Nach Tabelle 3 war der Unterschied zwischen dem Umfang der Metallverarbeitung und dem der Energiegewinnung in allen angeführten RGW-Staaten 1960 größer als 1950, am stärksten in Polen und der DDR. Die Chemieindustrie holte demgegenüber in Bulgarien, Rumänien und besonders in Ungarn auf; in der ČSSR, Polen und der DDR nahm ihr spezifisches Gewicht ab, was für die DDR mit dem außergewöhnlich hohen Produktionsanteil der Chemieindustrie an der industriellen Gesamtproduktion zu erklären ist.

Wie Tabelle 10 (siehe Anhang, Seite 67) erkennen läßt, war von der Jahrhundertwende bis zur Gegenwart der internationale Handel mit Transportmitteln durchgängig ein dynamischer Faktor. In den kapitalistischen Industrieländern hat ihr Anteil an der Gesamtproduktion ebenso zugenommen wie der Anteil an den Ausfuhren. Es handelt sich dabei um Transportmittel entsprechend ISIC[5]-Hauptgruppe 38, die in die folgenden Gruppen untergliedert ist:

381 Schiffe
382 Schienengebundene Fahrzeuge
383 Kraftfahrzeuge
384 Kraftfahrzeuge
385 Fahrräder
386 Flugzeuge
389 Sonstige.

Traktoren sind hier also nicht enthalten. Aber auch ohne sie hat sich der Anteil dieser ISIC-Position laufend erhöht, wozu, wie die Statistik zeigt, nicht nur die Erzeugung von Kraftfahrzeugen beigetragen hat. Der Anteil der Transportmittel an den internationalen Umsätzen hat sich von 1899 bis 1959 um 334 Prozent erhöht.

5 ISIC = *International Standard Industrial Classification* (der UN).

Das ist die höchste aller Wachstumsraten im angegebenen Zeitraum. Auch in der Zeit nach dem zweiten Weltkrieg bleibt die Wachstumsrate hoch und hält mit dem Zuwachstempo der Chemieindustrie Schritt.

Die Entwicklung des Verkehrswesens ist für die Proportionierung der Volkswirtschaft, für die Förderung moderner Produktionen, für die Einsparung von Produktions- und Zirkulationszeit wie schließlich für die Entwicklung des internationalen Handels von erstrangiger Bedeutung. Deshalb wird das Verkehrswesen im Programm der SED zu den führenden Zweigen gerechnet[6], und es soll im Zeitraum bis 1970 mit seiner Rekonstruktion begonnen werden. Die Modernisierung und der Ausbau des Verkehrsnetzes und der Transportmittel in den RGW-Ländern sind außerdem notwendig, um den Außenhandel zwischen diesen Staaten zu erweitern und zu verbessern.

Internationale Zusammenarbeit

Es ist zweckmäßig, die Zusammenarbeit, dabei auch die Produktionsspezialisierungen zwischen den sozialistischen Staaten, auf die dynamischen Zweige, Produktionsverfahren und Erzeugnisse zu konzentrieren. Das ist auch wichtig, um das Wirtschaftsniveau der sozialistischen Staaten allmählich anzugleichen.

Wie Produktivitätsuntersuchungen einer Arbeitsgruppe der Ständigen Kommission des RGW für ökonomische Fragen bei ausgewählten Produktionen der Chemieindustrie ergeben haben, kann die internationale sozialistische Wirtschaftszusammenarbeit gerade bei neuen, modernen Produktionen bisweilen leichter organisiert werden und zu besseren Ergebnissen führen, weil hier keine alten Strukturen verändert werden müssen. Solche neuen Produktionen können in technisch-ökonomisch bisher weniger entwickelten sozialistischen Ländern errichtet werden, wenn international zusammengearbeitet wird. Da es sich um moderne Produktionsanlagen handelt, wird die Arbeitsproduktivität zum Teil höher liegen als in schon entwickelteren sozialistischen Industrieländern, die oft alte oder veraltete Produktionsanlagen besitzen. Der erwähnte internationale Vergleich der RGW-Arbeitsgruppe ergab z. B., daß bei einigen der untersuchten Produktionen in der Chemieindustrie die UdSSR und ČSSR, bei anderen die DDR und Ungarn und bei anderen wieder Rumänien und Polen die beste Produktivität aufwiesen. Und gerade diese modernen

[6] Im Programm der SED heißt es zu Beginn des Abschnitts über *Die Grundaufgaben in der Volkswirtschaft*: „Für die Entwicklung der Wirtschaft der Deutschen Demokratischen Republik sind bestimmend ... die rasche Entwicklung der Energiewirtschaft und des Verkehrswesens ... Die Konzentration auf diese Grundaufgaben wird in Übereinstimmung mit den Hauptrichtungen des technischen Fortschritts vollzogen ...

Die Entwicklung der Wirtschaft der Deutschen Demokratischen Republik verlangt ... den Aufbau und die Förderung der neuen führenden Zweige der Volkswirtschaft, die den raschen technischen Fortschritt in der gesamten Volkswirtschaft gewährleisten." VI. Parteitag der SED, *Walter Ulbricht*: Referat, Schlußwort, Programm, Dietz-Verlag, Berlin 1963, S. 326f.

Produktionen sind ja für Außenhandel und internationale Arbeitsteilung interessant.

Auch bei der Analyse des Angleichungsprozesses reicht es also nicht aus, nur volkswirtschaftliche Durchschnittswerte heranzuziehen. Ausschlaggebend sind gerade die Fortschritte bei den dynamischen Zweigen, Produktionsverfahren und Erzeugnissen. Darauf müssen wir uns national und in internationaler Zusammenarbeit konzentrieren.

Für den weiteren Fortgang der internationalen Produktionsspezialisierungen zwischen den RGW-Ländern, besonders bei den dynamischen Produktionen und Außenhandelswaren, sind nicht zuletzt Verbesserungen der Planungsmethoden und Formen der wirtschaftlichen Zusammenarbeit am Platze. Wenn mit den industriellen Fortschritten in Ländern, die technisch-ökonomisch früher wenig entwickelt waren, und mit der Konzentration aller Volkswirtschaften auf die dynamischen Zweige, Erzeugnisse und Produktionsverfahren neue Bedingungen des sozialistischen Wirtschaftens (national und international) entstanden sind, so sind auch adäquate Methoden der Planung und internationalen Zusammenarbeit notwendig. Dynamische Produktionsverfahren verlangen dynamische Planungsmethoden. Wenn bei den internationalen Produktionsspezialisierungen zwischen den RGW-Ländern bisher weder das Tempo noch die Konzentration auf Schwerpunkte sehr befriedigend waren, so liegt das nicht nur an den objektiven wirtschaftlichen und historischen Bedingungen, über die in den vergangenen Abschnitten dieser Studie die Rede war. Es liegt auch am Reifegrad der Planungsmethodik u. ä. Die bisher angewandten Methoden internationaler Produktionsspezialisierungen entsprechen nicht den Erfordernissen. Bisher fehlt z. B. die internationale Rechtsverbindlichkeit von Produktionsabstimmungen zwischen den RGW-Ländern. Lediglich die Verträge zwischen den Außenhandelsunternehmen der RGW-Länder sind rechtsverbindlich. Nur aus ihnen können Ansprüche abgeleitet werden. Wenn aber internationale Produktionsabstimmungen weder in die zweiseitigen Wirtschaftsvereinbarungen oder Handelsabkommen einfließen noch in die nationalen Produktions-, Investitions-, Außenhandelspläne usw., also die Produktionsbetriebe keine Bestellungen bei den Außenhandelsunternehmen aufgeben oder Absatzvorschläge unterbreiten und folglich die Außenhandelsunternehmen keine Verträge abschließen, ist beim bisherigen Stand der Dinge kein Partner gebunden.

Es ist demnach erstens notwendig, daß multilaterale Spezialisierungsempfehlungen in den zweiseitigen Wirtschaftsvereinbarungen bzw. Handelsabkommen und Jahresprotokollen ihren Niederschlag finden. Es ist zweitens notwendig, daß internationale Produktionsspezialisierungen in den nationalen Plänen der Partner verankert werden. Es ist drittens notwendig, daß national und international eine entsprechende, rechtzeitig funktionierende Kontrolle erfolgt. Es ist schließlich notwendig, daß multilaterale und bilaterale Produktionsabstimmungen vertraglich (mit Vertragsstrafen bei Nichterfüllung) geregelt werden.

Nach wie vor spielen die Marktelemente eine außerordentlich wichtige Rolle bei der internationalen Produktionsspezialisierung. Wir müssen sie national und international einsetzen, um die dynamischen Produktionen zu stimulieren, um alle Kräfte auf die Entwicklung der modernen Produktivkräfte, auf moderne volkswirtschaftliche Strukturen und Produktionen zu konzentrieren. Wir brauchen auch im internationalen Wirtschaftsverkehr zwischen den sozialistischen Staaten die Einheit von moralisch-politischen und materiell-finanziellen Interessen. Internationale Solidarität und Hilfe schließen die Anwendung kommerzieller Methoden, d. h. die Ausnutzung des Marktes, seiner Kategorien und Elemente, nicht aus, sondern ein. Ausgedehnte, moderne, genau durchgerechnete und exakt angewandte kommerzielle Beziehungen sind für alle Partner des sozialistischen Weltwirtschaftssystems nützlich, weil sie zu ständiger Kalkulation zwingen.

Die internationalen Marktprozesse sterben zwischen den sozialistischen Staaten weder heute noch morgen ab. Ganz im Gegenteil, sie werden entfaltet, weil das die Effektivität des Wirtschaftens merklich erhöht.

Um auch in der internationalen Arena, im internationalen Wirtschaftsverkehr zwischen den sozialistischen Ländern, die Einheit von Plan und Markt herzustellen, um dabei auch die internationalen Produktionsspezialisierungen mit Hilfe des Marktes und seiner Elemente voranzutreiben, ist sowohl im Innern der einzelnen Volkswirtschaften als auch im zwischenstaatlichen Wirtschaftsverkehr der Aktionsradius des Wertgesetzes zu vergrößern. So müssen die Außenhandelspreise zwischen den sozialistischen Staaten ein Anreiz ebenso zur internationalen Spezialisierung wie zur bevorzugten Entwicklung moderner Erzeugnisse sein. Auch im Bereich derWTZ muß ein finanzielles Anreizsystem wirksam werden. Kredite, Zinsen, Zahlungsbedingungen, Rabatte, Preisdifferenzierungen, Ausschreibungen – alles das sind Marktformen, die stärker und zweckmäßiger in den Dienst der internationalen sozialistischen Produktionszusammenarbeit gestellt werden können.

Internationale Forschungsarbeit

Wir wollen nun den Gedanken von der ungleichmäßigen Entwicklung der Produktivkraftstrukturen und ihren dynamischen Elementen weiterführen. Wir beziehen die Forschungs-, Entwicklungs-, Projektierungsarbeiten usw. ein. In der Kategorie der produktiven gesellschaftlichen Gesamtarbeit nimmt die Forschungsarbeit einen immer wichtiger werdenden Platz ein. Die Produktivität der Gesamtarbeit wird von ihr zunehmend bestimmt. Sie ist also ein sehr dynamisches Element in der heutigen Entwicklung der Produktivkräfte. Und das gilt ganz besonders für ihre Funktion bei den dynamischen Zweigen, Erzeugnissen und Produktionsverfahren. Konzentration auf diese Impulsfaktoren schließt demnach vorrangige Entwicklung der Forschungsarbeiten ein. Das gilt dem Wesen der Sache nach für die Grundlagenforschung in gleicher Weise wie für die angewandten Forschungen, für die Bewegung der Neuerer, die Projektierungsarbeiten usw.

Die Regelungstechnik z. B. gewinnt für den Anlagenbau zunehmend und schnell an Bedeutung. Nach vorliegenden Berechnungen hat der Wertanteil von Geräten der Betriebs-, Meß-, Steuerungs- und Regelungstechnik (BMSR) am Gesamtinvestitionsaufwand einer Chemieanlage in den führenden kapitalistischen Ländern auf

10–12 Prozent zugenommen, während er in der DDR nur etwa 7 Prozent ausmacht.[7] Aber dabei geht es nicht nur um neue Quantitäten, sondern auch um neue Qualitäten. Es genügt nicht mehr, nur die Einhaltung dieser oder jener Meßgröße zu regeln, es geht um komplexe, komplizierte Regeloperationen mit Datenverarbeitung usw.

Nach Berechnungen aus den USA hat dort der Anteil der Forschungskosten am gesellschaftlichen Gesamtprodukt von rund 0,2 Prozent im Jahre 1930 auf 0,9 Prozent 1950 und auf 2 Prozent im Jahre 1959 zugenommen. Noch schneller hat sich natürlich der Anteil der Forschungskosten am Umsatz und an den Investitionen erhöht. Das Verhältnis der Forschungskosten zu den Neuinvestitionen der US-Industrie betrug 1947 = 1315 : 20612 Mio Dollar (1 : 16), 1952 = 2035 : 26493 (1 : 13) und 1958 = 3600 : 32074 (1 : 9). Für die Chemieindustrie der USA werden Relationen von 1 : 3 bis 1 : 5 angegeben. Du Pont hat z. B. von 1930 bis 1960 nach Angaben seines Vorsitzenden 475 Mio Dollar für Forschungen und 1,4 Mrd. für Investitionen ausgegeben.[8]

Immer mehr wird die moderne Forschung industriemäßig betrieben, in großen Instituten und Kollektiven, mit Konzentration und Spezialisierung der Kräfte. Soll rationell geforscht werden, ist für alle kleineren und mittleren sozialistischen Länder internationale Gemeinschaftsarbeit mit Koordinierung, Spezialisierung, vereinbarten Plänen usw. angebracht. In der wissenschaftlich-technischen Zusammenarbeit der RGW-Länder gibt es eindeutige Erfolge, die nur in einer kollektiven Arbeit, wie sie dem Sozialismus gemäß ist, erzielt werden konnten. Die Ergebnisse lassen sich allerdings nicht oder nur zum Teil finanziell ausdrücken.

Wir überwinden gegenwärtig in der internationalen wissenschaftlich-technischen Zusammenarbeit der RGW-Staaten den Mangel der früher so häufigen Zersplitterung der internationalen wissenschaftlich-technischen Zusammenarbeit. Mehr und mehr erfolgt auch hier eine Konzentration auf Schwerpunkte, auf die dynamischen Produktionen usw.

Außerdem sollte die Übergabe der Lizenzen, Projektierungen usw. unbedingt mit verbindlichen Produktionsabstimmungen gekoppelt werden. Weil das bisher nicht geschah, waren unnötige Parallelproduktionen und Konkurrenzerscheinungen auf dritten Märkten die Folge. Das nützt niemand. Austausch von Dokumenten und Produktionsvereinbarungen sollten also verbindlich kombiniert werden. Das wäre eine Form, bei der das ökonomische Interesse bei beiden Partnern gebührend zum Zuge kommt.

Jede neue Produktion beginnt bei den Forschungs- und Entwicklungsarbeiten usw. In der Hierarchie der Elemente der internationalen Arbeitsteilung bilden die Forschungen, Entwicklungsarbeiten, Projektierungen, Lizenzen, Produktionsbeschreibungen usw. die unterste und grundlegende Stufe des Gesamtsystems. So verlangt die Orientierung auf die führenden Zweige, Produktionsverfahren und

7 „Die Wirtschaft", 15. 6. 1964, S. 8.

8 Die Angaben über die USA wurden einer Arbeit über „Das Problem der wissenschaftlichen Forschungsarbeiten in der Chemieindustrie" von *G. Tschonski*, *L. Schimtschak* und *I. Bator* vom *Institut für allgemeine Chemie* in Warschau entnommen.

Erzeugnisse verstärkte internationale Zusammenarbeit auf den Gebieten der Wissenschaft und Technik. Dabei sollte beachtet werden, daß die Spezialisierung und Kooperation bei den Forschungs- und Entwicklungsarbeiten die Richtung für die entsprechenden Kooperationen und Spezialisierungen bei den Investitionen und der Produktion abgeben sollten.

Verbesserung der Erzeugnisqualität

Die durch internationale Spezialisierung und Kooperation zwischen den sozialistischen Staaten modernisierte Produktion muß u. a. dazu führen, daß die Qualität der Erzeugnisse verbessert wird, sowohl derjenigen, die aus den schon entwickelteren sozialistischen Ländern kommen, als auch derjenigen, die in den technisch-ökonomisch noch nicht hochentwickelten sozialistischen Volkswirtschaften hergestellt werden. Wenn wir in den sozialistischen Ländern auf dem Gebiet der Erzeugnisqualität trotz aller Verbesserungen noch auf Mängel stoßen, die uns bei den Ein- und Ausfuhren Schwierigkeiten bereiten, so dürfte klar sein, daß nicht alle dieser Mängel in erster Linie auf den Entwicklungsstand der Produktivkräfte zurückzuführen sind. Ein nicht geringer Teil dieser Mängel entstammt den zu starren, zu wenig rationellen Planungsmethoden. Neue, höhere Erzeugnisqualitäten bringen dem Betrieb oft weniger an Gewinn als veraltete, eingefahrene Produktionen. Das gilt bisweilen auch für den Außenhandel zwischen den RGW-Ländern.

Wahrscheinlich sind wir uns alle darüber im klaren, daß bestimmte Bilanzierungsschwierigkeiten im Außenhandel zwischen den RGW-Ländern und ungenügende Fortschritte bei den internationalen Spezialisierungen unter anderem auf die unzureichende Qualität einer Reihe von Erzeugnissen zurückzuführen sind. Das bezieht sich auch auf den gesamten Service und die sonstigen kommerziellen Dienstleistungen. Dabei haben natürlich die industriell schon entwickelten Volkswirtschaften eine besonders hohe Verantwortung.

Bekanntlich sind Appelle allein von geringem Nutzen, wenn es darum geht, ein Land anzuregen, bestimmte Roh- und Brennstoffe oder Nahrungsmittel in größerem Umfang für einen anderen Partner zu erzeugen. Dieser Partner muß qualitativ hochwertige Produktionsinstrumente anbieten, die für den wirtschaftlichen und technischen Fortschritt im anderen Land und damit für den Angleichungsprozeß zwischen den sozialistischen Volkswirtschaften von besonderer Bedeutung sind.

Auf der anderen Seite muß auch die Qualität der Erzeugnisse aus den sich industriell erst entwickelnden sozialistischen Ländern schnell angehoben werden. Das könnte u. a. durch stärkere nationale Konzentration und Spezialisierungen geschehen. Weitere Mittel sind die gemeinsame internationale Forschungs- und Entwicklungsarbeit und die Produktions- und Leitungshilfe durch die entwickelten Länder für die sich entwickelnden Volkswirtschaften. Schließlich wäre auf die Zweckmäßigkeit von Investitionsbeteiligungen und die Errichtung von Montage- und Zulieferbetrieben (u. a. als Übergangsstadium bis zu voller eigener Produktion) in den Ländern hinzuweisen, die ihre Industrie aufbauen.

Schlußbemerkung

Wir kommen zum Schluß; der Kreis hat sich geschlossen. Wir begannen mit dem Problem der schnell zunehmenden Internationalisierung der modernen Produktion. Es sollte gezeigt werden, daß diese objektive Entwicklungstendenz der Produktivkräfte im Wirtschaftsverkehr zwischen den sozialistischen Staaten stärker ausgenutzt werden kann. Das ist besonders notwendig, wenn eine andere Seite der modernen Produktion entwickelt werden soll: die vorrangige Förderung der Impulsproduktionen und modernen Produktionsverfahren. Das geht nur bei internationaler Spezialisierung und Kooperation. Umgekehrt verspricht die internationale Koordinierung zwischen den sozialistischen Ländern gerade bei den dynamischen Zweigen, Erzeugnissen und Produktionsverfahren gute Ergebnisse. So können wichtige Produktivitäts- und Wachstumsfaktoren erschlossen werden. Dazu ist eine Erweiterung und Verbesserung der Methoden notwendig, die im Wirtschaftsverkehr zwischen den sozialistischen Staaten angewandt werden. Auch auf diesem Gebiet müssen verbesserte Planungs- und Bilanzierungsmethoden, Nutzeffektsberechnungen, ein ökonomisches Anreizsystem und die Ausnutzung des Marktes dazu beitragen, rationeller zu wirtschaften. Der Bereich der kommerziellen Methoden könnte erweitert werden. Moderne Produktion verlangt moderne Leitungs-, Planungs- und Handelsmethoden. Die Problematik der widerspruchsvollen Einheit von Plan und Markt wird durch diesen Ausbau der internationalen Wirtschaftsbeziehungen zwischen den sozialistischen Staaten um neue Elemente bereichert.

Anhang

TABELLE 1

Zuwachsraten der Gesamtindustrie und einzelner Industriezweige in ausgewählten kapitalistischen Ländern

1950–1959 und 1958–1962

(Basisjahr = 100)

Land	Zeitraum	gesamte Industrie	MVI[a]	Chemie-industrie	Erzeugung von Elektroenergie und Gas
USA	1950–1959	141	167	179	220[b]
	1958–1962	126	137	137	134
Großbritannien	1950–1959	128	142	164	154
	1958–1962	115	115	129	125
Frankreich	1950–1959	180	213	240	230
	1958–1962	125	126	143	136
Italien	1950–1959	203	199	317	178
	1958–1962	155	163	190	137
Westdeutschland	1950–1959	225	294	280	220
	1958–1962	131	138	162	135
Belgien	1950–1959	131	145	189	158
	1958–1962	123	125	151	129

[a] MVI = Metallverarbeitende Industrie

[b] Siehe „Konjunktur und Krise“, Statistische Beilage zu Heft 2, 1962 (10. Folge).

Quelle: Berechnet aus „OECD General Statistics“, Juli 1964, S. 2, 9, 10; UN Statistical Yearbook 1963, S. 94–99; 1960, S. 79–87; 1957, S. 122–139.

TABELLE 2

Zuwachsraten der Gesamtindustrie und einzelner Industriezweige in ausgewählten sozialistischen Ländern

1950–1962

(Basisjahr = 100)

Land	Zeitraum	gesamte Industrie	MVI	Chemie-industrie	Erzeugung von Elektroenergie
Bulgarien	1950–1962	492	1000	1100	863
ČSSR	1955–1962	192	235	273	208
DDR	1950–1962	331	452	341	239
Polen	1950–1962	403	1008	676	459
Rumänien	1950–1961	392	700	835	490
UdSSR	1952–1962	280	409	373	356
Ungarn	1950–1962	317	424	607	303

Quellen: Die Wirtschaft der sozialistischen Länder in Zahlen 1962 (russisch), Moskau 1963, S. 20ff;
Statisticka Rosenka ČSSR 1963, Praha 1963, S. 161;
Kleines Statistisches Jahrbuch der VR Rumänien 1961 (russisch);
Zentralverwaltung für Statistik der UdSSR 1962, S. 85;
Die Volkswirtschaft der UdSSR 1962 (russisch), Moskau 1963, S. 122;
Statistisches Jahrbuch der DDR 1963, Berlin 1964, S. 106.

TABELLE 3

Strukturelle Verschiebungen zwischen den drei führenden Zweigen ausgewählter sozialistischer Volkswirtschaften

1950–1960

(Gesamte Metallverarbeitung = 100)

Land	1950		1960	
	Energie-produktion	Chemie-industrie	Energie-produktion	Chemie-industrie
Bulgarien	17,2	29,0	16,3	33,0
ČSSR	13,0	16,0	9,9	15,0
DDR	8,8	55,1	4,8	44,8
Polen	21,7	42,3	10,1	31,7
Rumänien	14,3	23,3	9,5	27,1
Ungarn	11,2	13,9	9,5	23,6

Quelle: Berechnet nach: Die Wirtschaft der sozialistischen Länder in Zahlen 1962, a. a. O., S. 82ff.

TABELLE 4

DDR

Anteil der einzelnen Zweige an der Industrieproduktion

1950–1962

(in Prozent)

Industriezweige	Meßwerte 1950	Unveränderliche Planpreise 1955		
	1950	1955	1960	1962
Elektroenergieerzeugung	3,6	1,6	1,6	1,5
Bergbau	6,1	5,2	3,8	3,8
Metallurgie	2,6	5,9	6,6	5,4
MVI	24,4	30,0	34,0	36,3
Chemieindustrie	17,0	13,7	15,1	14,2
Baustoffindustrie	3,8	3,1	2,0	3,2
Leichtindustrie	27,7	24,1	22,3	20,6
Nahrungs- und Genußmittelindustrie	14,8	16,4	14,6	15,0
Industrie insgesamt	*100,0*	*100,0*	*100,0*	*100,0*

Quellen: Statistisches Jahrbuch der DDR 1955, Berlin 1956, S. 154, für das Jahr 1950; Statistisches Jahrbuch der DDR 1960/61, Berlin 1961, S. 302, für das Jahr 1960; Statistisches Jahrbuch der DDR 1964, Berlin 1964, S. 138, für die Jahre 1955 und 1962.

TABELLE 5

ČSSR

Anteil der einzelnen Zweige an der Industrieproduktion

1955–1960

(in Prozent)

Industriezweige	1955	1958	1959	1960
Elektroenergie- und Wärmeerzeugung	2,7	2,7	2,7	2,8
Brennstoffindustrie, Erzeugnisse aus Kohle und Rohöl	7,0	7,2	6,9	6,6
Schwarzmetallurgie (einschl. Erzförderung)	8,0	7,7	7,7	7,8
Buntmetallurgie (einschl. Erzförderung)	1,4	1,4	1,5	1,5
Maschinenbau und sonstige Metallverarbeitung	28,8	31,3	32,7	33,7
Chemie-, Gummi- und Asbestindustrie	5,0	5,3	5,6	6,1
Baustoffindustrie	3,1	3,9	4,1	4,2
Holzverarbeitende Industrie	4,8	4,5	4,4	4,2
Zellstoff- und Papierindustrie	1,6	1,5	1,4	1,3
Glas-, Porzellan- und keramische Industrie	1,5	1,5	1,5	1,5
Textilindustrie	8,4	7,8	7,4	7,1
Konfektion	2,9	2,7	2,6	2,6
Leder-, Schuh- und Pelzwarenindustrie	2,7	2,7	2,6	2,6
Polygraphische Industrie	0,8	0,7	0,7	0,6
Nahrungs- und Genußmittelindustrie	20,4	18,1	17,2	16,4
Sonstige Industriezweige	0,9	1,0	1,0	1,0
Industrie insgesamt	*100,0*	*100,0*	*100,0*	*100,0*

Quelle: „Außenhandel der Tschechoslowakei", Februar 1963, S. 28.

TABELLE 6

VR Rumänien
Anteil ausgewählter Zweige an der Industrieproduktion
1938–1961
(in Prozent)

Industriezweige	1938	1950	1955	1959	1960	1961
Elektroenergie- und Wärmeerzeugung	1,1	1,9	2,2	2,5	2,5	2,5
Heizmaterial	16,8	11,3	19,9	10,0	9,1	8,6
Kohle	(3,4)	(3,2)	(2,5)	(2,3)	(2,0)	(1,9)
Koks (für Chemie)	(0,2)	(0,1)	(0,2)	(0,4)	(0,5)	(0,5)
Erdöl (einschl. Gas)	(13,1)	(7,7)	(7,9)	(6,9)	(6,2)	(5,8)
Schwarzmetallurgie	4,1	5,4	4,2	5,6	6,3	6,5
Leichtmetallurgie	2,6	2,1	2,3	2,6	2,1	2,1
Maschinenbau und sonstige Metallverarbeitung	10,2	13,3	18,8	22,9	24,0	25,1
Maschinenbau		(6,4)	(9,1)	(12,8)	(14,6)	(15,6)
Elektrotechnik		(0,8)	(1,4)	(2,0)	(2,4)	(2,9)
Metallkonstruktionen und Metallwaren		(2,2)	(3,5)	(3,1)	(2,9)	(2,9)
Chemieindustrie	2,7	3,1	4,7	6,0	6,1	6,8
Baustoffindustrie	1,2	2,4	3,2	3,5	3,2	3,1
Holzgewinnung und -verarbeitung	9,5	9,9	8,9	8,2	7,5	7,1
Textilindustrie	9,4	11,1	10,0	7,8	7,9	8,3
Konfektion	3,4	7,5	5,9	4,9	5,6	5,7
Nahrungs- und Genußmittelindustrie	32,4	24,2	21,7	19,2	18,9	17,6
Polygraphische Industrie	0,8	0,8	0,9	1,0	0,9	1,0

Quellen: Kleines Statistisches Jahrbuch der VR Rumänien 1961 (russisch); Zentralverwaltung für Statistik der UdSSR 1962, S. 87.

TABELLE 7

VR Ungarn

Anteil der einzelnen Zweige an der Industrieproduktion 1955–1960

(in Prozent)

Industriezweige	1955	1960
Bergbau	7,9	6,7
Metallurgie	13,9	13,6
Elektroenergieerzeugung	3,5	3,9
Maschinenbau	23,1	26,3
Chemieindustrie	5,5	7,5
Baustoffindustrie	3,6	3,6
Schwerindustrie insgesamt	57,5	61,6
Leichtindustrie	20,6	20,4
Lebensmittelindustrie	21,9	18,0
Sozialistische Industrie insgesamt	*100,0*	*100,0*

Quelle: „Wirtschaftswissenschaft“, H. 4, 1963, S. 582.

TABELLE 8

VR Polen

Anteil der einzelnen Zweige an der Industrieproduktion 1950–1962

(in Prozent)

Industriezweige	1950		1955		1962	
Elektroenergie- und Wärmeerzeugung	2,0		2,1		2,3	
Schwarzmetallurgie	6,9		6,5		7,9	
Buntmetallurgie	2,2		2,4		2,3	
Maschinenbau und Metallkonstruktionen	2,3	9,3	6,0	17,1	6,6	22,7
Elektrotechnik	1,5		2,4		4,2	
Transportmittel	3,2		5,1		7,3	
Sonstige MVI	2,3		3,6		4,6	
Chemieindustrie	3,9		4,5		7,2	
Gummiindustrie	0,8		0,9		1,2	
Textilindustrie	13,4		13,2		9,0	
Nahrungsmittelindustrie	2,7		2,6		2,2	

Quelle: Die Wirtschaft der sozialistischen Länder in Zahlen 1962 (russisch), Moskau 1963, S. 179.

TABELLE 9

VR Bulgarien

Anteil ausgewählter Zweige an der Industrieproduktion 1950–1961

(in Prozent)

Industriezweige	1950	1955	1959	1960	1961
Elektroenergie- und Wärmeerzeugung	1,6	2,4	2,5	2,7	2,8
Schwarzmetallurgie (einschl. Erzförderung)	0,1	0,7	1,1	1,0	1,1
Buntmetallurgie (einschl. Erzförderung)	2,8	4,1	4,9	5,1	4,3
Maschinenbau und Metallverarbeitung	9,3	11,7	15,7	16,8	17,3
Chemie- und Gummiindustrie	2,8	3,8	5,3	5,7	5,7
Textilindustrie	14,0	14,0	12,0	11,6	10,6
Nahrungsmittelindustrie	41,4	31,4	27,3	27,3	28,6

Quelle: Die Wirtschaft der sozialistischen Länder in Zahlen 1962, Moskau 1963, S. 83

TABELLE 10

Die Struktur der Fertigwarenexporte von 12 Hauptexportländern
1899–1959
(in Prozent)

Erzeugnisgruppe	Ohne Niederlande			Einschließlich Niederlande					
	1899	1913	1929	1929	1937	1950	1955	1957	1959
Metallwaren	11,5	13,7	12,1	11,9	15,3	12,9	15,0	15,5	13,5
Maschinen	8,0	10,4	13,9	14,5	16,0	20,7	22,3	24,1	24,8
Transportmittel	3,8	5,4	9,9	9,8	10,5	14,2	15,3	16,1	16,5
davon: Pkw	(0,3)	(1,7)	(3,7)	(3,6)	(3,8)	(4,1)	(4,8)	(4,7)	(6,0)
Andere Metallwaren	7,0	6,5	5,9	5,9	6,5	4,9	4,8	4,4	4,2
Chemieerzeugnisse	8,3	9,1	8,4	8,5	10,6	10,5	11,4	11,0	12,0
Textilien und Bekleidung	40,6	34,1	28,7	28,7	21,5	19,9	13,4	11,8	11,1
davon: Garne	(9,0)	(6,4)	(5,0)	(5,0)	(4,1)	(3,7)	(2,5)	(2,2)	(2,0)
Gewebe	(23,2)	(21,2)	(17,5)	(17,5)	(12,9)	(12,2)	(7,7)	(6,7)	(6,1)
Konfektion	(8,4)	(6,5)	(6,3)	(6,2)	(4,6)	(3,9)	(3,2)	(2,9)	(3,0)
Andere Fertigwaren	20,8	20,7	21,1	21,0	19,5	17,0	17,9	17,1	17,9
Insgesamt	*100,0*	*100,0*	*100,0*	*100,0*	*100,0*	*100,0*	*100,0*	*100,0*	*100,0*
Wert, in Mrd. US-Dollar	3,11	6,50	11,90	12,20	9,27	20,77	34,37	43,48	45,89

Quelle: A. Maizels, Industrial Growth and World Trade, Cambridge (USA) 1963, S. 163.

Johannes Behr, Kurt Brünecke

NEUE METHODEN ZUR MESSUNG DER VOLKSWIRTSCHAFTLICHEN PRODUKTIVITÄTSENTWICKLUNG MIT HILFE AGGREGIERTER PRODUKTIONSFUNKTIONEN

Die Messung der Arbeitsproduktivität steht unverändert im Brennpunkt der Diskussion der Wirtschaftswissenschaftler in Theorie und Praxis der sozialistischen Länder.

Mit wachsendem technischem Fortschritt gewinnt die vergegenständlichte Arbeit im Produktionsprozeß zunehmend an Gewicht. Ihre Ökonomisierung wird deshalb zu einer vordringlichen Aufgabe, um das reale Nettoprodukt je Kopf der Bevölkerung rasch steigern zu können. Demzufolge wächst das Bedürfnis, den Nutzeffekt der eingesetzten vergegenständlichten Arbeit so genau wie möglich zu messen. Dies ist gewiß die objektive Ursache für die während der letzten Jahre verstärkt erhobene Forderung, gemäß der bekannten, von Marx und Engels gegebenen Definition der Steigerung der Arbeitsproduktivität als Einsparung an Gesamtarbeit je Erzeugnis die Arbeitsproduktivität nicht als Verhältnis von Produktion ausschließlich zu lebendiger Arbeit, sondern zu insgesamt eingesetzter Arbeit zu messen.

Für die Produktivitätsmessung sind deshalb auch solche Verfahren zu entwickeln, die zum einen die enge oder gar unlösliche Verknüpfung der im Produktionsprozeß eingesetzten Größen berücksichtigen und zum anderen eine Analyse der untersuchten Größen im Zeitverlauf und nach dem Einfluß der eingesetzten Faktoren ermöglichen. Als Arbeitsdefinition sollte deshalb der Begriff *Produktivität* zunächst möglichst umfassend gehalten sein, jedoch eine Verschärfung für spezielle Fragestellungen zulassen, zum Beispiel für die Untersuchung des Verhältnisses Produktion zu lebendiger Arbeit.

Nach einer bekannten Definition von Engels scheint die „Verminderung des in die Ware eingehenden Gesamtarbeitsquantums ... das wesentliche Kennzeichen gesteigerter Produktivkraft der Arbeit zu sein, gleichgültig unter welchen gesellschaftlichen Bedingungen produziert wird“.[1]

Es liegt nahe, diese Produktivität durch Gegenüberstellung des Produktionsresultats mit den insgesamt eingesetzten oder verbrauchten Produktionsfaktoren zu messen. Derartige Messungen werden seit längerer Zeit in verschiedenen Ländern durchgeführt. Am bekanntesten sind wohl die von John W. Kendrick angestellten

[1] *Karl Marx*, Das Kapital, 3. Bd. In: *Karl Marx*, *Friedrich Engels*, Werke, Bd. 25, Dietz-Verlag, Berlin 1964, S. 271.

Berechnungen der Produktivitätsentwicklung in der amerikanischen Industrie über den Zeitraum 1889–1953.

Eine hiervon abgeleitete, aber bedeutsame Frage ist, ob mit einer oder mit einigen wenigen Methoden, insbesondere Kennziffern, gleichzeitig verschiedenartige Entwicklungen – zumindest repräsentativ – gemessen werden können.

Wählen wir als Beispiel die partielle Produktivitätskennziffer *Produktion zu Aufwand an lebendiger Arbeit*. Ihr häufiger Gebrauch in wohl allen nationalen und internationalen Statistiken dieses Bereichs – und zwar unabhängig davon, welche Konzeption der Werttheorie zugrunde gelegt wird – ist keineswegs damit erschöpfend erklärt, daß die mit ihrer Berechnung verbundenen Erhebungs- und Aggregationsprobleme noch am unproblematischsten erscheinen.

Die zentrale Stellung dieser Kennziffer beruht vielmehr darauf, daß mit ihr eine wesentliche Seite des Gesamtkomplexes der volkswirtschaftlichen Produktivitätsentwicklung erfaßt werden kann. Und könnten wir uns in diesem Zusammenhang nicht auf die allgemein bekannten und oft zitierten Ausführungen der Klassiker der marxistischen politischen Ökonomie berufen, so müßten wir eben eine solche Kennziffer für die Zwecke der Volkswirtschaftsplanung „erfinden".

Dies gilt selbstverständlich auch für den umgekehrten Fall, z. B. für die Berechnung anderer partieller Produktivitätskennziffern. Zur Vermeidung von Mißverständnissen sind die einzelnen Kennziffern mit unterschiedlichen Begriffen zu bezeichnen, wie etwa Produktivität I, II, III oder Nutzeffekt der lebendigen, der vergegenständlichten, der insgesamt eingesetzten Arbeit usw. Aber es darf dabei nicht der Eindruck entstehen, als gäbe es generell nur eine einzige „wahre" Kennziffer für diesen Komplex, die über dessen sämtliche Seiten gleich exakt informieren könnte, während alle anderen Kennziffern nur als Surrogate aufzufassen wären.

Wir wollen im folgenden nur auf zwei Momente verweisen, die die Aussagekraft der partiellen Produktivitätskennziffer *Produkt zu Aufwand an lebendiger Arbeit* als repräsentative Meßgröße für andere Produktivitätsentwicklungen schmälern. Spielt beispielsweise in hochautomatisierten Produktionsprozessen – stellvertretend werden häufig Energiekraftwerke genannt – die Nutzung umfangreicher und kostspieliger Anlagen eine dominierende Rolle und ist der Materialeinsatz groß, so ist die Verdoppelung des Verhältnisses Produktion zu Aufwand an lebendiger Arbeit weniger signifikant für die Gesamtentwicklung als bei arbeitsintensiven Technologien. Partielle Produktivitätskennziffern beziehen somit stets in irgendeiner Weise die relative Bedeutung der einzelnen, isoliert betrachteten Einsatzgröße in die Berechnung ein.

Noch schwerwiegender ist aber der Umstand, daß die Verbesserung des genannten Verhältnisses teilweise oder völlig durch die Verminderung des Nutzeffektes anderer am Produktionsprozeß beteiligter Einsatzgrößen wie Grundmittel, Energie, Material usw. erkauft worden sein kann. Auf das damit verbundene Problem der Substitutionsmöglichkeiten zwischen den verschiedenen Einsatzgrößen verwies Marx wiederholt. „Obgleich", bemerkt er im *Kapital*, „mit der anwachsenden Körpermasse die Maschine absolut teurer, wird sie relativ wohlfeiler. Wenn fünf Arbeiter zehnmal soviel Waren produzieren wie früher, verzehnfacht sich deswegen nicht die Auslage an fixem Kapital; obgleich der Wert dieses Teils des konstanten Kapitals wächst mit der Entwicklung der Produktivkraft, wächst er bei weitem nicht in demselben Verhältnis."[2]

Solche Feststellungen gelten jedoch nicht für den einzelnen Fall oder Zeitpunkt, sondern nur – wie Marx an anderem Ort ausdrücklich hervorhebt – „der Tendenz nach, wie alle ökonomischen Gesetze."[3]

Eben deshalb interessiert für konkrete Entscheidungen unter Umständen nicht so sehr, *daß* sich die Produktion bei gegebenem Aufwand an lebendiger Arbeit erhöht hat, sondern *weshalb* sich diese Entwicklung vollzog, insbesondere ob und zu welchem Teil dieses günstige Resultat durch Faktorsubstitution mit anderen Einsatzgrößen erreicht wurde. Erst wenn der dem Ersatz von Arbeitskraft durch Grundmittel, Material, Energie usw. geschuldete Beitrag an der insgesamt eingetretenen Veränderung des obengenannten Verhältnisses angenähert quantitativ erfaßt und ausgesondert werden kann, lassen sich jene Einflüsse abschätzen und beurteilen, die als verbesserte Arbeitsorganisation und Planung, höheres Bildungs- und Qualifikationsniveau der Beschäftigten, Erfindungen und Verbesserungen usw. unter dem Sammelbegriff *wissenschaftlich-technischer Fortschritt* in der internationalen Fachliteratur als eigentlicher Produktivitätsfortschritt aufgefaßt und zu messen versucht werden.

Erkennen wir, daß es – ob wir es nun bedauern oder nicht – keine „Wunderwaffen" zur Messung ökonomischer Prozesse gibt, so sind wir zugleich dagegen gefeit, mit der Befürwortung aussichtsreicher neuer Methoden nun alle anderen Methoden zu opfern. Nehmen wir beispielsweise die in unserer Republik weit vorangetriebene Messung der Arbeitsproduktivität mit Hilfe der Zeitsummenmethode. Dieses Verfahren stützt sich auf die von der Wirtschaftswissenschaft im internationalen Maßstab über mehrere Jahrzehnte entwickelte und mit Erfolg praktisch angewandte Methode der Indextheorie. Und gerade die formal einwandfreie und theoretisch richtige Aggregierung heterogener Tatbestände oder Prozesse mittels Zeitanteilen als Gewichten ist ein für zwar spezifische, aber praktisch weite Gebiete der Produktivitätsmessung wohl geeignetes und bewährtes Instrumentarium.

Die Forderungen nach Prüfung und möglichem Einsatz moderner Methoden der Produktivitätsmessung gelten in starkem Maße für ein Gebiet der Wirtschaftsmathematik, das insbesondere seit 1957/58 zunehmend von Theoretikern und Praktikern beachtet wird. Man könnte es nennen: theoretische Studien und experimentelle Berechnungen aggregierter Produktionsfunktionen, um die auf die Entwicklung der volkswirtschaftlichen Arbeitsproduktivität einwirkenden Faktoren, insbesondere den wissenschaftlich-technischen Fortschritt zu analysieren.

Bekanntlich sind diese aggregierten Produktionsfunktionen untrennbar mit den Namen C. W. Cobb und Paul. H. Douglas wegen deren umfassender Pionierarbeit

[2] *Karl Marx*, Das Kapital, a. a. O., S. 270.

[3] Ebenda, S. 184. Aus dem tendenziellen Charakter der ökonomischen Gesetzmäßigkeiten leitet sich übrigens die Notwendigkeit ab, für Berechnungen die Methoden der mathematischen Statistik zu benutzen.

verbunden, obgleich – wie das wohl meist ist – schon andere Wissenschaftler vor ihnen verwandte Darstellungen benutzt hatten.[4]

Bereits 1928 und 1934 unternahmen Cobb und Douglas den Versuch, Produktionsfunktionen für die Gesamtwirtschaft aufzustellen. Sie wurden unter den Titeln *A Theory of Production*[5] und *The Theory of Wages*[6] veröffentlicht.

In seinem in den Fachkreisen stark beachteten Festvortrag vor der *Amerikanischen Ökonomischen Gesellschaft* im Jahre 1947 faßte Douglas die Resultate einer ein Leben währenden Forschungsarbeit unter dem Thema *Are there Laws of Production?* – Gibt es Gesetze der Produktion? – zusammen.[7]

Douglas bemerkt dort: „Es war vor genau 20 Jahren, als ich für die amerikanische Maschinenbauindustrie 1899–1922 sowohl Indizes für die beschäftigten Arbeitskräfte als auch Indizes für den Umfang an fixem Kapital der Industrie – auf annähernd konstante Kaufkraft deflationiert – berechnete. Und als ich diese Werte auf einem logarithmischen Maßstab zusammen mit den mengenmäßigen Tagesproduktionsindizes der Industrie abtrug, beobachtete ich, daß die Produktionskurve durchweg zwischen den beiden Kurven der Produktionsfaktoren lag und dahin tendierte, näherungsweise ein Viertel des Abstandes zwischen der Kurve für den Arbeitskräfteindex, die den geringsten Anstieg in der Zeit aufweist, und jener für den Index des fixen Kapitals, die den stärksten Anstieg hat, zu betragen."

Daß es gesetzmäßige Zusammenhänge zwischen Grundmittelbestand, Arbeitskräften und Brutto- und dann auch Nettoprodukt geben kann, hat Karl Marx bereits vor 100 Jahren ausführlich und in vieler Hinsicht in den Grundzügen des Verhaltens auch quantitativ beschrieben und logisch begründet.

Die konkreten Zusammenhänge müssen jedoch ständig tiefer erkannt werden. Insbesondere interessiert uns folgendes Problem: Wie wirkten die einzelnen Einsatzgrößen, beispielsweise Arbeitskräfte, Maschinen und Material, oder – wie Marx häufig formulierte – die Arbeitsfaktoren, im Produktionsprozeß aufeinander, damit bei bestimmter mengenmäßiger Kombination ein ebenfalls festliegendes Produktionsresultat erzielt werden konnte? Insbesondere aber möchte man wissen, welchen Anteil dabei die einzelnen Arbeitsfaktoren – oder allgemeiner ausgedrückt, die verschiedenen Einsatzgrößen, inputs usw. – am Zuwachs des Produktionsresultats hatten. Und schließlich versucht man, gewisse quantitative Vorstellungen vom Einfluß des Zufalls auf das mit den eingesetzten Faktoren erzielte Produktionsresultat zu erlangen, um abschätzen zu können, welche hiervon abweichenden Produktionsergebnisse bei gleicher Faktorkombination ohne wesentliche Veränderungen in den Produktionsbedingungen noch möglich gewesen wären. Aus der Ermittlung solcher quantitativen Zusammenhänge im Produktionsprozeß lassen sich dann unter günstigen Umständen verläßliche Rückschlüsse auf den Zuwachs der Produktion bei veränderten Mengen und Relationen der im Produktionsprozeß eingesetzten Faktoren (inputs, Ressourcen usw.) für die Zukunft ziehen.

[4] Vgl. *Knut Wicksell*, Über Wert, Kapital und Rente, Jena 1898.
[5] Vgl. „The American Economic Review", Nr. 18, 1928.
[6] *Paul H. Douglas*, The Theory of Wages, New York 1934.
[7] Vgl. „The American Economic Review", März 1948.

Beschränkt man sich in den Analysen zunächst auf die Arbeitskräfte (A) und Grundmittel (G) als wichtige Einsatzgrößen im Produktionsprozeß, also auf die beiden „unabhängigen" Variablen A und G und auf die Produktion (P) als einzige abhängige Variable, so liegt die Konstruktion der Exponentialfunktion

$$P = K \cdot A^{\alpha} \cdot G^{\beta} \tag{1}$$

als hierzu analoger Produktionsfunktion nahe, in der die im Produktionsprozeß eingesetzten Faktoren (inputs, Ressourcen usw.) auf das Produktionsresultat quantitativ bezogen werden.

Logarithmiert man die Produktionsgleichung

$$\log P = \log K + \alpha \log A + \beta \log G, \tag{2}$$

so hat man mit diesem Kunstgriff die zwischen der Produktion (P), den Arbeitskräften (A) und den Grundmitteln (G) theoretisch erwiesenen oder doch zunächst vermuteten quantitativen Zusammenhänge additiv zerlegt und linearisiert und erhält damit günstige Voraussetzungen für die anschließende Faktorenanalyse. Zum anderen erhalten wir durch partielles Differenzieren nach den einzelnen unabhängigen Variablen A und G:

$$\frac{\partial (\log P)}{\partial (\log A)} = \alpha \tag{3a}$$

und

$$\frac{\partial (\log P)}{\partial (\log G)} = \beta, \tag{3b}$$

die partiellen Elastizitätskoeffizienten dieser Produktionsfunktion.

Falls die in der Produktionsfunktion benutzten empirischen Daten für die Produktion, die Arbeitskräfte und Grundmittel im Zeitverlauf, also als Funktionen der Zeit $P(t)$, $A(t)$, $G(t)$, betrachtet werden, dann kann nach Differenzierung von

$$\frac{d\,[\log P\ (t)]}{dt} = \frac{d\,(\log K)}{dt} + \alpha \frac{d\,[\log A\ (t)]}{d\,t} + \beta \frac{d\,[\log G\,(t)]}{dt} \tag{2a}$$

mit

$$\frac{\dot{P}}{P} = \alpha \frac{\dot{A}}{A} + \beta \frac{\dot{G}}{G} \tag{4}$$

der entsprechende Zusammenhang zwischen den Wachstumstempos der relevanten ökonomischen Größen analysiert werden. Dies ist von Vorteil, falls hierfür statistische Daten leichter zu beschaffen sind und verläßlichere Aussagen liefern.

Es sei erwähnt, daß es eine Vielzahl unterschiedlicher Funktionsklassen gibt, die als mathematische Modelle für Produktionsfunktionen benutzt werden können. Wir beschränken uns hier auf die von Cobb-Douglas. Sie werden wegen ihrer guten Eignung häufig benutzt, sind wohl am leichtesten ökonomisch zu interpretieren, vor allem aber wurden auf der Grundlage dieses speziellen Funktionstyps Theorie und Methodik der Produktionsfunktionen entwickelt.

Auf Vorschlag von Cobb wurde die Summe der Exponenten versuchsweise in der Formel

$$P = K \cdot A^{\alpha} \cdot G^{1-\alpha}$$

gleich 1 gesetzt. Hier war es nur noch notwendig, die Werte für K und α zu finden. Dies wurde mit Hilfe der Methode der kleinsten Quadrate erreicht. Der Wert für α wurde mit 0,7 bestimmt.[8]

Hierzu bedarf es einiger Erläuterungen. Obgleich das Bestreben nach Vereinfachung des Berechnungsaufwandes zu diesem Vorgehen führte, lagen ihm durchaus auch gewichtige theoretische Auffassungen zugrunde: nämlich die Ansicht, daß in der ökonomischen Wirklichkeit das tendenzielle Gesetz von „constant returns to scale" existieren kann. Die Annahme gleichbleibender Ertragszunahmen unterstellt, daß die „Ausdehnung des Produktionsfeldes" keine Vorteile in den qualitativen Kennziffern wie *Produktivität, Effektivität der Grundmittel* usw. bietet. Dieser Spezialfall läßt sich wiederum mathematisch durch besonders beschaffene Funktionen verdeutlichen und verallgemeinern.

Es gelte die Funktion $z = f(x, y)$. Wenn nun für jeden realisierbaren Punkt (x, y) und für jeden beliebigen Wert von λ stets $f(\lambda x, \lambda y) = \lambda f(x, y)$ gilt, dann nennt man eine solche Funktion linear-homogen oder homogen vom ersten Grade: Diese Definition gilt auch für den von uns herausgegriffenen Typ der Produktionsfunktion

$$P = K \cdot A^{\alpha} \cdot G^{1-\alpha}. \tag{1a}$$

Vermehrt man die Zahl der eingesetzten Arbeitskräfte und Grundmittel um denselben Faktor λ, so folgt nunmehr

$$P_1 = K \cdot (\lambda A)^{\alpha} \cdot (\lambda G)^{1-\alpha}$$

$$P_1 = \lambda^{\alpha} \cdot \lambda^{1-\alpha} \cdot K A^{\alpha} G^{1-\alpha},$$

also

$$P_1 = \lambda P.$$

Die Produktion P ist im selben Verhältnis gestiegen wie die eingesetzten Größen.

Falls solche Sachzusammenhänge nicht nur im Kopf des Ökonomen, sondern auch in der ökonomischen Realität existieren können, so hat dies interessante Konsequenzen:

Wenn sich Produktion und Einsatzgrößen in gleicher Richtung und gleichem Tempo verändern, so folgt u. a., daß

$$\frac{\lambda P}{\lambda A} = \frac{P}{A},$$

das Durchschnittsprodukt der eingesetzten Arbeitskräfte bei streng proportionale- Veränderung des Produktionsfeldes konstant bleibt. *Absolut* wächst selbstverständlich die Produktionsmenge, aber relativ, bezogen z. B. auf die vermehrten Arbeitskräfte, bleibt sie unverändert. Das Durchschnittsprodukt $\frac{P}{A}$, allgemein als Arbeits-

[8] Vgl. „The American Economic Review", März 1948, S. 6.

produktivität bezeichnet, bleibt konstant. Desgleichen bleiben die Grenzprodukte $\frac{\partial P}{\partial A}, \frac{\partial P}{\partial G}$ konstant und hängen nur vom gegebenen und als stationär angenommenen Stand der Technik, von der gegebenen Arbeitsorganisation und den gegebenen mengenmäßigen Relationen der Einsatzgrößen ab. Bei bestimmten Typen der linear-homogenen Produktionsfunktionen hängt das Maximum der Arbeitsproduktivität oder des Durchschnittsprodukts der eingesetzten Grundmittel, oft als Grundmittelproduktivität bezeichnet, nicht vom Umfang der eingesetzten übrigen Faktoren ab.

Vor allem aber gibt es in einem solchen Fall keine Vorteile durch Massenproduktion. Zwar steigt das Gesamtprodukt (bei rentabler Produktion auch der Gewinnbetrag), nicht aber die Produktivität der eingesetzten Arbeitskräfte, die Effektivität der vorhandenen Grundmittel; es sinken auch nicht die Durchschnittskosten, so daß auch die Rentabilitätsrate konstant bleibt. Es wird nicht wirtschaftlicher, wenn man das Feld der Produktion erweitert. Konstanz der qualitativen Kennziffern und Parameter bei bloßer streng proportionaler Erweiterung der absoluten Einsatzmengen ist aber jener von Karl Marx insbesondere im zweiten Band des Kapitals analysierte Spezialfall des wirtschaftlichen Wachstums, der uns als extensive erweiterte Reproduktion geläufig ist.

Dieser Spezialfall ist bekanntlich als reales Element Bestandteil des komplizierten Prozesses der gesamten erweiterten Reproduktion und mit ihr – leider auch statistisch – untrennbar verbunden. Jeder Versuch, den Gesamtzusammenhang analytisch zu trennen, ist in gewissem Sinne Willkür und muß zu Verzerrungen und entsprechenden Informationsverlusten führen. Hiermit ist jede dieser analytischen Methoden behaftet. Trotzdem sollten wir deshalb nicht von vornherein auf die Entwicklung und den Gebrauch solcher geeigneten analytischen Verfahren verzichten.

Mit Hilfe der Mathematik kann man zunächst durch Umformungen usw. zu Verallgemeinerungen und neuen Einsichten gelangen. Die Mathematik allein kann aber nicht nachweisen, daß in der ökonomischen Realität solche linear-homogenen Funktionen tatsächlich existieren. Das ist und bleibt Aufgabe der ökonomischen Forschung. Wir sollten deshalb nüchtern und vorurteilslos prüfen, ob solche Annahmen als Arbeitshypothesen von Fall zu Fall taugen, und kritisch testen, ob solche Funktionen existieren und in welchen Bereichen sie wenigstens annähernd auftreten können.

Im übrigen arbeiten wir seit langem auch in der Planungspraxis mit noch viel spezielleren Annahmen, vor allem in der Verflechtungsbilanzierung und linearen Optimierung, nämlich mit limitionalen, linear-homogenen Produktionsfunktionen. Hier wird also überdies angenommen, daß nicht einmal eine Substitution zwischen den eingesetzten Größen möglich ist. Allerdings führt diese Annahme dazu, daß sich auf diese Funktionstypen die von der Mathematik entwickelten Verfahren der linearen Optimierung mit Zielfunktionen anwenden lassen. Dies hat den großen Vorteil, daß zudem ein Produktionsverfahren angegeben werden kann, das optimal ist. Es können also operative Anweisungen abgeleitet werden, die zu einer optimalen Produktion führen. Dieser unbestreitbare Vorzug der linearen Optimierungsrechnung geht jedoch in dem Maße verloren, wie etwa für Zwecke der Perspektivplanung diese rechnerisch bequemen, aber für längere Zeiträume doch recht stark vereinfachenden Prämissen aufgegeben werden müssen.

Die Annahme linear-homogener Produktionsfunktionen hat nun in zahlreichen Fällen eine überraschende Stütze durch die Statistik gefunden. Das gilt insbesondere für viele der Untersuchungen von Cobb und Douglas. Freilich bedarf es hierbei sehr sorgfältiger Analysen der gewonnenen Resultate.

Zunächst wollen wir die Grundzüge der zur Berechnung solcher Produktionsfunktionen benutzten Verfahren der mathematischen Statistik umreißen und auf die Frage eingehen, wie man die Parameter von Produktionsfunktionen aus gegebenen Daten berechnen kann. Wir werden dabei der Einfachheit halber die spezielle Produktionsfunktion der Gestalt

$$P = K \cdot A_{\alpha} \cdot G^{1-\alpha} \tag{1a}$$

zugrunde legen. K ist eine noch näher zu erläuternde positive Konstante, ebenso der Parameter α (Elastizitätskoeffizient), der überdies die Bedingung $0 < \alpha < 1$ erfüllt. Die Aufgabe besteht jetzt darin, auf Grund von Daten über die Variablen Produktion (P), Arbeitskräfte (A) und Grundmittel (G) die konstanten Parameter K und α zu bestimmen. Hier erschwert allerdings ein Umstand diese Aufgabe. Das ist die Tatsache, daß eine solche Relation (1a) in Wirklichkeit nicht exakt gilt, es werden immer Abweichungen auftreten. Diese Abweichungen sind auf solche Größen zurückzuführen, die auch die Produktion P beeinflussen, jedoch nicht in der Produktionsfunktion berücksichtigt wurden. Der Grund hierfür kann darin bestehen, daß die vernachlässigten Größen nicht quantifizierbar sind oder daß sie insgesamt nur geringe Abweichungen hervorrufen. Die exakte Gleichung (1a) ist also zu ersetzen durch die stochastische Relation

$$P = K \cdot A^{\alpha} G^{1-\alpha} U . \tag{5}$$

Hier bezeichnet U eine Zufallsgröße, die den Einfluß der nicht explizit berücksichtigten Größen zum Ausdruck bringt. Ihre Bedeutung besteht darin, daß sie die Abweichungen von der exakten Relation „erklärt“.

Die folgenden knappen Hinweise zur statistischen Erfassung der zur Berechnung benötigten empirischen Daten wollen wir mit der Erörterung einiger der diesem Produktionsfunktionstyp zugrunde liegenden politökonomischen Annahmen verknüpfen.

Zunächst geht es um die Einbeziehung der für das Zustandekommen des statistisch erfaßten Produktionsresultats wichtigen Einsatzgrößen. Es muß beachtet werden, daß solche Produktionsfunktionen ihrem Wesen nach überwiegend technologische, gebrauchswertorientierte Modelle sind; Wert- und Preisprobleme werden nur durch die Notwendigkeit berührt, inhomogene Gebrauchswerte – wie verschiedene Fertigerzeugnisse auf der einen Seite und unterschiedliche Einsatzgrößen wie Arbeitskräfte, Material, Grundmittel, Anlagen und sonstige Produktionsressourcen auf der anderen Seite – durch Transformation auf gemeinsame Dimensionen vergleichen und damit auch rechnerisch erfassen zu können. Die statistische Schätzung solcher zunächst hypothetischen Produktionsfunktionen ist nicht mit einer vorausgehenden oder nachfolgenden Kausalforschung gleichzusetzen. Ergibt beispielsweise die statistische Berechnung des Produktionselastizitätskoeffizienten für die eingesetzten Arbeitskräfte α, daß in der Vergangenheit unter sonst gleichen Umständen bei einem zusätzlichen Aufwand an Grundmitteln von 10 Prozent mit einer Zunahme des realen Nettoprodukts von 6 Prozent zu rechnen gewesen wäre, so folgt hieraus nicht, daß Grundmittel neuwertschöpfend sind. Falls aber die gewonnenen Resultate hinreichend gesichert sind, ist es sinnvoll und informativ, den Beitrag neuinvestierter Grundmittel am Zuwachs des realen Nettoprodukts (nicht Neuwerts) *direkt* auszuweisen und ihn im Sinne einer Art *Grundmittelproduktivität* oder *Grundmitteleffektivität* zu deuten. Oft ist von der Sachlage her, zum Beispiel in der Landwirtschaft, zu vermuten, daß auf den Zuwachs der Brutto- oder Nettoproduktion neben Arbeitskräften, Grundmitteln, Düngemitteln usw. noch die Beschaffenheit des Bodens Einfluß hat. Dann wird man in die Konstruktion der Produktionsfunktion auch die natürlichen Ressourcen in geeigneter Weise quantitativ einbeziehen und versuchen, die *Produktivität der Erde* explizit neben denen der anderen wesentlichen Einsatzgrößen zu schätzen. Es gilt selbstverständlich auch in diesem Fall, daß es zwar „hier von der Produktivität der Erde ab(hängt), in welchen Mengen von Produkt der Wert sich darstellt; aber dieser Wert ist gegeben, unabhängig von dieser Verteilung“.[9]

Beachtet man deshalb, daß Produktionsfunktionen vorwiegend auf die Messung des Gebrauchswertvolumens in Abhängigkeit von den eingesetzten Mengen an inputs verschiedenster Art abzielen, so ist auch der Umstand von zweitrangiger Bedeutung, daß unter den umfassenden Sammelbegriffen wie *Einsatzgrößen, inputs* usw. vom Wertbildungsprozeß und vom Verhalten im Produktionsprozeß her höchst unterschiedliche Größen zusammengefaßt werden.

Je nach der Sachlage und spezifischen Fragestellung können dies nun Produktions- bzw. Arbeitsfaktoren sein,[10] beispielsweise Arbeitskräfteanzahl, Arbeitsstunden, gewichtete Arbeitsstunden entsprechend dem Qualifikationsgrad (ersatzweise Löhne), Materialmengen (ersatzweise Materialkosten), Maschinenanzahl, Maschinenstunden (ersatzweise Maschinenkosten), Grundmittelbestände (ersatzweise Grundmittelvermögen zu Brutto- oder Nettowerten), Indexziffern hiervon usw. Aus den eben genannten Gründen treten von Fall zu Fall umfassendere Größen wie Boden, Bodenschätze usw. hinzu. Das erschwert, einen ökonomischen Begriff zu prägen, der die gemeinsamen Eigenschaften all dieser in ihrem Verhalten im Produktions- und Wertbildungsprozeß stark abweichenden Größen umfaßt.

Diese Gleichsetzung von – nach anderen Gesichtspunkten – unterschiedlichen ökonomischen Kategorien zum Zwecke bestimmter Analysen, für die Unterschiede unter Umständen vernachlässigt werden müssen oder irrelevant bleiben, ist nicht ungewöhnlich. Im Rahmen der in unserer Wirtschaftspraxis und -literatur längst ge-

[9] *Karl Marx*, Das Kapital, 3. Bd., a. a. O., S. 825.

[10] Nach Karl Marx ist beispielsweise das Kapital ein Produktionsfaktor. Vgl. ebenda, S. 869. Zu den Arbeitsfaktoren rechnet Marx an anderem Ort „alle zu einem Arbeitsprozeß notwendigen Faktoren ..., die gegenständlichen Faktoren oder die Produktionsmittel, den persönlichen Faktor oder die Arbeitskraft.“ *Karl Marx*, Das Kapital, 1. Bd. In: *Karl Marx, Friedrich Engels*, Werke, Bd. 23, Dietz-Verlag, Berlin 1962, S. 199.

bräuchlichen Verflechtungsbilanzierung benutzt man einen Produktionsfunktionstyp streng limitionaler und linearer Art, der – obgleich speziellerer Art – mit unserem Typ doch sehr verwandt ist, ohne daß man sich dort an den wertneutralen Begriff der inputs stößt. So wendet man gegen die formale Behandlung der privaten Haushalte als Inputgrößen auch nicht ein, daß damit doch der Ausweis für das Zustandekommen von gesellschaftlichem Reineinkommen, dem Marxschen *m*, verschleiert wird. Man setzt eben vom Wirtschaftswissenschaftler voraus, daß solche notwendigen Abstraktionen in den Annahmen nicht übersehen und die gewonnenen Resultate entsprechend gedeutet werden.

Es soll nicht verschwiegen werden, daß die Erfassung und Messung der benötigten Einsatzgrößen oft erhebliche Schwierigkeiten bereitet. Das resultiert zu einem Teil daraus, daß nicht – wie bei statischen Verflechtungsbilanzen – nur *Flußgrößen* (Umsatzgrößen) wie Arbeitsstunden, Material- und Energieverbrauch, Abschreibungen als Einsatzgröße erfaßt werden. Es werden – dies gilt insbesondere für die Grundmittel und Ressourcen – auch Bestandsgrößen wie Grundmittelbestände, Boden usw. einbezogen und in Fondsform, sei es nun in Brutto- oder Nettowerten oder nach technischen oder technologischen Repräsentativgrößen, kWh, PS-Werte usw., ermittelt.

In aggregierten Produktionsfunktionen für Industriezweige, für die Landwirtschaft, die gesamte Industrie muß man meist auf Surrogatgrößen wie Grundmittelvermögen, Jahreslohnsummen, Beschäftigten-, Produktionsindizes usw. ausweichen, um Berechnungen zu ermöglichen. Es existiert also die ganze Palette an Gliederungsgesichtspunkten und der mit ihnen verbundenen Schwierigkeiten der Erhebung, Aggregation, Störungen usw., die uns aus anderen ökonomischen Analysen her bekannt sind. Aber es steht außer Zweifel, daß wir in der Planwirtschaft durch die Abrechnung der Arbeitsproduktivität nach der Zeitsummenmethode – jedenfalls im Prinzip, in vieler Hinsicht aber auch schon praktisch – mehr Möglichkeit besitzen, solche detaillierten Erhebungen direkt durchzuführen als unter kapitalistischen Produktionsverhältnissen.

Am problematischsten ist die Erfassung der Grundmittelbestände, aber selbst mit dem statistischen Apparat kapitalistischer Länder können aufschlußreiche Zusammenhänge errechnet werden. Die dort von der Statistik entwickelten Hilfs- und Ersatzverfahren zur indirekten Berechnung der Grundmittelbestandsentwicklung sind zum Teil für unsere Zwecke unbrauchbar, weil in der sozialistischen Planwirtschaft direktere und daher im allgemeinen auch verläßlichere Primärdaten über den Grundmittelbestand, seine Gliederung und Entwicklung zur Verfügung stehen. Die Umbewertung der Grundmittel und eine möglichst lückenlose Fortschreibung der Zu- und Abgänge (mengen- *und* wertmäßig) sowie – dies ist mindestens ebenso wichtig wie genauere Zahlen – die gleichförmige und damit über viele Jahre hinweg vergleichbare Grundmittelstatistik werden für aggregierte Produktionsfunktionen dieselbe Bedeutung haben wie die lückenlose Arbeitskräftestatistik bei Arbeitsproduktivitätsmessungen mit Hilfe von Zeitsummengewichten.

Es kann bei aller Zurückhaltung angenommen werden, daß mit der erfolgten Umbewertung der Grundmittel und unter Beibehaltung gleicher Erfassungsprinzipien bessere statistische Voraussetzungen zur Ermittlung von Produktionsfunktionen für Industriezweige oder die gesamte Industrie, nicht zuletzt auch für die Landwirtschaft, geschaffen werden können als in kapitalistischen Staaten.

Im allgemeinen benutzt man in aggregierten Produktionsfunktionen für das Produktionsresultat P Nettoproduktionswerte zu konstanten Preisen oder Indizes hiervon. Aber es ist auch die Erfassung zu Bruttoproduktionswerten usw. möglich. Besondere Erfassungsschwierigkeiten gegenüber anderen Analysen ergeben sich hierbei nicht.

Die unseren Ausführungen zugrunde gelegte aggregierte Produktionsfunktion vom Typ Cobb-Douglas

$$P = K \cdot A^{\alpha} \cdot G^{1-\alpha} \cdot U \tag{5}$$

bezieht die Nettoproduktion auf die für den Zuwachs dieser ökonomischen Größe im allgemeinen wohl wichtigsten Einsatzgrößen *Arbeitskräfte* und *Grundmittel*. Die gesonderte Erfassung der Arbeitsgegenstände als Einsatzgröße ist weniger gebräuchlich. Hierfür gibt es viele Gründe. Im allgemeinen nimmt man an, daß – im Gegensatz zum einzelnen Betrieb – für die gesamte Industrie oder Volkswirtschaft der Zuwachs an Nettoprodukt durch Ökonomisierung der Arbeitsgegenstände weniger stark beeinflußt wird als durch den effektiveren Einsatz der Grundmittel und die steigende Produktivität der lebendigen Arbeit.

Definiert man das Nettoprodukt vereinfacht als Differenz von Bruttoprodukt (X) minus Verbrauch an Arbeitsgegenständen (M), so ergibt sich der Zusammenhang mit

$$P = (X - M) = K \cdot A^{\alpha} \cdot G^{1-\alpha}$$

oder

$$X = M + K \cdot A^{\alpha} \cdot G^{1-\alpha}. \tag{6}$$

Die Annahme, daß das Nettoprodukt zum Materialeinsatz in einem festen Verhältnis steht, wird jedoch um so ungenauer, je materialintensiver, insbesondere durch Importe, ein Industriezweig oder eine Volkswirtschaft ist. Es besteht jedoch kein prinzipielles Hindernis, den Aufwand an Arbeitsmitteln gesondert als Einsatzgröße zu erfassen, obgleich dies den Berechnungsaufwand erheblich vermehren kann.

Erkennt man an, daß neben dem spezifischen, nämlich einzig neuwertbildenden Produktionsfaktor Arbeitskraft für das Zustandekommen des stofflichen Produktionsresultats noch andere Produktionsfaktoren unentbehrlich, insofern also wesentlich sind und daß fernerhin weitere nicht wertbildende und auch nicht unentbehrliche Einsatzgrößen zum Wachstum der Produktenmenge beitragen können; dann muß man mit notwendiger Konsequenz auch möglichst detailliert und direkt analysieren, wie, das heißt insbesondere in welchen quantitativen Relationen, die Einsatzgrößen kombiniert sein müssen, damit überhaupt produziert werden kann, damit optimal oder maximal ausgestoßen wird, wie rasch die Produktion steigt, falls vornehmlich *eine* Einsatzgröße verändert wird, während die anderen in gleichem Umfang bereitgestellt werden. Ferner interessiert in diesem Zusammenhang, ob und wieviel Maschinen mehr einzusetzen sind, wenn weniger Arbeitsstunden geleistet werden, aber dieselbe Produktion zu erbringen ist. Insbesondere erhofft man sich

Aufschluß darüber, wie durch solche mit Substitutionen verbundenen Verschiebungen in den Einsatzrelationen die Kennzahlen charakteristischer Durchschnittsgrößen wie *Produktion zu Aufwand an lebendiger Arbeitskraft* beeinflußt werden.

Ein Vorteil derartiger ökonometrischer Verfahren beruht darin, daß rein theoretische Untersuchungen über Eigenschaften bestimmter möglicher volkswirtschaftlicher Produktionsprozesse eine wenigstens annähernd nachweisbare Existenzgrundlage anhand empirischer Daten aus der ökonomischen Wirklichkeit erhalten können.

Obgleich zahlreiche Zeitreihen- und Querschnittsanalysen in den USA, in Australien, im Commonwealth und in anderen Wirtschaftsgebieten, die insbesondere von Cobb, Douglas und ihren Mitarbeitern durchgeführt wurden, sehr oft Summen der Elastizitätskoeffizienten von nahe 1 ergaben, so daß unter Berücksichtigung zufälliger Schwankungen durchaus die Annahme annähernd konstanter relativer Erträge vermutet werdenkonnte, reicht diese Annahme für eine umfassendere Erforschung der quantitativen Zusammenhänge dieses Bereichs der Produktion nicht aus.

Douglas bemerkt hierzu: „Wir führten dann zwei wichtige neue Gesichtspunkte in unsere Untersuchung ein. Ein fähiger amerikanischer Student, David Durand, hatte 1937 einen ausgezeichneten kritischen Artikel zum bisher erschienenen Material veröffentlicht und angeraten, die restriktive Formel

$$P = K \cdot A^{\alpha} \cdot G^{1-\alpha}$$

zugunsten einer Formel fallenzulassen, in der der Exponent für die Grundmittel unabhängig bestimmt wurde. Wie er zu Recht betonte, unterstellt die Verwendung von α und $1 - \alpha$ die Existenz eines ökonomischen Gesetzes, dessen Überprüfung gerade eine Aufgabe der Wissenschaft ist, nämlich die Annahme der Gültigkeit von relativ konstanten Erträgen (true constant returns to scale). Wenn wir zuließen, daß der Exponent für Grundmittel unabhängig bestimmt wird, würde es möglich sein, daß die Summe der Exponenten entweder größer oder kleiner als 1 ist. Auf diese Weise könnte der tatsächliche Anstieg oder Rückgang ebenso wie die Gültigkeit relativ konstanter Erträge nachgewiesen werden.

Wir entschieden uns deshalb für die Annahme des Vorschlages von Durand und für den Versuch, die Werte von K, α und β in

$$P = K \cdot A^{\alpha} \cdot G^{\beta}$$

einzeln zu bestimmen.[11]

Ein $\alpha + \beta < 1$, allgemeiner $\sum_i \alpha_i < 1$, falls statistisch gesichert, bedeutet, daß die Produktion langsamer wächst als die Zunahme an genutzten Grundmitteln und Arbeitskräften. Umgekehrt kann $\sum_i \alpha^i > 1$ *unter bestimmten Umständen* anzeigen, daß allein die rein extensive proportionale Ausdehnung des Produktionsfeldes zu einer technisch ergiebigeren und damit auch wirtschaftlicheren Produktion führt, bei der nicht nur das Produktionsvolumen schneller wächst als die eingesetzten Produktionsfaktoren, sondern auch die qualitativen Kennziffern wie *Rentabilitätsrate* und *Durchschnittsprodukt je Arbeitskraft* (oder *Aufwand an lebendiger Arbeit*), die

[11] *Paul H. Douglas*, Are there Laws of Production?, a. a. O., S. 8.

Arbeitsproduktivität im engeren Sinne, verbessert werden. Es ist dies ein Vorgang, der – wie Karl Marx theoretisch nachwies – durchaus als Spezialfall oder untrennbarer Bestandteil der erweiterten Reproduktion auftreten kann; denn z. B. „auch bei gleichbleibender Arbeitsweise bewirkt die gleichzeitige Anwendung einer größren Arbeiteranzahl eine Revolution in den gegenständlichen Bedingungen des Arbeitsprozesses.“[12]

Die herkömmlichen Verfahren zur Messung der Arbeitsproduktivität, speziell der Indextheorie, stellen dem Produkt als Resultat vieler, oft untrennbar miteinander kombinierter Einsatzgrößen eine von diesen isoliert gegenüber, z. B.:

$$\frac{P_1}{A_1}, \frac{P_2}{A_2}, \ldots, \frac{P_n}{A_n}.$$

Zur Darstellung der Entwicklung benutzt man die Indexmethode, indem die einzelnen Quotienten isoliert in ein Verhältnis gesetzt werden, z. B.

$$\frac{\dfrac{P_n}{A_n}}{\dfrac{P_{n-1}}{A_{n-1}}}.$$

Dieses Verfahren gestattet nicht, hinreichende Auskunft über die Gründe für eingetretene Veränderungen zu erteilen. Erweist sich speziell das Verhältnis Produkt zu Aufwand an lebendiger Arbeit (Arbeitsproduktivität) von Interesse, so läßt sich mit Hilfe der erläuterten Produktionsfunktionen dieses Verhältnis in der Verflechtung zwischen Produktion und den einzelnen Einsatzgrößen und unter Berücksichtigung der zufälligen Prozesse darstellen und statistisch testen.

Dividiert man nämlich die Produktionsgleichung, beispielsweise vom Typ Cobb-Douglas, beiderseits durch A, so folgt

$$\frac{P}{A} = \frac{K \cdot A^{\alpha} \cdot G^{1-\alpha} \cdot U}{A} = K \cdot \left(\frac{G}{A}\right)^{1-\alpha} \cdot U, \tag{7}$$

wobei $\frac{G}{A}$ die Grundmittelintensität der eingesetzten Arbeitskräfte ausweist.

Diese Darstellungsform ermöglicht nun den Zugang zur Beantwortung solcher wichtigen Fragen, ob und in welchem Maße die Verbesserung der Arbeitsproduktivität $\left(\frac{P}{A}\right)$ durch erhöhte Investitionen je Arbeitskraft $\Delta \left(\frac{G}{A}\right) > 0$, also durch Faktorsubstitution, erkauft werden mußte.

Denn „es ist klar, daß bloßes Deplacement der Arbeit stattfindet, also die Gesamtsumme der zur Produktion einer Ware erheischten Arbeit nicht vermindert oder die Produktivkraft der Arbeit nicht vermehrt wird, wenn die Produktion einer Maschine so viel Arbeit kostet, als ihre Anwendung erspart“.[13]

Da die Steigerung der gesellschaftlichen Produktivkraft letztlich Einsparung an Gesamtarbeit bedeutet, hat die Analyse insbesondere jenen Anteil an der Verände-

[12] *Karl Marx*, Das Kapital, 1. Bd., a. a. O., S. 343.

[13] Ebenda, S. 412.

rung des Verhältnisses $\frac{P}{A}$ auszuweisen, der nicht der Erhöhung der Grundmittelintensität $\left(\frac{G}{A}\right)$, sondern anderen Einflüssen geschuldet ist.

Zur Erläuterung dieser Wirkungen dienen uns die nachfolgend abgebildeten Isoquantenkurven. Im volkswirtschaftlichen Maßstab findet in der Tendenz Ersetzung von Arbeitskraft durch Grundmittel statt. Dies zeigt sich in einer Bewegung des Wertepaares (A_1, G_1) auf der gegebenen Isoquantenkurve Q_1 nach links oben (A_2, G_2).

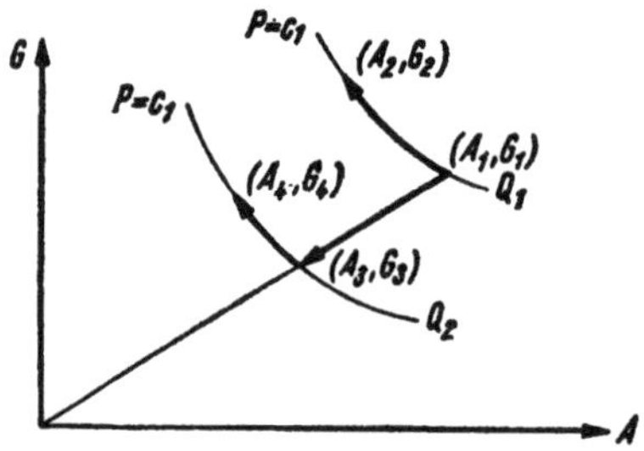

Es werden zur Herstellung der Produktionsmenge $P = c_1$ weniger Arbeitskräfte, dafür aber – je nach dem Elastizitätsgrad der Substitution – mehr Grundmittel benötigt. Eine echte Einsparung an Gesamtarbeit führt dazu, daß z. B. dieselbe Produktionsmenge $P = c_1$ mit weniger Arbeitskräften *und* Grundmitteln (A_3, G_3) erzeugt wird. In diesem Falle verschiebt sich die Isoquantenkurve (Q_1) zum Ursprung (Q_2).

Den theoretischen Grenzfall, daß die Arbeitsproduktivität ohne jegliche Neuinvestitionen und damit ohne Faktorsubstitution erhöht wird $\left(\Delta \frac{G}{A} = 0\right)$, bezeichnet man in der internationalen Literatur als *neutralen* technischen Fortschritt, falls die Grenzrate der Substitution

$$r = + \frac{\frac{\partial f}{\partial A}}{\frac{\partial f}{\partial G}} \tag{8}$$

konstant bleibt. Das Wertepaar (A_1, G_1) wird durch (A_3, G_3) auf der Isoquantenkurve Q_2 ersetzt.

In der ökonomischen Realität wirken meist – neben anderen – beide Einflüsse gleichzeitig auf die Veränderung des Verhältnisses $\frac{P}{A}$ (Arbeitsproduktivität) ein, so daß man etwa mit einer Verschiebung von (A_1, G_1) zum Punkt (A_4, G_4) auf der Isoquantenkurve Q_2 rechnen kann.

Die Kardinalfrage ist nun, ob man wenigstens die wichtigsten Einflüsse auf die Veränderung des Verhältnisses Produktion zu Aufwand an lebendiger Arbeit (Arbeitsproduktivität) gesondert erfassen und messen kann. Von den üblichen systematischen und zufälligen Fehlern in statistischen Erhebungen ganz abgesehen, ist es prinzipiell nicht möglich, ökonomische Prozesse, die in der Wirklichkeit untrennbar miteinander verbunden sind, analytisch exakt zu trennen und gesondert zu messen. Eben deshalb spielt „die Frage der *kausalen Zurechnung* des Produktionsergebnisses auf die am Produktionsprozeß beteiligten Faktoren in der Nationalökonomie fast die Rolle einer Quadratur des Kreises mit Zirkel und Lineal. Immer wieder werden Patentlösungen angeboten, obwohl bekannt ist, daß eine objektive Zurechnung unmöglich ist. Auch die relativen Einkommensanteile würde kein Nationalökonom als Beiträge der Einkommensempfänger zur Gesamtproduktion interpretieren;"[14] denn – wie Karl Marx bereits bewiesen hat – „die Größe des ihm bezahlten Anteils an dem von ihm geschaffnen Neuwert bestimmt den Wertumfang seiner Revenue, nicht umgekehrt".[15]

Aus der Tatsache der untrennbaren Verbundenheit begrifflich verschiedenartiger, aber gleichzeitiger ökonomischer Prozesse in der Wirklichkeit folgt weiter, daß ceteris-paribus-Annahmen, so unentbehrlich sie in der reinen Theorie zur logischen Klärung der Sachverhalte auch sind, in empirischen Analysen stets eine Abkehr von der objektiven ökonomischen Realität bedeuten. Dies gilt insbesondere für das Phänomen der erweiterten Reproduktion. „Indes soweit Akkumulation stattfindet, bildet die einfache Reproduktion stets einen Teil derselben, kann also für sich betrachtet werden, und ist ein realer Faktor der Akkumulation."[16] Für empirische Berechnungen darf aber nicht außer acht gelassen werden: „Die einfache Reproduktion auf gleichbleibender Stufenleiter erscheint insoweit als eine Abstraktion, als einerseits auf kapitalistischer (und erst recht auf sozialistischer – d. Verf.) Basis Abwesenheit aller Akkumulation oder Reproduktion auf erweiterter Stufenleiter eine befremdliche Annahme ist, andrerseits die Verhältnisse, worin produziert wird, nicht absolut gleichbleiben (und dies ist vorausgesetzt) in verschiednen Jahren."[17]

Es bleibt die Frage, ob man dann nicht versuchen sollte, wenigstens näherungsweise die einzelnen Komponenten einheitlicher ökonomischer Prozesse abzugrenzen und zu berechnen, selbst wenn Ungenauigkeiten und Verzerrungen gegenüber den objektiven Prozessen als unvermeidliche Begleiterscheinungen in Kauf genommen werden müssen.

Selbstverständlich muß man diesen Weg beschreiten. Dann ist aber jenes Verfahren das „beste", das der Wirklichkeit am nächsten kommt, also die geringsten Informationsverluste einschließt. Insofern ist aber auch eine Untersuchungsmethode noch nicht durch Hinweise auf ihre Mängel widerlegt.

Andererseits folgt aus der Unmöglichkeit einer exakten kausalen Zurechnung in ökonomischen Analysen, daß mit der Entwicklung bestimmter Methoden zugleich eine gewissenhafte Abschätzung der Fehler zu geben ist. Das ermöglicht zu beurteilen, ob die erzielten Resultate unterhalb der Erkenntnisschranken liegen, die für fundierte ökonomische Entscheidungen erforderlich sind.

Gewisse Sicherheiten gegenüber Fehlschlüssen aus Berechnungen gewinnt man dann, wenn ein bestimmter Sachverhalt mit Verfahren gemessen wird, denen extreme Annahmen über einzelne Seiten des Untersuchungsobjekts zugrunde liegen. Weichen die Resultate trotzdem nicht allzusehr voneinander ab, so erhöht sich für ökonomische Schlußfolgerungen ihr Aussagewert.

[14] *Gerhart E. Reuss*, Die Produktivitätsanalyse, Kyklos Verlag, Basel 1960, S. 86.

[15] *Karl Marx*, Das Kapital, 2. Bd. In: *Karl Marx, Friedrich Engels*, Werke, Bd. 24, Dietz-Verlag, Berlin 1963, S. 381.

[16] Ebenda, S. 394. [17] Ebenda, S. 394f.

Wir wollen nunmehr einige Annahmen erörtern, die den Produktivitätsmessungen mit Hilfe aggregierter Produktionsfunktionen unterstellt werden, um wenigstens grob einen Aufschluß über die wichtigsten Einflüsse auf die Veränderung der Arbeitsproduktivität zu gewinnen.

Die statistische Testung der Parameter α und β in der Produktionsfunktion $P = K \cdot A^{\alpha} \cdot G^{\beta} \cdot U$ kann die Werte $\alpha + \beta \gtrless 1$ ergeben. Wie ist dieses Ergebnis ökonomisch zu deuten? Ist die Summe der Elastizitätskoeffizienten beispielsweise größer als eins, so führte die streng proportionale Ausdehnung des Produktionsfeldes durch die gleiche rein mengenmäßige Vergrößerung der wichtigsten Einsatzgrößen Arbeitskräfte und Grundmittel auf das λ-fache zu einer rascheren Ausdehnung der Produktion, nämlich auf das $\lambda^{\alpha+\beta}$-fache (wegen $\alpha + \beta > 1$ folgt $\lambda^{\alpha+\beta} > \lambda$). Im Gegensatz zu der homogenen Produktionsfunktion vom ersten Grade, für die $\alpha + \beta = 1$ gilt, führt in diesem Fall die Erweiterung des Produktionsfeldes auf das λ-fache zugleich zu einer Steigerung der Arbeitsproduktivität. Belief sich die Arbeitsproduktivität zuvor auf

$$\frac{P_0}{A_0} = \left(\frac{G_0}{A_0}\right)^{1-\alpha} \cdot G_0^{\alpha+\beta-1}; \tag{9}$$

so beträgt sie nach Erweiterung der Einsatzfaktoren auf das λ-fache

$$\frac{\lambda^{\alpha+\beta} \cdot P_0}{\lambda A_0} = \lambda^{\alpha+\beta-1} \frac{P_0}{A_0}. \tag{10}$$

Berechnet man den Arbeitsproduktivitätsindex durch Gegenüberstellung der beiden Kennziffernwerte, so ergibt sich ein Anstieg dieser ökonomischen Kennziffer auf das

$$\frac{\lambda^{\alpha+\beta-1} \frac{P_0}{A_0}}{\frac{P_0}{A_0}} = \lambda^{\alpha+\beta-1}\text{-fache.} \tag{10a}$$

Wegen $\alpha + \beta > 1$ ist die Arbeitsproduktivität gestiegen.

Bei linear-homogenen Produktionsfunktionen ($\alpha + \beta = 1$) kann ebenfalls ein Anstieg der Arbeitsproduktivität eintreten. Allerdings kann dies nur über Faktorsubstitution erreicht werden, d. h. bei Ersatz von Arbeitskraft durch Grundmittel. Die Steigerung der Arbeitsproduktivität und die damit verbundene Einsparung an lebendiger Arbeit wird durch Investitionen, also durch zusätzlichen Aufwand an vergegenständlichter Arbeit, erkauft. Dabei muß die Grundmittelintensität $\left(\frac{G}{A}\right)$ sogar schneller vergrößert werden, als die Arbeitsproduktivität gesteigert werden kann. Unterstellen wir der Einfachheit halber, daß die Beschäftigtenzahl unverändert bleibt, so erfordert unter der (annähernd) gegebenen Bedingung $\alpha + \beta = 1$ ein Produktionsanstieg auf das λ-fache eine Steigerung der Grundmittelintensität auf das $x = \lambda^{\frac{1}{1-\alpha}}$-fache. Dies ist bei gleichbleibender Beschäftigtenzahl nur über Erweiterungsinvestitionen zu erreichen. Da aber normalerweise sowohl Arbeitskräfte als auch Grundmittel zur Produktion benötigt werden, so daß $\alpha < 1$ ist, folgt

$x = \lambda^{\frac{1}{1-\alpha}} > \lambda$ und damit unsere Behauptung. Wird der überproportionale Zuwachs der Grundmittelintensität aus Erweiterungsinvestitionen gegenüber dem Anstieg der Arbeitsproduktivität nicht durch höhere Produktivität im Maschinenbau usw. kompensiert, so kann von einer echten Steigerung der Produktivkraft der Arbeit nicht gesprochen werden.

Anders verhält es sich hingegen im Falle von durchschnittlichen Produktionsbedingungen über einen längeren Zeitraum, die durch statistisch geschätzte und gesicherte Elastizitätskoeffizienten mit $\alpha + \beta > 1$ charakterisiert sind. Aber auch unter diesen Produktionsbedingungen müssen die beiden wichtigsten Produktionsfaktoren nicht im selben Tempo λ verändert werden. Sehen wir von momentanen Schwankungen ab, so ist im volkswirtschaftlichen Maßstab in der Tendenz ein Anstieg der Grundmittelintensität bei gleichzeitiger Zunahme der Beschäftigtenzahl eine typische Relation der erweiterten Reproduktion.

Die Steigerung der Arbeitsproduktivität $\left(\frac{P}{A}\right)$ wird dann mindestens von zwei Einflußgrößen bestimmt. Von den nichtneutralen technischen Neuerungen, die über Erweiterungsinvestitionen zur Erhöhung der Grundmittelintensität (Faktorsubstitution) führen, und von den neutralen technischen Neuerungen, die die Grenzraten der Substitution und damit die Grundmittelintensität bei allgemeiner Ausdehnung des Produktionsfeldes unverändert lassen.

Herrschen also Produktionsbedingungen vor, die Vorteile der Massenproduktion durch Ausdehnung des Produktionsfeldes in sich einschließen ($\alpha + \beta > 1$), so steigt bei proportionaler Erweiterung der Menge an Arbeitskräften und Grundmitteln auf das λ-fache die Produktivität von

$$\frac{P_0}{A_0} = \left(\frac{G_0}{A_0}\right)^{1-\alpha} G^{\alpha+\beta-1} \tag{9}$$

auf

$$\begin{aligned} \frac{P_1}{A_1} &= \left(\frac{\lambda G_0}{\lambda A_0}\right)^{1-\alpha} (\lambda G_0)^{\alpha+\beta-1} \qquad (9\,\text{a}) \\ &= \lambda^{\alpha+\beta-1} \left(\frac{G_0}{A_0}\right)^{1-\alpha} G_0^{\alpha+\beta-1} \\ &= \lambda^{\alpha+\beta-1} \frac{P_0}{A_0}; \end{aligned}$$

der Arbeitsproduktivitätsindex beträgt

$$\left(\frac{P}{A}\right)' = \lambda^{\alpha+\beta-1} > \lambda .$$

Steigt zugleich die Grundmittelintensität der Arbeitskräfte $\Delta \left(\frac{G}{A}\right) > 0$, indem der Grundmittelbestand durch Erweiterungsinvestitionen beispielsweise auf das $\lambda G = \lambda_A^2$-

fache ausgedehnt wird, so ergibt sich die neue Arbeitsproduktivität mit

$$\frac{P_1}{A_1} = \left(\frac{\lambda^2 G_0}{\lambda A_0}\right)^{1-\alpha} (\lambda^2 G_0)^{\alpha+\beta-1}$$

$$= \lambda^{\alpha+2\beta-1} \left(\frac{G_0}{A_0}\right)^{1-\alpha} G_0^{\alpha+\beta-1} \qquad (9b)$$

$$= \lambda^{\alpha+2\beta-1} \frac{P_0}{A_0}.$$

Der Produktivitätsindex $\left(\frac{P}{A}\right)'$ beträgt in diesem Falle $\lambda^{\alpha+2\beta-1}$ und ist wegen $\beta > 0$ größer als jener Produktivitätsanstieg, der lediglich durch neutrale technische Neuerungen ($\lambda^{\alpha+\beta-1}$) zustandegekommen ist.

Sehen wir zunächst vom Einfluß der Faktorsubstitution auf die Veränderung der Arbeitsproduktivität ab, so erhebt sich die Frage nach den Ursachen für die abweichenden Werte von α und β, insbesondere in ihren Summen: $\alpha + \beta = 1$, $\alpha + \beta > 1$ und für den Umstand, daß in dem einen Fall keine ($\alpha + \beta = 1$, $\frac{G}{A}$ konstant), im anderen Fall $\left(\alpha + \beta > 1, \frac{G}{A} \text{konstant}\right)$ eine echte Steigerung der Arbeitsproduktivität bei Ausdehnung des Produktionsfeldes ($\lambda_A = \lambda_G > 1$) eintreten kann.

Im Falle $\alpha + \beta = 1$, $\lambda_A = \lambda_G > 1$ liegen Produktionsbedingungen vor, die als reine extensiv erweiterte Reproduktion charakterisiert werden können. Zwar vergrößern sich das Produktionsfeld und die Dimensionen der Produktion, alle wesentlichen qualitativen Kennziffern wie Rentabilität, Produktivität, Grundmittelintensität bleiben aber unverändert. Anders verhält es sich unter Produktionsbedingungen, die durch $\alpha + \beta > 1$, $\lambda_A = \lambda_G > 1$ gekennzeichnet sind. Mit (proportionaler) Ausdehnung des Produktionsfeldes durch Erweiterung der wichtigsten Produktionsfaktoren Arbeitskräfte und Grundmittel – aber ohne mengenmäßige Strukturveränderung – nimmt das Produktionsvolumen überproportional zu, damit verbunden ist ein echter Anstieg der Arbeitsproduktivität.

Eine wichtige Ursache für dieses Phänomen liegt in der Ausdehnung des Produktionsfeldes an sich. Dadurch wird es möglich, die Vorteile einer Spezialisierung der Arbeitskräfte auf einzelne Verrichtungen, einer besseren Organisation des Arbeitsablaufs, der technisch ergiebigeren Ausnutzung und Wartung bestimmter Aggregate, einer rationelleren Produktionsvorbereitung, Leitung und Kontrolle, Normung, Standardisierung usw. zu nutzen. Im Maßstabe von Vereinigungen gleichartiger Betriebe, von Industriezweigen treten die Vorzüge der Arbeitsteilung hinzu. Diese Einflußgröße wurde von Karl Marx als Vorteil der Kooperation beschrieben.

Die zweite und wohl wichtigste Einflußgröße zur Steigerung der Arbeitsproduktivität ohne Faktorsubstitution ist in jenen technischen und ökonomischen Veränderungen im Produktionsprozeß zu suchen, die sich als wissenschaftlich-technischer Fortschritt in erhöhter Qualifikation der (neueingestellten) Arbeitskräfte und in erhöhter Leistungskraft der (neuinvestierten) Grundmittel verkörpern. Die mengenmäßige Vergrößerung des Grundmittelbestandes um 10 Prozent führt in einem solchen Falle z. B. zu einer Steigerung der Grundmittelkapazität von 15 Prozent. Drückt man den Zugang an Arbeitskräften und Grundmitteln in dem Leistungsvermögen der bereits beschäftigten Produktionsfaktoren aus, so hat eine Ausdehnung des Produktionsfeldes um ein Vielfaches von λ stattgefunden. Korrigiert man die mengen- oder wertmäßigen statistischen Daten für den Untersuchungsraum entsprechend, so wird sich als Summe der Elastizitätskoeffizienten statt beispielsweise $\alpha + \beta = 1{,}2$ nur ein Wert von 1 oder gar darunter ergeben. Dieser könnte noch niedriger liegen, wenn nicht die zuerst genannten Vorteile der Kooperation durch bloße (proportionale) Ausdehnung des Produktionsfeldes wirksam geworden wären.

Ist die Leistungskraft der (neuinvestierten) Grundmittel infolge des wissenschaftlich-technischen Fortschritts schneller gestiegen als der durch Qualifizierung der (neueingestellten) Arbeitskräfte erreichte Leistungsanstieg, so wird durch die genannte Korrektur der Daten eine Art „qualitativer“ Faktorsubstitution ausgewiesen.

Um die Einflüsse der einzelnen Prozesse auf die Veränderung der Arbeitsproduktivität wenigstens näherungsweise quantitativ absondern und messen zu können, sind extreme Annahmen über deren Wirkungsweisen unvermeidlich. Unter diesen erheblichen Idealisierungen der ökonomischen Wirklichkeit erweist sich die Produktivitätsmessung mit Hilfe aggregierter und statistisch geschätzter Produktionsfunktionen aber als ein geschmeidigeres und informativeres Verfahren als die herkömmlichen Produktivitätsmessungen mit Hilfe von Indizes, die zunächst nur die Entwicklung der indifferenten linken Seiten der Produktionsfunktionsgleichungen gegenüberstellen.

Als eine ökonomisch plausible extreme Arbeitshypothese unterstellt Robert M. Solow in einer seiner jüngsten Untersuchungen zum Problem des *Technischen Fortschritts, der Kapitalbildung und des ökonomischen Wachstums*[18], daß aller wissenschaftlich-technischer Fortschritt sich nur über Neuinvestitionen in Anlagen und Ausrüstungen realisiere. Er bemerkt hierzu:

„Das ist selbstverständlich nicht zutreffend. Niemand weiß, ob diese Annahme mehr oder weniger richtig ist als die genau gegenteilige Annahme, daß der technische Fortschritt die alten und neuen Kapitalgüter in derselben Weise und im selben Maße produktiver macht. Ich habe beide Seiten der Straße in verschiedenen Arbeiten beschritten, und ich habe Schätzungen für beide Annahmen in der vorliegenden Arbeit durchgeführt.“[19] Nach Auffassung Solows hat aber der in den Neuinvestitionen verkörperte technische Fortschritt die weitaus größere Bedeutung.

In einer Gegenrechnung wurde unterstellt, daß der wissenschaftlich-technische Fortschritt sich gleichermaßen auf die neuen und alten Grundmittel ausgewirkt hat. Folglich bedarf es nach dieser extremen Annahme nicht unbedingt neuer Investitionen, um die Produktivität der Arbeit zu steigern. Mit

$$P = 1{,}10\,(1{,}025)^t \cdot G_0^{0{,}11} \cdot A^{0{,}89} \cdot 10^{0{,}365 - 0{,}251\,u - 0{,}888\,(u + 0{,}130)^2} \qquad (11)$$

[18] *Robert M. Solow*, Technical Progress, Capital Formation and Economic Growth. In: „Review of Economics and Statistics“, August 1962. S. 76ff. [19] Ebenda, S. 77.

und sogar mit $R^2 = 0{,}9945$ wurden folgende Resultate erzielt: Falls es ohne die Wirkungen des wissenschaftlich-technischen Fortschritts keine erheblichen Vorteile durch Ausdehnung des Produktionsfeldes ($\alpha + \beta = 1$) gegeben hat, so würde unter sonst gleichen Umständen eine rein mengenmäßige Erweiterung des Grundmittelbestandes um 10 Prozent nur zu einer Vergrößerung des tatsächlichen Produktionsvolumens von etwas mehr als einem Prozent geführt haben.

Hingegen führte der allgemeine wissenschaftlich-technische Fortschritt im Untersuchungszeitraum zu einem Anstieg der Produktion je Arbeiterstunde von etwa 2,5 Prozent jährlich.

Hieraus zieht Solow den zurückhaltenden Schluß, daß „Kapitalbildung nicht die einzige Quelle des Wachstums der Produktivität ist. Investitionen sind bestenfalls eine notwendige, sicherlich aber nicht eine ausreichende Bedingung für Wachstum. Neuerliche Studien haben die Wichtigkeit solcher Aktivitäten wie Forschung, Bildung und Gesundheitswesen gezeigt. Während aber die Ökonomen nun von der Bedeutung dieser Faktoren für den Prozeß des ökonomischen Wachstums überzeugt sind, so sind wir noch weit entfernt von einer quantitativen Vorstellung, wie sich die Mittel für die Forschung, Bildung usw. für die Gesellschaft auszahlen. Weil aber solche Schätzungen die Grundlage für eine nationale Verteilung von Mitteln im Interesse des ökonomischen Wachstums bilden, so ist ihre Bestimmung ein Forschungsproblem von großem theoretischem und praktischem Interesse."[20] Deshalb wird in letzter Zeit der Einfluß des Bildungsniveaus usw. auf die Steigerung der Arbeitsproduktivität stärker als zuvor beobachtet. Pionierarbeit auf diesem Gebiet leistete der bekannte sowjetische Wirtschaftswissenschaftler S. G. Strumilin.[21]

Die Schätzung der Beiträge am Zuwachs der Arbeitsproduktivität durch neutrale technische Neuerungen (wissenschaftlich-technischen Fortschritt) und durch Faktorsubstitution ist wohl das hauptsächliche Problem der Faktoranalyse.

Auch um diese Frage wenigstens angenähert beantworten zu können, wurden verschiedene Lösungswege vorgeschlagen und erprobt.

Wiederum werden die Unterschiede in den einzelnen Methoden durch abweichende Arbeitshypothesen über den Charakter der analysierten aggregierten Produktionsprozesse bestimmt. Als eine Alternative nannten wir bereits die Annahmen, daß sich entweder der wissenschaftlich-technische Fortschritt nur in neuinvestierten Grundmitteln und nicht in den Arbeitskräften, Ersatzinvestitionen und Reparaturen verkörpert oder daß der wissenschaftlich-technische Fortschritt eine überwiegend „exogene" Einflußgröße ist, die gewissermaßen „natürlichen" Wachstumsgesetzen folgt und mit unterschiedlichem Gewicht ebenso die Qualifikation der Arbeitskräfte, die Planungs- und Leitungstätigkeit, das Erfindungswesen, die Technologie und die Technik der vorhandenen und neuen Grundmittel verbessert. Damit eng verbunden sind die Annahmen über Substitutionsmöglichkeiten im Produktionsprozeß.

20 *Robert M. Solow*, Technical Progress, Capital Formation and Economic Growth. A. a. O., S. 86.

21 Vgl. unsere Rezension zum Buch *W. S. Nemtschinow*, Ökonomisch-mathematische Methoden und Modelle, in „Wirtschaftswissenschaft", H. 9, S. 1564, 1964.

Zwischen den extremen Arbeitshypothesen für Berechnungen, nämlich daß es keine oder praktisch unbegrenzte Substitutionsmöglichkeiten gibt, wurde durch Kompromißlösungen vermittelt. In der stark beachteten politökonomischen Arbeit des norwegischen Wirtschaftswissenschaftlers L. Johansen *Substitution versus Fixed Production Coefficients in the Theory of Economic Growth, A Synthesis*[22] wird die folgende realere Annahme in die Analyse eingeführt: Vor Errichtung eines Betriebes bestehen weitgehende Substitutionsmöglichkeiten zwischen Arbeitskraft und Grundmitteln, danach aber besteht strenge Limitionalität im Einsatz der Produktionsfaktoren. Mit der letzteren Annahme arbeitet man in der linearen Optimierung mit gutem Erfolg, wenn die relativen Änderungen in den eingesetzten Mengen nicht groß sind.

Den Anstoß zur quantitativen Analyse der Einflüsse von wissenschaftlich-technischen Fortschritten und Substitutionseffekten auf die Steigerung der auf die Arbeitskraft bezogenen Produktivität mittels aggregierter Produktionsfunktionen gab unseres Wissens Solow in seiner Studie *Technical Change and the Aggregate Production Function*[23].

Immer wieder muß betont werden, daß jede analytische Trennung einzelner (begrifflicher) Bestandteile eines in der ökonomischen Realität einheitlich verlaufenden Prozesses zwangsläufig mit mehr oder minder wirklichkeitsfremden Annahmen in den Berechnungsmethoden und mit Verzerrungen in den Resultaten verbunden ist. Dies gilt grundsätzlich für alle Versuche, den einheitlichen Prozeß der erweiterten Reproduktion in seine Bestandteile zu zerlegen und quantitativ zu erfassen.

Solow geht in seiner Analyse wie folgt vor: „Der neue Kunstgriff, den ich beschreiben möchte, besteht in einem elementaren Weg, um die Veränderungen in der Produktion je Kopf, die technischen Veränderungen geschuldet sind, von jenen zu trennen, die aus der Verfügung von Grundmittel je Kopf resultieren. Natürlich hat jeder zusätzliche bit an Informationen seinen Preis. In diesem Fall besteht der Preis zum einen in zusätzlich benötigten Zeitreihen, den Arbeits- und Besitzeinkommen am gesamten Einkommen, und zum anderen in einer weiteren Annahme, daß die Produktionsfaktoren entsprechend ihren Grenzbeiträgen am Produkt bezahlt werden.“[24]

Den Ausdruck *technische Veränderungen* verwendet Solow als Sammelbegriff für jede Art von Verschiebungen in der Produktionsfunktion. Hierzu rechnet er auch die Qualifizierung der Arbeitskräfte durch verbesserte Erziehung und fachliche Ausbildung.

Als Spezialfall dieser *technischen Veränderungen* wird der oben erläuterte Prozeß der *neutralen technischen Veränderungen* gesondert gemessen, der die Grenzraten der Substitution unverändert läßt und sich vereinfacht als Zuwachs oder Rückgang der Produktion bei unveränderten Einsatzmengen der Produktionsfaktoren äußert. Diese neutralen technischen Veränderungen werden in der internationalen Fach-

22 Vgl. „Econometrica“, April 1959.

23 Vgl. „Review of Economics and Statistics“, Bd. 39, S. 312ff., 1957.

24 Ebenda, S. 312.

literatur als wissenschaftlich-technischer Fortschritt beschrieben. Als „Restgröße" des Produktionszuwachses, die nicht mit rein extensiver Erweiterung der Arbeitskräfte und Grundmittel erklärt werden kann, schließt sie in sich ein Verbesserungen der Organisation, Typisierung, Standardisierung, rationellere Leitungs- und Fehlerkontrollen, optimale Standortwahl und Kooperation, mengenmäßigen Ersatz alter durch leistungsfähigere neue Maschinen bei gleichen Kosten, besseres Bildungsniveau, höheren Anteil an Hochschulabsolventen usw.

Besonders einschneidend, jedenfalls für Berechnungen, ist die ökonomische Annahme, daß nur zwei Klassen am Produktionsprozeß beteiligt sind, die Lohnempfänger und die Unternehmer als Repräsentanten der eingesetzten und statistisch erfaßten Grundmittelwerte, und daß die Aufteilung des Nettoprodukts auf die beiden Klassen ihren „technologisch" bedingten Grenzbeiträgen am Produktionsertrag entspricht, so wie sie durch eine statistisch geschätzte Produktionsfunktion vom Typ Cobb-Douglas mit $\alpha + \beta = 1$ beschrieben werden könnte. Solow benutzt also nun umgekehrt den – oben ausführlich erläuterten – in zahlreichen Analysen beobachteten *statistischen* (nicht kausalen!) Zusammenhang, wonach die Elastizitätskoeffizienten für Arbeitskräfte α in bestimmten aggregierten Produktionsfunktionen mit den Anteilen der Lohneinkommen am Nettoproduktionswert annähernd übereinstimmten, als Gleichgewichtsannahme, um den Einfluß des wissenschaftlich-technischen Fortschritts auf die Arbeitsproduktivitätsveränderung zu isolieren. Da der Nettoproduktionswert als unabhängige Größe hier nur auf zwei Klassen verteilt wird, folgt die angenommene Gleichheit zwischen dem „technologischen" Elastizitätskoeffizienten für Grundmittel β und dem Einkommensanteil am Nettoproduktionswert für die eingesetzten Grundmittel. Diese Aufspaltung des Nettoproduktionswertes ist nicht mit der Marxschen Wertlehre unverträglich, wonach einzig die eingesetzten Arbeitskräfte Quelle des im Nettoprodukt verkörperten Neuwertes sind. Selbstverständlich kann nur von Fall zu Fall entschieden werden, inwieweit mit einer solchen Annahme gearbeitet werden kann. Insbesondere sind für das Testen dieser Hypothese sorgfältige statistische Schätzungen erforderlich.

Andere Arbeiten versuchen überdies, den wissenschaftlich-technischen Fortschritt noch nach den Einflüssen auf die Qualifikation der Arbeitskräfte und auf die Grundmittel zu spalten.[25]

Das wichtigste Ergebnis der Arbeit Solows ist folgendes: Die Bruttoproduktion ist auf etwa das Doppelte gestiegen in der betrachteten Zeitperiode. Von diesem Zuwachs müssen etwa 87,5 Prozent den (neutralen) technischen Neuerungen, also dem Einfluß des wissenschaftlich-technischen Fortschritts, zugeschrieben werden, während nur etwa 12,5 Prozent dem Anstieg der Kapitalintensität geschuldet sind.

Wie stark im einzelnen die gewonnenen Resultate auch durch die unvermeidlichen Vereinfachungen in den ökonomischen Prämissen und durch andere Störungen verzerrt sein mögen, die Zahlen selbst sind doch so beeindruckend, daß man sich ihnen nicht verschließen sollte.

[25] Vgl. die Arbeiten von *O. Niitamo*, Development of Productivity in Finnish Industry, 1925–1952; in: „Productivity Measurement Review", November 1958; *O. Aukrust*, Investment and Economic Growth, ebenda, Februar 1959.

Die Werte für den prozentualen Anstieg der Produktion, soweit er auf den neutralen wissenschaftlich-technischen Fortschritt zurückzuführen ist, liegen bei den unterschiedlichen Industrieländern etwa in der Größenordnung 1–2 Prozent jährlich. Eine Analyse für Norwegen von 1900 bis 1955 zeigte beispielsweise, daß 1,8 Prozent des jährlichen Zuwachses der Produktion von 3,4 Prozent dem neutralen technischen Fortschritt zugeschrieben werden könnte.

Die unabhängig voneinander durchgeführten Analysen dieser Zusammenhänge waren in der Tat überraschend. Gerhart E. Reuss umreißt die ermittelten Resultate dieser modernen statistischen Schätzverfahren für Produktionsfunktionen wie folgt:

„In der Produktivitätsanalyse scheint sich gegen Ende 1958 ein bemerkenswerter Vorstoß zu neuen ökonomischen Betrachtungsweisen ereignet zu haben. Nach einer amerikanischen Erstuntersuchung führten drei europäische Forscher unabhängig voneinander Arbeiten mit der gleichen oder ähnlichen Methode durch. Sie ergaben übereinstimmend, daß – entgegen weitverbreiteten Annahmen – der Einfluß der Faktoren des technischen Fortschritts auf die arbeitsbezogene Produktivität bei weitem den Einfluß eines erhöhten Kapitaleinsatzes pro Arbeitsplatz überwiegt. Für [West-, d. Verf.] Deutschland berechnet Bombach, daß von 1950–1956 ca. 90 Prozent der Steigerung der Arbeitsproduktivität dem technischen Fortschritt zugeschrieben werden kann, während nur 10 Prozent auf die Substitutionsfaktoren zurückgehen. Für die USA ergaben die Berechnungen von Solow (1909–1949) einen Anteil des technischen Fortschritts von 87,5 Prozent. Fabricants Daten für den Zeitraum von 1871–1951 zeigten eine Quote des technischen Fortschritts von 90 Prozent. Ähnliche Ergebnisse zeitigten die Studien von Aukrust für Norwegen (1900–1955) und von Niitano für Finnland (1925–1952) . . .“[26]

Gegenrechnungen von Murray, Brown und Popkin zeigten, daß der *nicht*neutrale technische Fortschritt doch bedeutend war. Trotzdem konnten sie das Ergebnis nicht erschüttern, daß der technische Fortschritt eine weit bedeutendere Ursache für das Wachstum war als die wachsende Grundmittelintensität je Beschäftigten infolge rascheren Investitionsanstiegs. Der große Beitrag, den man dem neutralen technischen Fortschritt zuordnet, ist teilweise auf die Tatsache zurückzuführen, daß Solow begann, den Teil des Anstiegs der Produktion je Kopf zu analysieren, der direkt der gestiegenen Kapitalintensität zuzuschreiben ist; der Rest wurde dann als *technischer Fortschritt* bezeichnet. Aber wie durch andere Arbeiten gezeigt wurde, schließt diese Restkomponente alle Wechselwirkungseffekte ein. Es ist aber theoretisch und praktisch nicht einzusehen, weshalb alle diese Wirkungen allein dem technischen Fortschritt zuzuordnen sein sollen.

Levine hat gezeigt, daß, wenn in Solows Ergebnissen zuerst der technische Fortschritt extrahiert worden wäre, 19 Prozent statt nur 10 Prozent des Anstiegs der Arbeitsproduktivität der Zunahme der Kapitalintensität je Beschäftigten als Folge forcierter Investitionen zugeschrieben werden dürften.[27]

[26] *Gerhart E. Reuss*, Die Produktivitätsanalyse, S. 159.

[27] *A. A. Walters*, Production and Cost Functions, An Economic Survey. In: „Econometrica“, H. 1–2, S. 27, 1963.

Aber ob 10 Prozent oder 20 Prozent; es bleibt die für die meisten Fachleute überraschende Tatsache, daß die Steigerung der Arbeitsproduktivität je Beschäftigten über längerfristige Zeiträume nicht hauptsächlich, sondern sogar nur zu einem recht geringen Teil als Wirkung des forcierten Investitionstempos aus Akkumulationen geschuldet ist. Das heißt selbstverständlich nicht, daß nicht investiert worden wäre. Selbstverständlich kann auch ein Anstieg der Kapitalintensität je wachsender Beschäftigung nachgewiesen werden. Aber es bleibt eben der nicht zu leugnende Tatbestand, daß neben anderen zweitrangigen Größen, wie Strukturverschiebungen, doch überwiegend der wissenschaftlich-technische Fortschritt im eben beschriebenen Sinne die Steigerung der Arbeitsproduktivität in den hochentwickelten Industrien bewirkt hat und weniger der Substitutionseffekt durch Investitionen.

Um die mögliche Bedeutung der geschilderten Methoden für die langfristige Volkswirtschaftsplanung zu erkennen, braucht der Fachmann keine zusätzlichen Erläuterungen. Die zahlreichen unabhängig voneinander erzielten Resultate, insbesondere für Industrien mit hohem Produktivitätsniveau, erhärten die Forderung der Parteiführung, daß Steigerung der volkswirtschaftlichen Arbeitsproduktivität nicht gleichbedeutend sein muß mit ebenso schneller oder rascherer Zunahme von aufwendigen Investitionen je Arbeitsplatz.

In einer neueren Studie zu *Einigen Faktoren des ökonomischen Wachstums in Europa während der fünfziger Jahre* durch die *Europäische Kommission für Europa* der UN[28] wird eine massive Kritik an der Aussagekraft von Cobb-Douglas-Funktionen geübt. Die Argumente decken sich im wesentlichen mit unseren Einwänden. Unter Vorbehalten wurde trotzdem die Berechnung einer Produktionsfunktion vom Typ $P = K \cdot e^{zt} \cdot A^{\alpha} \cdot G^{\beta}$ mit $\alpha + \beta = 1$ und z als Zuwachsrate des wissenschaftlich-technischen Fortschritts benutzt, um bestimmte nach anderen Verfahren ermittelte Ergebnisse zu testen. Danach wären in diesem Zeitraum rd. 61 Prozent des jährlichen Wachstums des inländischen Bruttoprodukts in Westdeutschland von 7,4 Prozent dem wissenschaftlich-technischen Fortschritt geschuldet gewesen. Hingegen betrug nach dieser Berechnungsmethode der Beitrag dieser Einflußgröße in England nur rd. 46 Prozent bei einem weitaus geringeren jährlichen Zuwachstempo von nur 2,4 Prozent.

Wir möchten abschließend noch kurz auf eine Untersuchung des amerikanischen Statistikers F. Seton über *Produktionsfunktionen in der sowjetischen Industrie*[29] eingehen, die uns in zweifacher Hinsicht interessant erscheint.

In der Methode zur gesonderten Erfassung des Einflusses von wissenschaftlich-technischem Fortschritt und Substitutionseffekt auf die Steigerung der Arbeitsproduktivität weicht sie von den soeben erörterten Methoden dadurch ab, daß Seton nicht mit der einschränkenden Annahme $\alpha + \beta = 1$ arbeitet. Vielmehr wird der

[28] Vgl. „Economic Survey of Europe in 1961", Teil 2: „Some Factors in Economic Growth in Europe during the 1950s", prepared by the Secretariat of the Economic Commission for Europe, Geneva 1964, S. 34ff.

[29] Vgl. *F. Seton*, Production Function in Soviet Industry. In: „American Economic Review", Mai 1959.

wissenschaftlich-technische Fortschritt als gesonderter Trendfaktor γ neben den bekannten Elastizitätskoeffizienten für Arbeitskräfte und Grundmittel mittels der partiellen Regressionsanalyse getrennt geschätzt. Auf diese Weise wird die Wirkung, die die Erweiterung des Produktionsfeldes auf die Arbeitsproduktivität ausübt, durch die Elastizitätskoeffizienten α und β sowie deren Summe ($\alpha + \beta \gtreqless 1$) und der allgemeine Einfluß des wissenschaftlich-technischen Fortschritts gesondert an der Trendkomponente γ abgelesen. Selbstverständlich hat auch dieser „zusätzliche bit an Information seinen Preis". Dieser resultiert aus den mathematisch-statistischen Schwierigkeiten, die in solchen Fällen vorhandene Multikollinearität bei der getrennten Schätzung der Parameterwerte auszuschalten. Die Ergebnisse sind deshalb unter Umständen statistisch unzuverlässig.

Innerhalb der marxistischen wirtschaftswissenschaftlichen Forschung gewinnt die Ökonomie der vergegenständlichten Arbeit besonders in den letzten Jahren verstärkte Beachtung. Es häufen sich die Forderungen, auch die Grundmittel und Arbeitsgegenstände in die Produktivitätsmessung einzubeziehen und somit insbesondere auch den Grundmitteln die Eigenschaft einer „Produktivität" zuzuschreiben. Insbesondere für wachstumsanalytische Untersuchungen innerhalb der Perspektivplanung bieten sich die hier erörterten Analysen aggregierter statistischer Produktionsfunktionen als eine unter anderen Meßmethoden an.

Die Arbeit von Seton ist deshalb auch insofern interessant, als sie Vergleiche zwischen den mit herkömmlichen und mit modernen Schätzmethoden gewonnenen Resultate gestattet.

Zusammengefaßt ergab die Analyse folgende Resultate: „Anhaltend hohe Wachstumsraten in der sowjetischen Nachkriegsindustrie (insbesondere zwischen den Jahren 1950–1955, d. Verf.) sind nicht mehr hauptsächlich dem Zustrom von Arbeitskräften und der Kapitalakkumulation geschuldet noch den damit verbundenen leicht ansteigenden oder zumindest nicht abnehmenden Erträgen, solange andere Ressourcen noch unausgenutzt und leicht verfügbar waren.

Die anhaltend hohen Wachstumsraten der Sowjetunion scheinen nunmehr vorwiegend das Resultat der rapide zunehmenden Effektivität (der technologischen, organisatorischen usw.) in der Nutzung dieser Inputfaktoren auf jeweils gegebenem Niveau zu sein – ein Fortschritt, dessen gegenwärtiges Tempo die Verzögerungseffekte abnehmender Erträge (wie sie etwa durch allmähliche Erschöpfung leicht verfügbarer Ressourcen einer reifen Wirtschaft hervorgerufen werden mögen) noch überwiegt . . ."[30]

Nach Setons Berechnungen hatte auch die sowjetische Industrie später abnehmende Erträge je zusätzlicher Investition und Arbeitskraft ($\alpha + \beta < 1$). Das deckt sich mit der Feststellung, wonach der Nutzeffekt der Investitionen, gemessen am Zuwachs des Nettoprodukts, gesunken ist.

„Nach Strumilins Berechnungen erbrachte ein Rubel Nettoinvestitionen im Zeitraum 1929–1940 einen späteren Zuwachs des Nettoprodukts von 3 bis 4 Rubel, im Zeitraum 1946–1950 von 2 bis 3 Rubel. Dabei vertritt Strumilin zu Recht den

30 *F. Seton*, Production Function in Soviet Industry, a. a. O.

Standpunkt, daß nicht der gesamte Zuwachs des Reineinkommens als Nutzeffekt der Investitionen gelten dürfe, denn ein Teil des Nettoproduktzuwachses ist der Erhöhung der Anzahl der Arbeitskräfte geschuldet."[31]

Dieser Rückgang wurde nach den statistischen Schätzungen Setons indessen mehr als wettgemacht durch eine außergewöhnlich hohe Zuwachsrate des wissenschaftlich-technischen Fortschritts. Aus der Schätzung der dynamischen Produktionsfunktion ergaben sich folgende Werte: $\alpha = 0{,}939$, $\beta = 0{,}022$, so daß $\alpha + \beta - 1 = -0{,}039$, es wurde also eine geringe „negative" Ertragszunahme ermittelt. Würden demnach die Grundmittel und Arbeitskräfte beide um 10 Prozent vermehrt, so wäre allein durch diese extensive Ausdehnung des Produktionsfeldes ein Zuwachs der Produktion von etwas weniger als 10 Prozent, nämlich um etwa 9,6 Prozent zu erwarten. Bei einseitiger Vermehrung des Grundmittelbestandes mit Konstruktionen alten Typs wäre nach den Schätzungen nur noch ein geringer Produktionszuwachs zu erwarten.

Hingegen konnte bereits in der ersten Hälfte der fünfziger Jahre mit einer außergewöhnlich positiven Wirkung des wissenschaftlich-technischen Fortschritts in Form von Rationalisierungen, besserer Arbeitsorganisation und Planung, höherer Qualifizierung und Bildung der Arbeitskräfte, vor allem aber durch modernere Technik und Technologie auf das Zuwachstempo der Produktion und Produktivität gerechnet werden. Nach Seton ist der Exponent der Trendkomponente für den wissenschaftlich-technischen Fortschritt in der sowjetischen Industrie bereits zu dieser Zeit mit einem Wert von mindestens $\gamma = 6$–7 Prozent, wenn nicht gar von 8 Prozent anzusetzen. Der multiple Korrelationskoeffizient hat für diese Berechnungen einen schon zufriedenstellenden Wert von 0,906.

Unter nachdrücklichem Hinweis auf die mit dem Mangel an detailliertem statistischem Material verbundenen Unsicherheiten errechnet Seton bereits für die Jahre 1950–1955 für die sowjetische Industrie, daß trotz des jährlichen Zugangs der Arbeitskräfte von 5 Prozent und wohl über 10 Prozent in den Grundmitteln diesen beiden Faktoren weniger als die Hälfte (unter 45 Prozent) des jährlichen Produktionszuwachses zuzuschreiben ist, während die anderen 55 Prozent Neuerungen und allgemeineren Modernisierungen geschuldet sind.

Der Autor gelangt aus diesen detaillierten Schätzungen mittels statistischer Produktionsfunktionen zu folgendem Urteil: „Jene unter uns, die ihre Vorhersagen einer künftigen Verlangsamung im Wachstumstempo der sowjetischen Wirtschaft auf die abnehmenden Möglichkeiten einer Umsetzung von Arbeitskräften aus der Landwirtschaft und auf einen abnehmenden Nutzeffekt der Grundmittelinvestitionen gestützt haben, dürften ihre Schlußfolgerungen über den Haufen geworfen sehen – zumindest für die nächste Zeit – durch die Möglichkeiten für technische und organisatorische Verbesserungen, die latent in der sowjetischen Wirtschaft vorhanden sind."[32]

[31] Vgl. *W. S. Nemtschinow*, Ökonomisch-mathematische Methoden und Modelle, Moskau 1962 (russ.), S. 232.

[32] *F. Seton*, Production Function in Soviet Industry, a. a. O.

Seton weist ferner darauf hin, daß selbst eine erhebliche Herabsetzung der geplanten Wachstumsraten unter den gegebenen Voraussetzungen in höheren effektiven Wachstumsraten münden dürften, als sie irgendwo anders erreichbar sein können.

Es verwundert nicht, daß der Messung von Produktivitätsentwicklungen mit Hilfe der hier erörterten statistischen aggregierten Produktionsfunktionen in den industriell entwickelten Ländern der Welt zunehmend Beachtung geschenkt wird. In den letzten Jahren wurden auch in Polen, der ČSSR und vor allem in Ungarn Prüfungen dieser Verfahren auf ihre Eignung unter sozialistischen Produktionsbedingungen begonnen und erste Berechnungen durchgeführt. Die genannten Verfahren sind ebensowenig als exakte und universelle Instrumente für volkswirtschaftliche Analysen aufzufassen wie die herkömmlichen Methoden der Produktivitätsmessung. Je nach der Zielstellung und den verfügbaren statistischen Unterlagen sind die einzelnen Verfahren weniger oder mehr geeignet.

Zur Analyse der Wechselwirkungen der einzelnen Einflußgrößen auf die Entwicklung der volkswirtschaftlichen Produktivitätsentwicklung über längere Zeiträume oder zwischen einzelnen Industriezweigen, insbesondere zur quantitativen Abschätzung der Substitutionseffekte und des wissenschaftlich-technischen Fortschritts, bieten die Konstruktion und Schätzung aggregierter Produktionsfunktionen Vorteile, die sie gegenüber der isolierten und statischen Verkettung von Indexwerten auszeichnen.

Wir sollten deshalb ohne weiteren Verzug die Forschungsarbeiten auf diesem modernen Gebiet der Produktivitätsmessung aufnehmen, ohne die bewährten Verfahren wie die Messung der Arbeitsproduktivität mit (Zeitsummen-)Indizes zu vernachlässigen.

Kurt Braunreuther, Helmut Steiner, Manfred Thiel

SOZIOLOGISCHE PROBLEME DER SOZIALISTISCHEN WIRTSCHAFTSFÜHRUNG

In den vergangenen Jahren sind an den verschiedensten Universitäten, Hochschulen und Institutionen soziologische Untersuchungsgruppen entstanden, die sich um die Herausbildung der marxistischen Soziologie in der Republik bemüht haben. Nachdem im letzten Jahr die Entwicklung so weit gediehen ist, daß sich innerhalb des Gesamtbereichs der Soziologie die einzelnen Fachgebiete zu verselbständigen beginnen, soll auf einige inhaltliche Probleme der weiteren soziologischen Forschung im unmittelbar ökonomischen Bereich orientiert werden, um so zur Konzeption der Soziologie, speziell der Industriesoziologie, beizutragen.

I. Objektive Grundlagen und Aufgaben der Soziologie im allgemeinen und der Industriesoziologie im besonderen

Mit der Entwicklung der materiellen Produktivkräfte und der Produktionsverhältnisse in der zweiten Hälfte des vergangenen Jahrhunderts bildete sich ein solches Niveau der Vergesellschaftung der Produktion heraus, das neue technische und gesellschaftliche Probleme aufwarf. Die Unternehmen wuchsen quantitativ und qualitativ. Die Arbeitsteilung innerhalb der Unternehmen wurde immer weiter vorangetrieben. Naturwissenschaftliche Entdeckungen, technische Erfindungen und daraus folgende Veränderungen in der Technologie ließen neue Industriezweige entstehen. Die Expansion des Weltmarktes erforderte nationale Spezialisierung und Erschließung neuer Produktionsmöglichkeiten. Es entstand ein verzweigtes hochempfindliches Geflecht von miteinander kooperierenden Industrieländern, von Wirtschaftsbereichen, von Industriezweigen und von unmittelbar oder mittelbar untereinander verbundenen Betrieben und Betriebsteilen sowie technologisch parallel und aufeinanderfolgend arbeitenden Abteilungen. Das schloß das rasche Wachstum und die zunehmende Konzentration der Arbeiter und der Beschäftigten überhaupt in sich ein.

Die von Marx an Hand der Manufaktur charakterisierte Arbeitsteilung einerseits und Kooperation der Arbeit andererseits setzt sich gegenwärtig auf einer höheren Ebene fort. Durch das Entstehen vieler neuer Berufe und Tätigkeiten und den Fortfall herkömmlicher Facharbeit verändert sich die gesamte Berufs- und Tätigkeitsstruktur ebenso wie die Zusammensetzung der Arbeiterklasse überhaupt. Die Berufsbilder unterliegen ständigen Wandlungen. Die Proportionen und inhaltlichen Beziehungen zwischen einzelnen Berufs- und Tätigkeitsgruppen verschieben sich. Im modernen Großbetrieb ballt sich eine Vielzahl von Menschen zusammen, die mit sehr unterschiedlichen Voraussetzungen dort aufeinandertreffen, und zwar hinsichtlich ihrer beruflichen Qualifikation, ihres Bildungsniveaus, ihres politisch-ideologischen Bewußtseinsgrades, des Umfangs und der Art ihrer Lebenserfahrungen, ihrer Lebensschicksale, ihrer Familien- und Lebensverhältnisse, ihrer persönlichen Interessen usw. Alle diese unterschiedlichen Menschen treten im Betrieb in verschiedener Art und Weise zueinander in Beziehung, z. B. in direkter Zusammenarbeit in geschlossenen Arbeitsgruppen, in gegenseitiger Abhängigkeit von der Arbeitsausführung des anderen am Fließband oder zwischen einzelnen Meistereien, innerhalb gesellschaftlicher Organisationen, Verbände und Vereine. Das ergibt zwangsläufig eine Vielfalt von sozialen Beziehungen, die direkt oder indirekt die ökonomische Aktivität des einzelnen und des Betriebes beeinflussen.

Unter *Kooperation* wird gewöhnlich die technologisch-organisatorische innerbetriebliche Kooperation verstanden, d. h. die folgerichtige Anordnung und Aufeinanderfolge der Arbeitsplätze, Maschinen, Anlagen und Betriebsteile, und zum anderen die ökonomisch-organisatorische inner- und überbetriebliche Kooperation, die den Produktionsfluß vom Zulieferbetrieb bis zum Absatz oder vom Rohstoff- bis zum Finalproduzenten umfaßt. Dabei wird die Tatsache außer acht gelassen oder doch unterschätzt, daß der Großbetrieb und darüber hinaus die menschliche Gesellschaft zugleich eine *soziale Kooperation* der Zusammenarbeit und des Zusammenlebens einer großen Zahl verschiedenartiger Menschen mit unterschiedlichen Funktionen verkörpert.

Die soziale Kooperation geht über den Betrieb hinaus und erfaßt – vom produktiven Bereich ausgehend – alle Sphären des gesellschaftlichen Lebens. Das Anwachsen der Städte mit ihren verschiedensten sozialen Beziehungen, die Konzentration von Menschen in den als Kommunikationsmittel zwischen Produktionsstätten und Siedlungen verschiedener Formen dienenden Transportmitteln, die Ausdehnung und Erweiterung der Bildungsinstitutionen, die im Zusammenhang mit der Verkürzung der Arbeitszeit bedingte Vermehrung der Freizeit mit ihren spezifisch-gesellschaftlichen Problemen – dies alles bringt eine Vielzahl neuer, jedoch noch ungelöster Probleme mit sich, die der Vergesellschaftung der Produktion im weitesten Sinne entspringen und eine Vergesellschaftung der gesamten Arbeits- und Lebensweise zum Ausdruck bringen.

Damit sind *die objektiven Voraussetzungen für die Herausbildung und Verselbständigung einer eigenen Wissenschaftsdisziplin, der Soziologie, gegeben.*

Die Vergesellschaftung der Arbeits- und Lebensweise bringt sowohl im Produktionsprozeß als auch im gesellschaftlichen Leben die Ballung der Menschen zu Gruppen hervor, und zwar Menschengruppen, die durch bestimmte Gemeinsamkeiten ihres Verhaltens in Erscheinung treten. Damit ist der *Gegenstandsbereich der marxistischen Soziologie fixiert, die als Disziplin vor allem die Gesetzmäßigkeiten in den Verhaltensweisen von sozialen Strukturen gesamtgesellschaftlicher und gruppenmäßiger Art erforscht.*

Dieser allgemeine Gegenstand der Soziologie gilt auch für solche Fachgebiete, die nicht unmittelbar im ökonomischen oder industriellen Bereich angesiedelt sind wie z. B. Kultursoziologie, Militärsoziologie, Rechtssoziologie. Die Aufgaben der marxistischen Industrie- und Betriebssoziologie konzentrieren sich jedoch vorwiegend auf die gruppentypischen Verhaltensweisen der Beschäftigten innerhalb der Industrie, soweit sie für die sozialistische Wirtschaftsführung von Bedeutung sind. Im Mittelpunkt stehen dabei die Verhaltensweisen der verschiedenen Arbeits- und Beschäftigtengruppen einschließlich ihrer Leiter im Produktionsprozess und seiner Leitung. Verhaltensweisen, die sich beispielsweise aus den Wegen zum und vom Arbeitsplatz, dem Zeitbudget, den Familienbeziehungen, den Wohnverhältnissen ergeben, gehören dann zum Gegenstandsbereich der Industriesoziologie, wenn sie die Menschen im Produktionsprozeß bewußt oder unbewußt, direkt oder indirekt, positiv oder auch negativ stimulieren.

Das sind im wesentlichen die Aspekte und Aufgaben der Soziologie im *Neuen ökonomischen System der Planung und Leitung der Volkswirtschaft* und bei der Ausarbeitung der Lehre von der sozialistischen Wirtschaftsführung.

Die Richtlinie für das neue ökonomische System, die Wirtschaftskonferenz des ZK der SED und des Ministerrates der DDR (1963) und die 5. Tagung des Zentralkomitees der SED werfen viele soziologische Fragen auf. Bei der Ausarbeitung der Grundsätze einer wissenschaftlichen Führungstätigkeit sind für die Soziologie drei Komplexe besonders wichtig:

1. Die Struktur und die Dynamik in den Arbeits- und Lebensbedingungen der verschiedenen Beschäftigten- und Berufsgruppen in der Industrie.
2. Die industriellen Gruppenstrukturen der Beschäftigten und die daraus resultierenden gruppentypischen Verhaltensweisen in und außerhalb der Produktion.
3. Die soziologischen Aspekte der industriellen Leitungsorganisation.

Das letztere mag im Moment als das wichtigste erscheinen. Jedoch darf dabei nicht übersehen werden, daß die Klärung gerade dieser Fragen nur auf Grund von Untersuchungen und konkreten Erkenntnissen aus dem Bereich der beiden ersten Themenkomplexe erfolgen kann. Die für eine optimale Einbeziehung der Werktätigen in die Planung und Leitung des Betriebes jeweils anzuwendenden Methoden in der Leitungstätigkeit, die optimale Leitungsstruktur, die zweckmäßige Leitungspyramide, die geregelte Abgrenzung von Kompetenzen u. a. haben ihre Grundlagen in den gegebenen sozialökonomischen und sonstigen sozialen Daten, Gruppenstrukturen, Entwicklungstendenzen und Perspektiven.

II. Die Struktur und die Dynamik in den Arbeits- und Lebensbedingungen der verschiedenen Beschäftigten- und Berufsgruppen in der Industrie

Die gesellschaftliche und ökonomische Bedeutung der Struktur und der Dynamik in den Arbeits- und Lebensbedingungen der verschiedenen Beschäftigten- und Berufsgruppen in der Industrie zeigt allein die Tatsache, daß in der letzten Zeit viele soziologisch orientierte Untersuchungsgruppen entstanden, die vorwiegend die sozialen Probleme des technischen Fortschritts analysieren. Besondere Untersuchungsgegenstände sind dabei: das effektive Qualifikationsniveau, erforderliche Qualifizierungsmaßnahmen und – damit im Zusammenhang – Fragen der Berufswahl und Berufslenkung der Jugendlichen, der herkömmlichen, sich spontan und geplant verändernden Berufsbilder, der Veränderungen in den Tätigkeits- und Qualifikationsmerkmalen, das Verhältnis zwischen Grund- und Spezialausbildung u. ä. Weitergehende Fragen der Bildungsproblematik, des Verhältnisses von monotoner und selbständig schöpferischer Tätigkeit im Entwicklungsprozeß der Produktivkräfte, des Verhältnisses von körperlicher und geistiger Arbeit, der Wechselbeziehungen von Arbeits- und Freizeit, der Auswirkungen der neuen Technik auf die Freizeit- und Konsumgewohnheiten, der gegenwärtigen und perspektivischen Disponibilität der Arbeitskräfte werden dabei im Rahmen dieser Untersuchungen sichtbar.[1]

Obwohl die Arbeit zu den soziologisch relevanten Fragen der Qualifizierung und den sozialen Problemen des wissenschaftlich-technischen Fortschritts in der Industrie gegenwärtig erst in größerem Ausmaß organisiert wird, kann bereits jetzt folgendes festgestellt werden:

1. Die Untersuchungen über die Auswirkungen des technischen Fortschritts auf die Beschäftigten sind nicht zu trennen von den sozialökonomischen Strukturveränderungen in unserer Gesellschaft überhaupt und in der Industrie im besonderen, die sich bereits vollzogen haben, die gegenwärtig vor sich gehen und die in Zukunft zu erwarten sind.
2. Für eine planmäßige Einwirkung auf diese Prozesse ist eine exakte Unterscheidung der Faktoren, die aus den Produktivkräften resultieren, und solcher, die aus den Produktionsverhältnissen entspringen, erforderlich, wobei ihr wechselseitiger Zusammenhang beachtet werden muß.

Um beiden Kriterien voll zu genügen, ist es notwendig, auch die mikrosoziologischen Qualifikationsmerkmale im Zusammenhang mit den gesamtgesellschaftlichen sozialen Strukturveränderungen zu analysieren. Die zu beobachtenden Berufsumschichtungen im gesellschaftlichen Maßstab und die entsprechenden Veränderungen in Einzelfällen können unter verschiedenen Gesichtspunkten interessant sein:

1. als Ausdruck für das Verschwinden alter oder das Entstehen neuer Berufe;
2. zur Beurteilung der Veränderungen in der Beschäftigtenstruktur, namentlich in den Proportionen zwischen Arbeitern, Angestellten und Intelligenz, oder in der Verteilung der Beschäftigten auf die verschiedenen Wirtschaftsbereiche, die

[1] Vgl. u. a.: *Kurt Braunreuther, Manfred Puschmann, Helmut Steiner*, Soziologie und Praxis. In: „FORUM", Nr. 47, 1962, Wissenschaftliche Beilage; *Horst Berger, Werner Weigelt*, Jugend und Technik, ein erzieherisches Problem. In: „Pädagogik", H. 6, 1963; *Wolfgang Eichhorn I, Wolfgang Eichhorn II, Erich Hahn, Rainer Thiel*, Erfahrungen und Probleme einer soziologischen Untersuchung. In: „Deutsche Zeitschrift für Philosophie", H. 1, 1964; Soziologie und Jugend – methodische und praktische Probleme, Berlin 1964; *Gerda Huth*, Probleme der Qualifizierung der Industriearbeiter. In: „Deutsche Zeitschrift für Philosophie", H. 8, 1963; Arbeit, Gemeinschaft, Persönlichkeit, Soziologische Studien, Dietz Verlag, Berlin 1964.

als Folge der Entwicklung der Produktivkräfte und der Produktionsverhältnisse vor sich gehen;
3. als Ausdruck der gesellschaftlichen Umwälzungen in den antifaschistisch-demokratischen und in den sozialistischen Veränderungen auf dem Territorium unserer Republik und
4. als Maßstab der auf Grund dieser gesellschaftlichen Umwälzungen möglichen und wirklichen Mobilität in der sozialistischen Gesellschaft, die dynamischer als die im Kapitalismus ist.

Die Tendenzen der im Vergleich zum Kapitalismus offensichtlich unterschiedlichen Mobilität sind zu analysieren und für die Leitungstätigkeit in der Industrie insgesamt und in den einzelnen Betrieben nutzbar zu machen. Das bedeutet jedoch, die Probleme der sozialökonomischen Veränderungen und der gesellschaftlichen Mobilität in unserer Industrie exakt zu untersuchen. Dazu ist u. a. erforderlich, alle soziologischen Untersuchungen über Qualifikation und Qualifizierungs-, Berufs- und Tätigkeitsmerkmale, Berufswahl und Berufsumschichtungen im Rahmen dieser verschiedenen, zwar als eng miteinander verbundenen, doch als Faktoren relativ selbständig wirksamen Entwicklungstendenzen zu ermitteln, um zuverlässige Angaben für unsere Wirtschaftspraxis zu erhalten.

Für eine solche Untersuchung spricht vieles. In den letzten 50 Jahren sind in Deutschland umfangreiche Veränderungen in der sozialen, Beschäftigten-, Bildungs- und Berufsstruktur vor sich gegangen. Die technische Entwicklung ließ neue Berufe entstehen, alte verschwinden; vorhandene Berufe erweiterten oder verringerten ihre Bedeutung. Zwei Weltkriege und ihre Folgen, die Weltwirtschaftskrise und der Faschismus, zwangen viele Menschen aus den verschiedensten sozialen Klassen und Schichten dazu, ihren Beruf, ihre Tätigkeit, ihre soziale Stellung und ihren Wohnort zu verändern. Die antifaschistisch-demokratischen und sozialistischen Veränderungen führten bei uns seit 1945 in vielen Fällen zu tiefgreifenden Wandlungen im persönlichen Leben des einzelnen und seiner Familie. All diese Veränderungen zusammengenommen bestimmen die soziale und herkunftsmäßige Zusammensetzung unserer Bevölkerung und der Beschäftigten in den verschiedenen VVB und einzelnen Betrieben. Diese Zusammensetzung seiner Belegschaft zu kennen ist für jeden Generaldirektor der VVB und Werkleiter als Ausgangspunkt für seine Leitungstätigkeit im allgemeinen und der Menschenführung im besonderen von Bedeutung. Gegenwärtig fehlen darüber zuverlässige Angaben, und zwar sowohl für den einzelnen Betrieb als auch für den industriellen Bereich und für die Gesamtbevölkerung. Für die Entwicklung der Soziologie, besonders der Industriesoziologie, als Wissenschaftsdisziplin gibt es noch einen weiteren Grund, derartige Untersuchungen durchzuführen. Die Grundlage jeder soziologischen Untersuchung ist eine exakte Analyse begründet abgegrenzter und primär sozialökonomisch determinierter gesellschaftlicher Gruppierungen. Die gegenwärtig gebräuchlichen statistischen Abgrenzungen von *Arbeitern*, *Angestellten* und *Intelligenz* beispielsweise sind jedoch teils unklar oder doch nur juridisch bestimmt. Sie sind meist aus vergangenen Jahrzehnten überliefert und werden den tatsächlichen gesellschaftlichen Verhältnissen in unserer sozialistischen Gesellschaft nicht mehr gerecht.

Jede soziologische Untersuchung, selbst solche zu einem Detailproblem, sei sie auch mit Akribie und vermeintlich repräsentativer sozialer Auswahl durchgeführt, wird in ihrer Aussage fragwürdig oder sogar falsch, wenn die Auswahlprinzipien und die Gruppierung der Endergebnisse nicht unseren sozialökonomischen Verhältnissen adäquat sind. Eine richtige Analyse der sozialen Probleme des technischen Fortschritts im Rahmen der sozialökonomischen Veränderungen hingegen gestattet zugleich, das soziologische Gesetz des Zusammenhanges zwischen der sozialökonomischen Klassen- und Schichtstruktur der Gesellschaft und der Beschäftigten-, Berufs- und Bildungsstruktur im Verlauf der wissenschaftlich-technischen Entwicklung im Sozialismus zu suchen und den Wirkungsmechanismus dieses Zusammenhangs aufzudecken. Daß zwischen diesen Strukturierungen ein enger, sich gegenseitig bedingender Zusammenhang besteht, ist nicht zu bestreiten. Eine in Dynamik und Proportionalität richtige perspektivische Arbeitskräfteplanung und die Durchsetzung des einheitlichen sozialistischen Bildungssystems erfordern aber zunächst ein gesondertes analytisches Herangehen an jede dieser Strukturlinien, um sie schließlich in der Synthese ihres Zusammenhangs praktisch gestalten und handhaben zu können.

Des weiteren bedarf es des sozialen Bezugssystems, um die formellen und informellen Gruppen, die Kommunikationsmuster, den Zusammenhang von Gruppengliederung und Gruppenleistung, von sozialer Kooperation, Leitungs- und Organisationsstruktur zu erfassen, zu analysieren und für eine wissenschaftliche Leitungstätigkeit zu verallgemeinern.

Dem können weder der Umfang noch die gebräuchlichen Begriffe und Kategorien der bisherigen statistischen Erhebungen genügen. Hierfür sind umfangreiche Vorarbeiten erforderlich. Das überlieferte sozialökonomische Begriffssystem mit seinen weiterführenden Gliederungen bedarf für eine statistisch richtige Gruppenbildung neuer Begriffe.

Diesen Anforderungen für die weitere industriesoziologische Forschung und für neue sozialökonomische Strukturlinien wird eine dynamische Mobilitätsuntersuchung weit mehr gerecht als eine statische Strukturuntersuchung. Die im Leben des einzelnen und seiner Familie vor sich gegangenen Veränderungen können mit einer Aufnahme der gegenwärtigen sozialen Daten auf Grundlage der z. T. überholten Abgrenzungen nicht sichtbar gemacht werden. Demgegenüber kann eine Beobachtung der historischen Folge, die sich über die gesamte Verwandtschaftsskala erstreckt — selbst bei Benutzung der überholten Abgrenzungen —, die vor sich gegangenen Veränderungen erfassen und zugleich Unterlagen für neue, unseren Bedingungen entsprechende Begriffe bilden.

Die dabei sichtbar werdenden Korrelationen zwischen Beruf und ausgeübter Tätigkeit, zwischen Tätigkeit und Schulbildung, sozialer Stellung und Schulbildung, Tätigkeit und sozialer Familienstruktur u. a. lassen bereits Folgerungen für die unmittelbare Leitungstätigkeit zu oder sind ein Beitrag für die Qualifizierungsproblematik in den Betrieben. Die dabei erzielten Ergebnisse gestatten den Leitern in den einzelnen Bereichen, die *soziale Herkunft* der Beschäftigten inhaltlich zu erfassen und nicht auf ein willkürlich herausgegriffenes Datum zu reduzieren.

Eine Untersuchung der Mobilität in unserer Gesellschaft bringt den empirischen Nachweis der bei uns in den letzten Jahren vor sich gegangenen sozialökonomischen Strukturveränderungen, der Gemeinsamkeiten, aber vor allem der prinzipiellen Unterschiede zwischen den Veränderungen seit 1945 und denen in den vorhergegangenen Jahrzehnten.

III. Die industriellen Gruppenstrukturen der Beschäftigten

Die Problematik der industriellen Gruppenstrukturen und der daraus resultierenden gruppentypischen Verhaltensweisen ist von speziellem Interesse, weil sie sowohl bei der Anwendung des in sich geschlossenen Systems ökonomischer Hebel als auch in der Wirkung moralischer Stimuli und somit in der unmittelbaren industriellen Leitungstätigkeit in Erscheinung treten.

Die weiter oben dargestellten objektiven Voraussetzungen und Bedingungen für die Herausbildung der Soziologie als Einzeldisziplin lassen erkennen, daß die Gruppenproblematik und die Gruppenstruktur als Ergebnis des Vergesellschaftungsprozesses und der Kooperation im weitesten Sinne mit im Mittelpunkt der Industriesoziologie steht. Unter Gruppen sind alle Gruppierungen, die sich durch gemeinsame Arbeitsbedingungen, Wohnverhältnisse, Verkehrsbedingungen, Freizeitverhalten, gesellschaftliche Aktivität u. ä. ergeben, zu verstehen, unter denen eine unmittelbare Kommunikation stattfindet. Sie können demzufolge größer oder kleiner, territorial verteilt oder lokal begrenzt sein, mehr oder weniger straff organisiert oder auch äußerlich relativ zusammenhanglos existieren. Die sie jeweils vereinigenden konstitutiven Momente sind von unterschiedlicher gesellschaftlicher Bedeutung, Gewichtung, Dauer und folglich von durchaus verschiedenem Einfluß auf das gesellschaftliche Leben oder auf die ökonomische Aktivität.

Es soll hier abgesehen werden von einer Aussage über die spezifische Qualität verschiedener Gruppen, d. h., ob es sich zum Beispiel um Kollektive oder um Cliquen handelt. Ohne an dieser Stelle ausführlich auf die theoretischen Fragen der Gruppenproblematik und der damit zusammenhängenden Fragen des Verhältnisses und der Beziehungen zwischen marxistischer Soziologie und Sozialpsychologie einzugehen, sei hier lediglich darauf hingewiesen, daß der *soziologische* Gruppenbegriff weiter zu fassen ist als der *sozialpsychologische*.

Die gemeinsame Zugehörigkeit zu einer Fußballmannschaft oder zu ihrem Anhang, zur Betriebssportgemeinschaft usw. bildet natürlich eine Gruppierung, und die von ihr geführten „sportlichen" Montagsgespräche mit der dazu beanspruchten Zeit beeinflussen das ökonomische Ergebnis mittelbar. Eine sozialistische Arbeitsgemeinschaft andererseits, die mit einem konkreten Forschungsauftrag betraut ist, der die Mitglieder dieser Gruppierung geistig und emotionell anregt, wird beispielsweise durch ganz andere Momente, durch einen unmittelbar ökonomischen Inhalt miteinander verbunden. Dessen ungeachtet kann die Gruppierung der Sportenthusiasten von weit größerer Beständigkeit sein als die skizzierte Arbeitsgemeinschaft. Die Partei-, Gewerkschafts- oder FDJ-Organisationen eines Betriebes sind große und vor allem weitgehend stabile Gruppierungen (verschiedenen Stabilitätsgrades), die durch sehr viele und tiefgreifende Gemeinsamkeiten die Mitglieder miteinander verbinden. Sie sind aus unseren sozialistischen Betrieben nicht fortzudenken und können beträchtliche ökonomische Potenzen freisetzen. Doch auch die nach Feierabend und besonders am Lohnzahltag sich zusammenfindende Biertischrunde ist eine Gruppierung, die in verschiedener Hinsicht das ökonomische Ergebnis, die brüderliche Atmosphäre usw. beeinflußt.

Die bewußt extrem gewählten Beispiele verdeutlichen, daß es darauf ankommt, die verschiedensten Aspekte der Gruppenproblematik zu analysieren und ihren Rang, ihre Standorte im sozialen System des Betriebes (einschließlich ihrer Überschneidungen) zu bestimmen. Der innere Aufbau der einzelnen Gruppen, die Probleme ihrer Führung, der Zusammenhang zwischen ihrer Gliederung und ihrer Leistung, die Art und Weise der Kommunikation zwischen den Gruppenmitgliedern, die Verhaltensmuster jeder Gruppe überhaupt, müssen untersucht werden.

Durch Untersuchungen über die Struktur und die Dynamik der Arbeits- und Lebensbedingungen der verschiedenen Beschäftigten- und Berufsgruppen in der Industrie lassen sich *sozialökonomische* Strukturlinien, Abgrenzungen und Gruppenbildungen gewinnen, die in der Form in sich geschlossener Arbeitsgruppen (Brigaden, Meisterbereiche, Büroabteilungen, Leitungskollektive) Ausgangspunkt für speziell soziologische Gruppenuntersuchungen sind. Sie sind durch ihren unmittelbaren Kontakt bei der Arbeitsausführung die elementaren Einheiten der sozialen Kooperation. Ihre sozialökonomische Charakteristik weist ihnen einen Platz im sozialen Koordinatensystem des Gesamtbetriebes zu und gibt ihnen ihre soziologische Determination. Die Arbeitsgruppen als elementare Einheiten der sozialen Kooperation entsprechen in der Regel zugleich dem technologischen, ökonomischen und organisatorischen Aufbau des Betriebes. Da sie der formalen Betriebsstruktur entsprechen, sind sie als *formelle Gruppen* zu kennzeichnen. Soziologisch gefaßt sind es Gruppen, die rechtlich oder traditionell legitimiert und durch den Betriebszweck bestimmt sind. Das bedeutet zugleich, daß in den sozialistischen Betrieben die formellen Gruppen vielfältiger sind als in den kapitalistischen Unternehmen. So sind zum Beispiel die Organisation der Partei der Arbeiterklasse mit ihren Untergliederungen bis zur Parteigruppe, die Gewerkschaftsorganisation, der Jugendverband, die ständigen Produktionsberatungen, Produktionskomitees unter dem Gesichtspunkt des Betriebszweckes, des ökonomischen Effekts usw. durchaus Formen der gesellschaftlichen Leitung des Produktionsprozesses. Damit können sie vom soziologischen Standpunkt aus als formelle Gruppen angesehen werden. Diese Ausdehnung des Begriffs der formellen Gruppe in der marxistischen Soziologie bedeutet jedoch keine Identifizierung technologisch bedingter Arbeitsgruppen mit solchen Gruppen, die bei der gesellschaftlichen Leitung des Betriebes mitarbeiten. Der Aufbau der formellen Gruppen, ihre Charakteristika und Aufgaben unterscheiden sich zum Teil im einzelnen sehr wesentlich voneinander, was für ihre wechselseitigen Beziehungen nicht ohne Bedeutung ist.

Die hochgradige Vergesellschaftung der Arbeits- und Lebensverhältnisse bringt darüber hinaus Gruppenbildungen im Betrieb hervor, die nicht durch den Betriebszweck bestimmt sind und in Unterscheidung von den formellen Gruppen als *informelle Gruppen* bezeichnet werden. Gemeinsamkeiten aus Familienstand und Geschlecht, Alter, gleichgeartete Interessen in der Freizeit wie künstlerische, handwerkliche, geistige oder sportliche Betätigung, sowohl aktiv als auch passiv, persönliche Kontakte durch gleiches Wohngebiet und glciche An- und Abfahrtswege lassen informelle Gruppen entstehen. Ihr Wirkungsbereich kann sich auf einzelne formelle Gruppen erstrecken, aber darüber hinaus auch Mitglieder verschiedener formeller Gruppen erfassen. Daß sie die formelle Struktur und das ökonomische Ergebnis positiv oder negativ beeinflussen können, soll hier nur vermerkt werden. Zu betonen ist aber, daß solche informellen Gruppen auf keinen Fall von vornherein als negativ bewertet werden dürfen. Ihr Entstehen ist objektiv bedingt; und eine der wichtigsten Aufgaben der Leitungstätigkeit im Betrieb ist es, die formellen und informellen Gruppen entsprechend ihren unterschiedlichen Charakteren und oft auch Zielstellungen so weit wie möglich in Übereinstimmung zu bringen. Das Maß der erzielten Übereinstimmung zwischen formeller und informeller Gruppengliederung ist ein Gradmesser für die Kollektivbildung in diesem Bereich. Ebenso wie bei den formellen Gruppen erweitern sich unter sozialistischen Verhältnissen der Umfang und der Einzugsbereich der informellen Gruppen, und zwar auf zweierlei Weise.

Erstens ist generell die informelle Gruppenstruktur durch die sozialökonomische Gruppenstruktur bestimmt. Im kapitalistischen Betrieb entwickeln sich informelle Gruppen in der Regel nur innerhalb der in sich abgeschlossenen sozialökonomischen Gruppen. Die Überwindung der gesellschaftlichen Schranken zwischen den verschiedenen sozialökonomischen Gruppen im sozialistischen Betrieb bietet weit größere Entfaltungsmöglichkeiten für informelle Gruppenbildungen. Beispielsweise ist die persönliche Bekanntschaft und Freundschaft zwischen einem Werkdirektor, Angehörigen der technisch-ökonomischen Intelligenz, einem Meister und mehreren Arbeitern einer Brigade des gleichen Betriebes durch einen gemeinsam bewohnten AWG-Block des Betriebes möglich und in vielen Fällen auch tatsächlich gegeben.

Zweitens werden durch die Überwindung der Ausbeutung in weit stärkerem Maße persönliche Beziehungen zwischen den verschiedenen Beschäftigten ermöglicht, und es wird die aktive Auseinandersetzung mit der gesellschaftlichen Umwelt im weitesten Sinne gefördert. Die Gruppen von Arbeiterforschern, die Zirkel schreibender Arbeiter, die Klubs junger Techniker, der Betriebssport sind Beispiele für die quantitativ und qualitativ veränderte informelle Gruppenbildung in den sozialistischen Betrieben. Dabei werden die herkömmlichen Formen der informellen Gruppen nicht negiert. Die auftretenden Auflösungserscheinungen sind Folgen der veränderten Lebensbedingungen und der Umformung des gesellschaftlichen und des individuellen Bewußtseins.

Zusammenfassend können, ausgehend von den objektiven Gegebenheiten der sozialen Kooperation im sozialistischen Industriebetrieb, in der industriellen Gruppenstruktur vier Arten von Gruppen unterschieden werden:

1. sozialökonomische Gruppen
2. Arbeitsgruppen
3. Gruppen zur gesellschaftlichen Mitarbeit bei der Leitung
4. informelle Gruppen

(2. und 3.: formelle Gruppen)

Die Begriffe sind zwar noch unexakt und können nur mit Erläuterungen benutzt werden. Doch es kommt in erster Linie darauf an, von der bloßen Unterscheidung in formelle und informelle Gruppen, wie sie die bürgerliche Industriesoziologie liefert, abzukommen und

1. die sozialökonomische Struktur und die dazugehörigen sozialökonomischen Gruppen zum Ausgangspunkt zu nehmen,
2. die Begriffe *formelle* und *informelle Gruppe* inhaltlich zu erfassen und
3. die Spezifika und neuen Gruppenstrukturen in den sozialistischen Betrieben hervorzuheben.

Die empirische Erfassung und theoretische Verallgemeinerung der genannten Punkte sind sowohl für die Gestaltung einer optimalen Leitungs- und Organisationsstruktur als auch für die Ausarbeitung von Formen und Methoden der sozialistischen Menschenführung unentbehrlich.

IV. Die gruppentypischen Verhaltensweisen der Beschäftigten in und außerhalb der Produktion

Als konkrete Ausdrucksformen der Gruppenbildungen treten Verhaltensweisen unterschiedlichen Typs in Erscheinung. Es sind nicht schlechthin die individuellen Verhaltensweisen, sondern primär die gruppentypischen Verhaltensweisen, die eine Gruppe im soziologischen Sinne charakterisieren. Die Kategorien *Gruppe* und *Verhaltensweise* sind elementare Kategorien der marxistischen Soziologie überhaupt. Selbstverständlich sind die verschiedenen gruppentypischen, einschließlich der ökonomischen Verhaltensweisen, nicht nur ökonomisch determiniert. Dennoch haben im Rahmen der Soziologie und der Sozialpsychologie die politische Ökonomie und die Psychologie einen entscheidenden Anteil an der Analyse von gruppentypischen ökonomischen Verhaltensweisen. Es ist an der Zeit zu untersuchen, welche echten wissenschaftlichen Beziehungen zwischen politischer Ökonomie und Psychologie bestehen und welche Bedeutung diesen Beziehungen für die marxistische Wirtschaftstheorie und -praxis überhaupt beizumessen ist. Die Analyse von Gruppenstrukturen und gruppentypischen Verhaltensweisen ist für die Anwendung des in sich geschlossenen Systems ökonomischer Hebel und seine Verbindung mit moralischen Stimuli von grundlegender Bedeutung. Bei der Auswertung konkreter Analysen von betrieblichen Gruppen- und Verhaltensstrukturen geht es um die Optimierung sozialistischer Gemeinschaftsarbeit in den Betrieben. Das Aufdecken der Zusammenhänge von Gruppengliederung und Gruppenleistung und die Nutzung derartiger Erkenntnisse ermöglichen eine planmäßige Organisation sozialistischer Gemeinschaftsarbeit hinsichtlich ihrer leistungsmäßigen und erzieherischen Funktionen. Bei allen eingesetzten ökonomischen Hebeln werden bestimmte ökonomische Verhaltensweisen von Personengruppen als gegeben vorausgesetzt, die in eine andere Richtung, also zu neuen Verhaltensweisen stimuliert werden sollen. So heißt es in der *Richtlinie für das neue ökonomische System der Planung und Leitung der Volkswirtschaft*: „Ökonomische Hebel sind gesetzmäßige Beziehungen zwischen den objektiven gesellschaftlichen Erfordernissen und den materiellen Interessen der Menschen, die direkt oder indirekt wirken und durch ihre jeweilige Gestaltung die Werktätigen zu einem bestimmten wirtschaftlichen Verhalten anregen."[2]

Die Existenz zweier Wirkungsbereiche ökonomischer Hebel, die Wirkung von direkten und indirekten Hebeln sowie die Verschiedenartigkeit des Inhalts und der Zielsetzung einzelner Hebel erfordern, konkrete Gruppen von Werktätigen in eine bestimmte Verhaltensrichtung zu stimulieren. Das betrifft

- verschiedene Beschäftigtengruppen innerhalb der Betriebe,
- die Beschäftigten unterschiedlicher Industriezweige und VVB und
- die Leitungs- und Führungskader hinsichtlich ihrer Entscheidungsfindung, ihrer Verantwortungs- und Risikobereitschaft.

Hinzu kommt, daß die aufeinander abgestimmten ökonomischen Hebel in einer ständigen Wechselbeziehung mit dem gegebenen Bewußtseinsstand und der Wirkung veränderlicher und veränderbarer moralischer Stimuli stehen. So heißt es in der *Richtlinie*: „Im Zusammenhang mit dem in sich geschlossenen System ökonomischer Hebel muß die Gesamtheit der moralisch-ideellen Triebkräfte entwickelt und ausgenutzt werden. Dazu gehören u. a. die Faktoren der Einwirkung auf das Bewußtsein der Menschen, die öffentliche Stellung, die Förderung der Berufs- und Betriebstreue, der Pflichterfüllung, der Berufsehre sowie der Gesamtkomplex der Produktionsästhetik."[3]

Soziologische und sozialpsychologische Fragestellungen sind hierbei direkt formuliert. Damit werden Probleme des Prestiges, der Fluktuation und der Bildung von Stammbelegschaften, des Betriebsklimas als ideologischen Ausdruck gegebener ökonomischer Verhaltensstrukturen unterschiedlicher Personengruppen zum unmittelbaren Forschungsgegenstand für die Soziologie erklärt.

Daraus resultiert ein für die ökonomische Praxis sehr wichtiges theoretisches Problem. Alle gruppentypischen Verhaltensweisen, soweit sie gegeben sind oder stimuliert werden sollen und sich aus der Anwendung des in sich geschlossenen Systems ökonomischer Hebel und moralischer Stimuli ergeben, münden letztlich in die Frage: Wie wird durch die wissenschaftliche Leitungstätigkeit eine weitgehende Übereinstimmung von individuellen und gesamtgesellschaftlichen Interessen erzielt?

Letzten Endes sind in der Problematik der ständigen Herstellung der Übereinstimmung von individuellen und gesamtgesellschaftlichen Interessen alle konkreten Einzelprobleme enthalten: die Wirkung von neuen Lohnformen und Prämien-

[2] Richtlinien für das neue ökonomische System der Planung und Leitung der Volkswirtschaft, Dietz Verlag, Berlin 1963, S. 49.

[3] Ebenda, S. 52.

systemen; die Gestaltung der ökonomischen Hebel überhaupt und deren gewollte und nicht gewollte, vorgesehene und unvorgesehene Wirkungen; leistungsabhängige Gehälter für leitende Kader; der Zusammenhang der Gestaltung des Arbeitsplatzes oder des Fertigungsdurchlaufes mit deren ökonomischem Ergebnis; der Zusammenhang ökonomischer Stimuli mit der Fluktuation der Beschäftigten, der wirtschaftlichen Rechnungsführung mit der Risikobereitschaft der Leiter usw.

Aus den bisherigen Ausführungen wird deutlich, daß es keine Reduktion entweder auf individuelle oder auf gesellschaftliche Interessen gibt, sondern daß sich zwischen beiden die Gruppeninteressen befinden und einschieben, und zwar Gruppeninteressen ganz verschiedener Art und Qualität. Somit hat es die soziologische Verhaltensforschung zu tun:

1. mit individuellen Interessen der einzelnen Werktätigen,
2. mit kollektiven Gruppeninteressen der Arbeitsgruppen und Kollektive, der Beschäftigtengruppen (einschließlich der Leitungskräfte) oder auch der einzelnen Betriebe und VVB,
3. mit gesellschaftlichen Interessen (also kollektiven Interessen höheren Grades), die sich in das volkswirtschaftliche Gesamtinteresse einfügen.

Der mögliche oder tatsächliche neuralgische Punkt im Verhältnis zwischen individuellen und gesellschaftlichen Interessen liegt in der Regel im Spannungsfeld der Gruppeninteressen. Denn:

1. werden individuelle Interessen auf die Dauer nur als Gruppeninteressen gesellschaftlich wirksam und
2. setzen sich gesamtgesellschaftliche Interessen tendenziell als erreichte Übereinstimmung von verschiedenen Gruppeninteressen durch.

Von der Art der Gruppeninteressen und der daraus entspringenden gruppentypischen Verhaltensweisen hängt es jeweils ab, ob sie als Bindeglied zwischen individuellen und gesamtgesellschaftlichen Interessen fungieren oder sich trennend zwischen beiden auftürmen. Diese Tatsache negativ zu bewerten, ohne sie gründlich untersucht zu haben, ist falsch, denn

1. entspringen diese Verhaltensformen der Gruppenstruktur der Gesellschaft, und zwar in einem bestimmten Durchgangspunkt ihrer Entwicklung, und außerdem ist diese Struktur durch den Vergesellschaftungsprozeß der Produktion und der Kooperation der Arbeit objektiv gesetzt;
2. fördert die sozialistische Gesellschaftsordnung ganz bewußt die Entwicklung von bestimmten Gruppeninteressen und kollektiven Verhaltensweisen wie zum Beispiel die sozialistische Gemeinschaftsarbeit, kollektive Lohnformen und Prämiensysteme, das kulturelle Gemeinschaftsleben, weil nur über eine prozeßgesteuerte Kontinuität von individuellen, Gruppen- und gesamtgesellschaftlichen Interessen und Verhaltensweisen die Übereinstimmung zwischen individuellen und gesellschaftlichen hergestellt werden kann.

Für die Soziologie bedeutet das, die Gruppeninteressen und Gruppenverhaltensweisen nicht als bedeutungslose Übergangsstufe anzusehen oder gar zu ignorieren, sondern sie im Zusammenhang mit der gesamten ökonomisch-soziologischen Gruppenproblematik – sowohl bezüglich ihrer Strukturlinien als auch ihrer Verhaltensweisen – in den Mittelpunkt der Untersuchungen zu stellen. Deshalb kann die Soziologie letzten Endes als die Disziplin von den Gesetzmäßigkeiten der Verhaltensweisen sozialer Gruppen aufgefaßt werden.

Neben den individuellen Verhaltensweisen und solchen, die das Leben und die Aktivität von Mikro-Gruppen normieren, gibt es Verhaltensformen, in denen sich die grundlegenden rationalen und emotionalen Einstellungen von Individuen und Gruppen innerhalb eines Betriebes und mitunter darüber hinaus eines Industriezweiges subsumieren. Diese Subsumtion ergibt eine neue Qualität von Gesamtverhalten, die auf die Einzelverhalten zurückwirkt und einen bestimmenden Einfluß nimmt auf die Stellung der Mitglieder der gesellschaftlichen Kooperation zur strukturellen Organisation oder zu einzelnen Grundentwicklungsrichtungen und auf Formen der Technologie, der Ökonomik, der materiellen und moralischen Interessiertheit usw.

Während die speziellen Gesamtverhaltensweisen, wie die zur Automatisierung oder zur Selbstkostensenkung, zur Arbeitsnormung usw. relativ abgegrenzt, wenn auch in sich widersprüchlich sind, ist das Gesamtverhalten zur strukturellen Organisation zwar sehr vielschichtig, aber in seiner Tendenz einheitlich. Für die industriesoziologische Verhaltensforschung ist eine solche Gesamtverhaltensweise wie das Betriebsklima eine bestimmte Kategorie.

Das Betriebsklima stellt die Gesamtheit der Grundeinstellungen und -gefühle der gesamten Belegschaft zu ihrer strukturellen Organisation dar, d. h. zum Betrieb und seinen Problemen. Die Kompliziertheit dieser Verhaltensweise besteht darin, daß sie die ideelle Reflexion auf die mittelbare betriebliche Realität ist. Darin liegt aber auch andererseits die Möglichkeit ihrer Gestaltung. Die objektiven Faktoren, die das Betriebsklima bestimmen, also die individuellen und mikrogruppentypischen Verhaltensweisen auslösen, sind:

1. das Niveau der Produktivkräfte des Betriebes: der Grad der Qualifikation der Arbeitskräfte, der Entwicklungsstand der Produktionsinstrumente, die Qualität des Materials usw.;
2. die technologisch bestimmten Arbeitsbedingungen wie die physische und psychische Schwere der Arbeit, der Monotoniegehalt der Arbeit, der Schichtbetrieb;
3. die Umweltbedingungen, unter denen sich die Arbeit vollzieht (Lärm, Schmutz, Licht, Farbe usw.);
4. die Größe des Betriebes, der Betriebszweck, die Stellung des Betriebes im Industriezweig und der Volkswirtschaft, der Standort des Betriebes usw.;
5. der Entwicklungsstand und die Form der staatlichen und gesellschaftlichen Leitungstätigkeit im Betrieb und damit zusammenhängend der Grad der faktischen Mitbestimmung der Betriebsangehörigen;
6. die ökonomische und vor allem technologische Zweckmäßigkeit des Entlohnungs- und Prämiensystems;
7. die sozialen Einrichtungen und Leistungen des Betriebes oder des Industriezweiges;

8. die Einflüsse, die von außerhalb auf das Betriebsgeschehen oder auf die Betriebsangehörigen einwirken (staatliche, familiäre, weltanschauliche Einflüsse) und
9. die Persönlichkeitsausbildung und -struktur der Vorgesetzten und der Kollegen.

Diese Faktoren subjektivieren sich für die einzelnen Betriebsangehörigen, bilden sich als rationale und emotionale Reflexionen der Individuen aus und stabilisieren individuelle und gruppentypische Verhaltenselemente. Solche Elemente sind die Einstellung der einzelnen und der Gruppen zur Arbeit, zur Qualifizierung, zum Lohn- und Prämiensystem, zur betrieblichen Information, zu den Vorgesetzten und Kollegen, zur Arbeit der gesellschaftlichen Organisationen und letzten Endes die Einstellung des einzelnen und der Gruppen zum Betrieb. Sie werden zu Elementen des Betriebsklimas, bilden als solche eine neue Gesamtheit, die, objektiviert, ihrerseits jetzt die Handlungen und Verhaltensweisen der einzelnen und der Gruppen bestimmt. Die Gesamtverhaltensweise *Betriebsklima* ist zu einer Form gesellschaftlichen Bewußtseins im Betrieb und oft auch darüber hinaus geworden. Das Betriebsklima verändert sich, wie alle Bewußtseinsformen, mit der Realität im Betrieb, also mit Veränderung der Faktoren.

Bei der Untersuchung des Betriebsklimas werden meist zuerst die Verhaltenselemente erfaßt, es kommt aber darauf an, sie auf die auslösenden Faktoren zurückzuführen, soll die Gesamteinstellung der Beteiligten zum Betrieb verändert werden.

V. Die Kombination von technologischer, ökonomischer und sozialer Kooperation in der Leitungspraxis

Die auf der 5. Tagung des ZK der SED im Jahre 1964 geforderte Entwicklung der Lehre von der sozialistischen Wirtschaftsführung beinhaltet komplexe Aufgabenstellungen für die ökonomischen und Naturwissenschaften, insbesondere für den humanwissenschaftlichen Bereich, für die technischen Wissenschaften, speziell aber auch für die Arbeits- und Sozialpsychologie und die Soziologie. Für die Soziologie ist dabei zwischen den relativ selbständigen und in sich geschlossenen Bereichen – wie sie oben kurz erläutert sind – und solchen zu unterscheiden, in denen sie, in direkter Zusammenarbeit mit anderen Fachwissenschaftlern, auf einzelnen Gebieten ihre spezifisch soziologischen Aspekte herauszuarbeiten und zu lösen hat. Die gegenwärtige Diskussion über die Wege zur Rationalisierung der Leitungsarbeit, über die Arbeitszeitbilanzen der Betriebsdirektoren und anderer leitender Kader, über Qualitätsmaßstäbe für die Leitungsarbeit auf den verschiedenen Stufen der Betriebspyramide und über Qualifizierungsmethoden für die Leiter – nicht nur vor, sondern vor allem in ihrer Leitungstätigkeit – sind ebenso Beispiele dafür wie die Auseinandersetzung über die Informationsproblematik einschließlich des Informationsproblems in der Führungstätigkeit.

Die Aufgaben der Industriesoziologie liegen dabei auf zwei Ebenen, die ein unterschiedliches Herangehen an die Analysen und Lösungen erfordern:

1. die wissenschaftliche Analyse der sozialen Kooperation für die Leitungstätigkeit und

2. die Mitwirkung bei der Untersuchung und optimalen Gestaltung des Verhältnisses von technologischer, ökonomischer und sozialer Kooperation in der Leitungstätigkeit selbst.

Die soziologische Arbeit auf der zweiten Ebene kann nicht nur die soziale mit der technologischen und ökonomischen Kooperation zusammenfügen, sondern sie bringt durch die Wechselwirkung zwischen den Kooperationsformen neue Problemstellungen auch für die Soziologie mit sich.

Die Untersuchung und Gestaltung des betrieblichen Informationssystems ist als ein aktuelles wirtschaftspolitisches Problem hierfür ein Beispiel. Es hat unmittelbar statistische, mathematisch-kybernetische, erkenntnistheoretische, betriebsökonomische, semiotische und vor allem auch soziologische und sozialpsychologische Aspekte, die als solche herausgearbeitet und schließlich in Zusammenarbeit mit den anderen Disziplinen gelöst werden müssen. Ausgehend von den bereits erörterten Gesichtspunkten, ist die Informationsproblematik für die Soziologie vor allem aus zwei Gesichtspunkten von Interesse:

1. hinsichtlich der Erfassung und Analyse der verschiedenen Kommunikationshindernisse, die sich aus der sozialen Kooperation und der daraus resultierenden Gruppenstrukturen ergeben und
2. hinsichtlich der Analyse solcher Hindernisse, die auf den Schwierigkeiten innerhalb der Kombination von technologischer, ökonomischer und sozialer Kooperation überhaupt beruhen.

Dementsprechend können ganz grob auch zwei Arten von Kommunikationshindernissen unterschieden werden:

1. Informationshindernisse, die allein aus der sozialen Kooperation und
2. Informationshindernisse, die aus der Kombination aller Faktoren der gesamten Kooperation resultieren.

Um dies zu verdeutlichen, sollen einige Kommunikationshindernisse angeführt werden: der Mangel an Vertrauen, das Befürchten der Kritik, das Bestreben, sich durch Geheimhaltung von Informationen Pseudoautorität zu verschaffen, das Befürchten von Indiskretionen, die Unfähigkeit zuzuhören, mangelnder allgemeiner und/oder fachlicher Bildungsgrad, Formulierungsschwierigkeiten. Die Kommunikationshindernisse ergeben sich aus den konkreten Bedingungen in der Gestaltung der sozialen Kooperation und sind daher soziologischer Problematik. Demgegenüber sind solche Momente nicht vorwiegend soziologisch determiniert wie die Unkenntnis vorhandener Informationsquellen, der Zeitmangel aus Überlastung oder organisatorischem Unvermögen, die häufige Abwesenheit der Leiter und die ungenügend ausgebaute Stellvertretung, die mangelnden Aufgaben- und Kompetenzabgrenzungen, zu lange oder fehlende Informationswege, das Vorhandensein neuralgischer Punkte im Informationssystem, die mangelnde Abklärung der Informationsbedürfnisse, die Unklarheit über die Zielsetzung und die wirtschaftliche Situation des Betriebes und der VVB. Sie ergeben sich aus Störungen im Wechselverhältnis von ökonomischer, technologischer und sozialer Kooperation. Sie enthalten jedoch soziologische Aspekte und erfordern zu ihrer Lösung das Zusammenwirken aller beteiligten Fachwissenschaftler, also auch der Mitarbeit der Soziologen.

Über die Berechtigung dieses oder jenes Punktes, über die Hinzuziehung weiterer Aspekte und über die Rangfolge und die gegenseitigen Beziehungen der einzelnen Faktoren kann man durchaus unterschiedlicher Meinung sein. Die gefestigte wissenschaftliche Abklärung dieser Fragen setzt noch viele intensive Felduntersuchungen in der Praxis, also in der Industrie, voraus.

Die Feststellung der Informationsbedürfnisse, die Methoden der Informationsbeschaffung und -verteilung, die Festlegung der Informationswege, -mittel und -zeiten, die Sicherung der richtigen Übermittlung, die Wirksamkeit von Informationen und in diesem Zusammenhang das Verhältnis von Gruppen- und Kommunikationsstruktur, die Überlagerung von unterschiedlichen Kommunikationsmustern und von formeller und informeller Kommunikationsstruktur (analog der entsprechenden Gruppenstrukturierungen), die Beziehungen zwischen Kommunikations-, Informations- und Leitungsstruktur u. ä. enthalten, wenn auch in unterschiedlichem Maße und auf verschiedene Weise, eine unmittelbar soziologische Problematik.

Ohne das gewählte Beispiel im einzelnen weiter zu erörtern, können zwei Feststellungen getroffen werden:

1. Die Informationsproblematik zeigt die Vielschichtigkeit aller einzelnen Leitungsprobleme. Sie sind nicht mit Einzelmaßnahmen zu bewältigen, sondern erfordern umfassende Analysen. Die skizzierte Untersuchungsfolge der unterschiedlichen Gruppen-, Kommunikations- und Verhaltensstrukturen ist in der Regel die Voraussetzung und die Grundlage für alle Detailuntersuchungen, Erörterungen und Maßnahmen über Veränderungen in der Leitungs- und Informationsstruktur, um so mehr als diese nur ein Teilkomplex der industriellen Leitungsorganisation ist. Das schließt jedoch gezielte, praxisnahe und kurzbefristete Arbeiten und Untersuchungen zu speziellen Einzelproblemen, zum Beispiel bei rasch zu verändernden ökonomischen Detailsituationen, nicht aus. Eine systematische wissenschaftliche Erarbeitung des soziologischen Bestandteils der Lehre von der sozialistischen Wirtschaftsführung erfordert jedoch, die skizzierte Folge von Ursachen und Wirkungen zu untersuchen, d. h. soziologische Grundlagenforschung zu betreiben. Nur so kann man den notwendigen Vorlauf für die Zweckforschung bekommen, und nur so läßt sich die kurzbefristete Zweckforschung für die unmittelbare Industriepraxis zugleich auch konzeptionell steuern.
2. Die Hervorhebung der beiden unterschiedlichen Ebenen für die industriesoziologische Forschung,

   a) der sozialen Kooperation,

   b) der Kombination von technologischer, ökonomischer und sozialer Kooperation,

   ist für die weitere Arbeit erforderlich, da beide Ebenen ein relativ gesondertes Herangehen erfordern. Am Beispiel der Kommunikationshindernisse wurde dies deutlich.

Die vorstehenden Ausführungen sind als Versuch aufzufassen, die ersten und notwendigsten Grundprobleme für die theoretische Fundierung der industriesoziologischen Forschung zu umreißen. In der Soziologie ist es, wie in allen anderen

Disziplinen, erforderlich, einen Vorlauf an Wissen um die gesetzmäßigen Zusammenhänge zu schaffen, sollen die Einzeluntersuchungen nicht an der Oberfläche der Vorgänge bleiben. Es kann nicht die Aufgabe der Industriesoziologie sein, Normative oder gar Tageseffekte zu liefern. Eine solche Auffassung von der soziologischen Arbeit schadet der Praxis weit mehr, als sie überhaupt nutzen kann. Eine derartige Arbeitsweise fördern hieße, auf die eigentliche Aufgabe der Industriesoziologie, die soziale Kooperation in der Wirtschaft optimal zu gestalten, von vornherein verzichten.

Rudi Gündel, Horst Heininger, Kurt Zieschang

ZU PROBLEMEN DES STAATSMONOPOLISTISCHEN FUNKTIONSMECHANISMUS

An unserem Institut erforscht eine Arbeitsgruppe die Durchsetzung des Krisengesetzes im modernen Kapitalismus. Sie untersucht dieses Thema, besonders am Beispiel Westdeutschlands, von verschiedenen Seiten. Es werden Probleme der Entwicklung der Produktivkräfte, der Rüstung, des Geld-, Kredit- und Finanzsystems, der Landwirtschaft, des Gemeinsamen Marktes, der Außenwirtschaftsbeziehungen und andere Fragen in Einzeluntersuchungen behandelt.

Jedes Gebiet enthält dabei vielfältige und oftmals sehr spezielle Probleme. Gleichzeitig werden jedoch alle diese Einzelprozesse von den Grundzusammenhängen des modernen Kapitalismus, von dem heutigen staatsmonopolistischen System, dessen Inhalt und den sich daraus ableitenden allgemeinen Zusammenhängen bestimmt oder maßgeblich beeinflußt. Deshalb sind diese allgemeinen Zusammenhänge, ganz gleich, welches Gebiet oder welche Spezialfrage untersucht wird, für die Forschung von großer Bedeutung. Sie geben uns nicht nur die richtige Position für die Erforschung der einzelnen Probleme, sondern bilden gleichzeitig den theoretischen Ansatzpunkt für die konkrete Erforschung aller einzelnen Fragen und Prozesse des heutigen Kapitalismus, die selbst nur konkrete Erscheinungsformen dieser allgemeinen Zusammenhänge sind.

Deshalb kommt es bei der Forschung auf dem Gebiet des modernen Kapitalismus nicht nur darauf an, tiefer und konkreter in die einzelnen Probleme einzudringen, sondern man muß gleichzeitig bemüht sein, die theoretischen Grundprobleme weiter auszuarbeiten, sie aus den vielfältigen Forschungsergebnissen zu verallgemeinern. Wir wollen unsere Auffassung zu einigen dieser allgemeinen Zusammenhänge darlegen.

Um die Problematik des modernen Kapitalismus richtig zu erfassen und zu gültigen Schlußfolgerungen zu gelangen, ist die Anerkennung des objektiven Charakters des staatsmonopolistischen Kapitalismus eine wichtige Voraussetzung. Es handelt sich bei ihm nicht nur um eine bestimmte Politik des imperialistischen Staates oder nur um subjektive Bestrebungen der Monopole, sondern um ein gesetzmäßiges Produkt der Entwicklung des Kapitalismus. Da hierüber anscheinend unter den Politökonomen unserer Republik Einmütigkeit herrscht, wollen wir uns hierzu kurz fassen.

Lenin charakterisierte den Imperialismus als sterbenden Kapitalismus, als den Vorabend der proletarischen Revolution. Seine ökonomische Grundlage und sein Wesen ist das Monopol, das gesetzmäßige Produkt des kapitalistischen Akkumulationsprozesses auf einer hohen Stufe der Konzentration der Produktion und der Konzentration und Zentralisation des Kapitals. Das Monopol, aus der freien Konkurrenz entstanden, negiert diese und stellt eine neue Qualität in den kapitalistischen Produktionsverhältnissen dar. Diese entspricht einer höheren Stufe der Vergesellschaftung von Arbeit und Produktion auf der Basis der kapitalistischen Ausbeutung und gibt ihrerseits der Vergesellschaftung einen weiteren Auftrieb. Der Prozeß der Kapitalakkumulation erhält durch das Monopol neue Entfaltungsmöglichkeiten, wodurch eine weitere rasche Entwicklung der Produktivkräfte eintritt. Deren gesellschaftlicher Charakter wird immer ausgeprägter und sie geraten folglich in immer stärkeren Widerspruch zu den durch die kapitalistische Aneignung charakterisierten Produktionsverhältnissen.

Das Monopol, das somit eine kapitalistische Anpassung der Produktionsverhältnisse an die gesellschaftlichen Produktivkräfte darstellt, verstärkt gleichzeitig notwendigerweise den Konflikt zwischen Produktivkräften und Produktionsverhältnissen, da es der hohen Stufe der Vergesellschaftung der Produktion nicht die gesellschaftliche Aneignung, sondern im Gegenteil das Eigentum einer immer kleineren Gruppe von Monopoleigentümern, der Finanzoligarchie, gegenüberstellt. Der grundlegende Konflikt bleibt bestehen und verstärkt sich. Seine Lösung liegt einzig und allein im Sozialismus. Der Kapitalismus hat seine historische Aufgabe erfüllt, er hat die Produktivkräfte hervorgebracht, die den Sozialismus/Kommunimus fordern.

Die neue Epoche wurde durch die Große Sozialistische Oktoberrevolution eingeleitet; es begann die allgemeine Krise des kapitalistischen Systems. Im Ergebnis des zweiten Weltkrieges entstand das sozialistische Weltsystem, das gegenwärtig bereits ein Drittel der Menschheit umfaßt. Der nationale Befreiungskampf in den kolonialen und abhängigen Ländern hat, gestützt auf die moralische, politische, ökonomische und militärische Hilfe der sozialistischen Länder, auf das Beispiel des erfolgreichen sozialistischen Aufbaus und auf den revolutionären Kampf des Proletariats in den kapitalistischen Ländern, den Zusammenbruch des imperialistischen Kolonialsystems eingeleitet. Die Mehrzahl dieser Länder hat sich bereits politisch befreit, und viele von ihnen beschreiten den nichtkapitalistischen Weg, der letztlich in den Weg des sozialistischen Aufbaus einmündet.

Gleichzeitig verbleibt noch ein großer Teil der Menschheit unter kapitalistischer Herrschaft, unter der Herrschaft einer kleinen Zahl von hochentwickelten monopolkapitalistischen Staaten. In diesen drängen alle Widersprüche zu einer revolutionären Lösung: der Widerspruch zwischen der immer stärkeren Entwicklung der Vergesellschaftung der Produktion und den auf Monopoleigentum beruhenden Produktionsverhältnissen; der Widerspruch zwischen Kapitalismus und Sozialismus im Weltmaßstab, der in unserer Epoche immer mehr alle gesellschaftlichen Prozesse bestimmt; der Widerspruch zwischen den Verwertungsbedürfnissen des Monopolkapitals und dem zusammenbrechenden Kolonialmonopol. In unserer Zeit, da das sozialistische Weltsystem besteht und in wachsendem Maße die Geschicke der

Menschheit beeinflußt, ist die reale Möglichkeit entstanden, auch bei Bestehen des Imperialismus den Frieden zu erhalten. Die Imperialisten können daher den Krieg als eines ihrer klassischen Mittel zur vorübergehenden Lösung der Widersprüche des kapitalistischen Systems kaum noch benutzen, obwohl die Vorbereitung von Kriegen nach wie vor ökonomisch und politisch eine große Rolle spielt und die Kriegsgefahr keinesfalls beseitigt ist.

Die endgültige, d. h. revolutionäre Lösung der kapitalistischen Widersprüche hängt natürlich ab vom Grad der Organisiertheit und Bewußtheit der Arbeiterklasse und der übrigen Werktätigen in den kapitalistischen Ländern, von der Entwicklung des nationalen Befreiungskampfes auf politischem und ökonomischem Gebiet in den ehemaligen Kolonien und abhängigen Ländern und vor allem vom Ausgang des ökonomischen Wettbewerbs zwischen den sozialistischen und kapitalistischen Weltsystemen.

Aber noch besteht der Kapitalismus, und die Entwicklung kommt auch in den kapitalistischen Ländern nicht zum Stillstand. Der Akkumulationsprozeß schreitet fort, wenn auch ungleichmäßig und durch Rückschläge unterbrochen. In den kapitalistischen Ländern unterliegen die Produktivkräfte gerade gegenwärtig einer wissenschaftlich-technischen Revolution, die Konzentration und Zentralisation machen gewaltige Fortschritte, die Monopole werden mächtiger und beherrschen die kapitalistische Welt. Auch unter den Bedingungen der kapitalistischen Ausbeutungsverhältnisse verlangen diese Prozesse eine – wenn auch sich auf widerspruchsvoller Basis vollziehende – Lösung der Konflikte auf der Seite der Produktionsverhältnisse, eine – wenn auch kapitalistische – Antwort auf die Widersprüche, vor die sich die kapitalistische Welt gestellt sieht. Diese kapitalistische Antwort auf die grundlegenden Widersprüche unserer Zeit ist der staatsmonopolistische Kapitalismus.

Wir wollen in den weiteren Darlegungen das Schwergewicht auf das ökonomische Wesen des staatsmonopolistischen Kapitalismus legen, auf den *grundlegenden Konflikt im Kapitalverhältnis selbst*, der den Übergang zum staatsmonopolistischen Kapitalismus objektiv notwendig macht, und auf den *ökonomisch-theoretischen Inhalt der staatsmonopolistischen Regulierung*.

Es wird dabei stets von uns vorausgesetzt, daß die jeweilige historische Gestalt des staatsmonopolistischen Kapitalismus durch die konkreten Entwicklungsbedingungen des Kapitalismus geprägt wird, der heutige staatsmonopolistische Kapitalismus also Resultat der Verhältnisse ist, die sich in der zweiten und dritten Etappe der allgemeinen Krise des kapitalistischen Systems herausgebildet haben.

Wenn wir davon ausgehen, daß der staatsmonopolistische Kapitalismus, wie einleitend festgestellt wurde, ein Produkt der allgemeinen Gesetzmäßigkeiten des Kapitalismus ist, so bedeutet das, daß die Entfaltung der inneren Widersprüche des Kapitalismus zu ihm führen muß. Einer der grundlegenden Konflikte besteht darin, daß der Zweck der kapitalistischen Produktion, der Profit, ständig mit den Methoden seiner Gewinnung in Widerspruch geraten muß.

Die Entwicklung der Produktivkräfte führt unter kapitalistischen Bedingungen zum Steigen der organischen Zusammensetzung des Kapitals, zur „fortschreitenden relativen Abnahme des variablen Kapitals im Verhältnis zum konstanten"[1], woraus sich zwangsläufig der tendenzielle Fall der Profitrate ergibt.

Hierunter versteht Marx, daß das Kapital in *seiner historischen Entwicklung* durch den ihm auferlegten Zwang zur Akkumulation immer größere Schranken für seine eigene Selbstverwertung errichtet. Die dem Fall der Profitrate entgegenwirkenden Ursachen (vor allem die Erhöhung des Ausbeutungsgrades der Arbeit) heben dieses Gesetz nicht auf, sondern geben „ihm nur den Charakter einer Tendenz".[2] Marx bezeichnet diesen Zusammenhang als das „Mysterium . . ., um dessen Lösung sich die ganze politische Ökonomie seit Adam Smith dreht"[3], und stellt fest: „Es ist dies in jeder Beziehung das wichtigste Gesetz der modernen politischen Ökonomie und das wesentlichste, um die schwierigsten Verhältnisse zu verstehen. Es ist vom historischen Standpunkt aus das wichtigste Gesetz."[4]

Zugleich zeigt Marx, wie mit dem Fortschreiten des Akkumulationsprozesses die Masse des angewandten Kapitals wächst, wie das Kapital das Absinken der Profitrate durch eine Vergrößerung der Profitmasse zu kompensieren sucht. Hierdurch wird jedoch letztlich der Prozeß steigender organischer Zusammensetzung des Kapitals und fallender Tendenz der Profitrate nur weiter in Bewegung gesetzt.

Daraus abgeleitet ergibt sich, daß in Verbindung mit wachsender Akkumulation mit der größeren Stufenleiter der Produktion zugleich die zu realisierende Warenmasse immer mehr zunimmt. Marx schreibt:

„Der Markt muß daher beständig ausgedehnt werden, so daß seine Zusammenhänge und die sie regelnden Bedingungen immer mehr die Gestalt eines von den Produzenten unabhängigen Naturgesetzes annehmen, immer unkontrollierbarer werden. Der innere Widerspruch sucht sich auszugleichen durch Ausdehnung des äußeren Feldes der Produktion. Je mehr sich aber die Produktivkraft entwickelt, um so mehr gerät sie in Widerstreit mit der engen Basis, worauf die Konsumtionsverhältnisse beruhen."[5]

Auch diese Schwierigkeiten der Realisierung, mit der sich erst die Verwertung des Kapitals vollendet, müssen in der Tendenz, mit der historischen Entwicklung des Kapitalismus anwachsen (Verschärfung des Marktproblems).

So betrachtet, sind diese inneren Widersprüche der Kapitalverwertung nur ein Ausdruck des antagonistischen Verhältnisses zwischen Produktivkräften und Produktionsverhältnissen unter kapitalistischen Bedingungen. Sie zeigen, „daß die durch das Kapital selbst in seiner historischen Entwicklung herbeigeführte Entwicklung der Produktivkräfte, auf einem gewissen Punkt angelangt, die Selbstverwertung des Kapitals aufhebt, statt sie zu setzen."[6]

[1] *Karl Marx*, Das Kapital, 3. Bd. In: *Karl Marx, Friedrich Engels*, Werke, Band 25, Dietz Verlag, Berlin 1964, S. 222.

[2] Ebenda, S. 242.

[3] Ebenda, S. 223.

[4] *Karl Marx*, Grundrisse der Kritik der politischen Ökonomie, Dietz Verlag, Berlin 1953, S. 634.

[5] *Karl Marx*, Das Kapital, a. a. O., S. 255.

[6] *Karl Marx*, Grundrisse . . ., a. a. O., S. 635.

In diesen Grundzusammenhängen stellen sich die von Marx entdeckten und unter den Bedingungen des vormonopolistischen Kapitalismus untersuchten Entwicklungstendenzen und inneren Widersprüche des kapitalistischen Systems dar. Ihren Ausdruck und zugleich ihre zeitweilige Lösung finden diese Widersprüche bekanntlich vor allem in den Krisen, um sich danach jedoch auf erweiterter Stufenleiter zu reproduzieren und damit zu einer immer stärkeren Fessel der Kapitalakkumulation zu werden.

Marx zieht daraus bekanntlich keine Schlußfolgerungen im Sinne einer Zusammenbruchstheorie, sondern er weist darauf hin, daß das Kapital nach Möglichkeiten sucht, den Bannkreis der sinkenden Profitrate zu durchbrechen. Diese findet es auf der Basis der zunehmenden Konzentration und Zentralisation von Produktion und Kapital in der „Form von Gesellschaftskapital ... im Gegensatz zum Privatkapital, ... als Gesellschaftsunternehmungen im Gegensatz zu Privatunternehmungen."[7] Die Bildung von Aktiengesellschaften stellte ein solches Mittel dar, um über neue Formen der Kapitalmobilisierung zusätzliche Möglichkeiten der Kapitalverwertung zu sichern. Hierdurch wurde der Prozeß der Konzentration und Zentralisation ungeheuer verstärkt und der Übergang zum Monopolkapitalismus, zur Herausbildung und Entwicklung der Monopole, beschleunigt.

Mit der Herausbildung der Monopole aber kommt ein qualitativ neues Moment zu den Bedingungen der Kapitalverwertung: Gewalt, Beherrschung; Macht. Allein schon auf Grund ihrer beherrschenden Stellung in der Produktion und auf dem Markt können sich die Monopole Profitquellen erschließen, die weit über den in ihren Betrieben erzeugten Mehrwert hinausgehen. Es entsteht der Monopolprofit, der nicht mehr durch das ungehinderte Wirken des kapitalistischen Preis- und Profitmechanismus erzielt wird.

Den Monopolen erwachsen zusätzliche Profitmöglichkeiten, um den aus der steigenden organischen Zusammensetzung des Kapitals resultierenden tendenziellen Fall der Profitrate zu kompensieren. Die Realisierung dieser Profite wird zum unabdingbaren Bestandteil der Kapitalverwertung. Hieran zeigt sich, daß der von Marx am Gesetz vom tendenziellen Fall der Profitrate gezeigte Zusammenhang zwischen der Entwicklung der Produktivkräfte und den wachsenden Schranken der Kapitalverwertung weiterhin wirkt und auch in der weiteren historischen Entwicklung des Kapitals nicht aufgehoben werden kann. Dieser Zusammenhang ergibt sich aus dem inneren Wesen des Kapitals, ihm entgegen wirkt das Monopol.

Der amerikanische Ökonom J. M. Gillman kommt in seiner ausführlichen Untersuchung über die Entwicklung der organischen Zusammensetzung des Kapitals und der Profitrate in der amerikanischen verarbeitenden Industrie während der Epoche des Imperialismus zu der Schlußfolgerung, daß das Marxsche Gesetz vom tendenziellen Fall der Profitrate höchstens in der Anfangsperiode des Imperialismus wirksam gewesen sei.[8] Dabei deutet er gleichzeitig an, daß er die Wirkung dieses Gesetzes ohnehin nur für eine abstrakte Annahme von Marx hält.

[7] *Karl Marx*, Das Kapital, a. a. O., S. 452.

[8] *J. M. Gillman*, The Falling Rate of Profit. Marx's Law and Its Significance to Twentieth-Century Capitalism, New York 1958.

Er stützt sich hierbei auf eigene Berechnungen der organischen Zusammensetzung des Kapitals, die ab 1919 eine Stagnation oder ein Absinken der organischen Zusammensetzung ausweisen. Die Erklärung für diese Feststellungen ist jedoch einfach darin zu finden, daß Gillman bei seinen Berechnungen theoretisch-methodologische Fehler unterlaufen. In einem Modell faßt er als organische Zusammensetzung nur das Verhältnis des fixen Kapitals zum variablen Kapital, und im anderen Modell sollen fixes Kapital und Vorratsveränderung im Verhältnis zum variablen Kapital die organische Zusammensetzung ausdrücken.[9] In beiden Fällen muß sich ein völlig entstelltes Bild von der Entwicklung der organischen Zusammensetzung des Kapitals ergeben.

So wenig Gillman den Marxschen Gedankengang vom tendenziellen Fall der Profitrate verstanden hat, so wenig berücksichtigt er die Veränderungen in der Profitkategorie unter Monopolbedingungen. Für ihn sind die Entwicklungstendenzen der organischen Zusammensetzung des Kapitals, verbunden mit der Feststellung einer steigenden Profitrate, untrügliche Anzeichen für den wachsenden Hang der kapitalistischen Produktionsweise zu einer „Verbrauchswirtschaft".[10]

Wygodski, Motyljew und andere sowjetische Ökonomen[11] weisen mit Recht die fehlerhaften Auffassungen und Berechnungen Gillmans zurück und gelangen in ihren Untersuchungen zu dem Ergebnis, daß sich die organische Zusammensetzung von 1889 bis 1939 um etwa 50 % und seitdem bis zum Ende der 50er Jahre nochmals um etwa 20 % erhöht hat. Dabei stoßen sie auf das Problem, daß trotz bedeutender Erhöhung der organischen Zusammensetzung die Profitrate nicht gefallen, sondern in der Tendenz angestiegen ist. Sie suchen die Erklärung hierfür *in erster Linie* in der gewaltigen Steigerung der Mehrwertrate innerhalb der Industrie, wenn sie auch weitere entgegenwirkende Ursachen (weitere Bestandteile des Monopolprofits) in die Betrachtung einbeziehen. Wygodski meint, das Marxsche Gesetz wirke auch im Imperialismus, es finde jedoch hier seinen Ausdruck im Zurückbleiben des Wachstums der Profitrate hinter dem Wachstum der Mehrwertrate.[12] Die faktische Schlußfolgerung lautet also: die von Marx als *eine* entgegenwirkende Ursache angeführte Erhöhung der Ausbeutung setze im Imperialismus das Gesetz außer Kraft. Die Verwertungsbedingungen würden sich demnach mit der fortschreitenden Akkumulation nicht verschlechtern.

Es sei zunächst bemerkt, daß die in zahlreichen marxistischen Untersuchungen beigebrachten Materialien tatsächlich den eindeutigen Schluß zulassen, daß sich die Ausbeutung in der Epoche des Imperialismus verstärkt hat. Natürlich kann, wie Marx schon bemerkte, eine steigende organische Zusammensetzung des Kapitals durchaus mit einer Erhöhung der Mehrwertrate einhergehen, ohne daß der Fall der

9 *J. M. Gillman*, a. a. O., Appendix 3, 4.

10 Ebenda, S. 159 f.

11 *W. E. Motyljew*, Das Finanzkapital und seine Organisationsformen, Moskau 1959 (russ.).
S. L. Wygodski, Grundriß einer Theorie des modernen Kapitalismus, Moskau 1961 (russ.).
A. G. Aganbegjan, Fragen der Theorie des Monopolpreises, Moskau 1961 (russ.).

12 *S. L. Wygodski*, Grundriß . . ., a. a. O., S. 158.

Profitrate aufgehalten wird – es sei denn, letztere stiege in der historischen Tendenz in einer rascheren Progression als die erstere. Aber das Wesen der Sache sieht Wygodski nicht. Seiner These liegt zudem eine irrige Annahme zugrunde.

Der von ihm für die amerikanische verarbeitende Industrie ermittelte *Profit* (Verkaufserlös minus Kostpreis) wird als der in diesem Zweig produzierte Mehrwert angesehen und dementsprechend in gleicher Höhe für die Berechnung der Mehrwertrate und der Profitrate eingesetzt. Wie wir sahen, ist aber ein solches Vorgehen für Bedingungen des monopolistischen Kapitalismus nicht zulässig, handelt es sich doch hierbei um eine neue Erscheinung, den Monopolprofit, der kraft der monopolistischen Herrschaftsformen wesentliche Profitbestandteile einschließt, die über den in dem Zweig produzierten Mehrwert weit hinausgehen. Man muß daher die Mehrwertrate als überhöht ansehen und auch bezweifeln, daß durch deren Steigerung der Fall der Profitrate kompensiert oder gar überkompensiert wird. Es sei nur noch hinzugefügt, daß der Fall der Profitrate selbst nach den ungenauen Angaben Wygodskis bis zum ersten Weltkrieg eindeutig festzustellen ist.

Offenbar ist also auch nach diesen empirischen Untersuchungen die Erhöhung der Mehrwertrate keine ausreichende Erklärung für die Steigerung der Profite des Monopolkapitals. Vielmehr müssen hierzu die bereits erwähnten weiteren Profitquellen herangezogen werden. *Der von Marx festgestellte innere Zusammenhang zwischen Akkumulation, steigender organischer Zusammensetzung und sinkender Profitrate verschwindet jedoch auch unter den Bedingungen des Monopolprofits nicht.* Mit dem Fortschreiten des Akkumulationsprozesses, der wachsenden Konzentration der Produktion, nimmt der Anteil des konstanten Kapitals weiter zu (und innerhalb des konstanten Kapitals dessen fixer Bestandteil). Der Akkumulationsprozeß erfordert einen immer größeren Kapitalaufwand, der aus dem Verwertungsprozeß innerhalb der eigenen Produktion allein immer weniger bestritten werden kann. Die Erweiterung der Ausbeutungsbedingungen *über diesen Verwertungsprozeß hinaus* wird daher in gleichem Maße zur Notwendigkeit des Monopolkapitals.

Mit den Monopolen und den hiermit verbundenen Veränderungen in den Eigentums- und Distributionsverhältnissen entstehen Anwendungsmöglichkeiten für die modernen Produktivkräfte. Aus einer hohen Stufe der Konzentration der Produktion hervorgegangen, bewirken die Monopole ein gewaltiges Fortschreiten der Vergesellschaftung der Produktion.

Der Übergang zum Monopolkapitalismus führt zur Untergrabung des Preis- und Profitmechanismus sowohl in seiner Wirkung über Marktwert und Marktpreis innerhalb der Zweige als auch in seiner Wirkung zur Ausgleichung der Profitraten zwischen den Zweigen. Die monopolistische Beherrschung einzelner Zweige und Wirtschaftsbereiche und die mit ihr verbundene „planmäßige" Organisation der Produktion, Aufteilung der Märkte usw. mußten bei Fortbestehen der freien Konkurrenz in den anderen Bereichen die Planlosigkeit insgesamt erhöhen, da die sich immer weiter ausdehnenden Marktbeziehungen nicht mehr durch einen ungehindert funktionierenden Mechanismus reguliert werden konnten. Zugleich mußte die mit der Herrschaft der Monopole verbundene Erweiterung und Vertiefung der Ausbeutung, die der Masse der Bevölkerung auferlegte Last, letztlich zu neuen Schwierigkeiten der Realisierung, zur Verschärfung des Marktproblems führen.

Die relative Verbesserung der Verwertungsbedingungen für das Monopolkapital geht darum mit der Entstehung neuer Widersprüche und Konflikte einher, die letztlich die Schranken dieser Verwertung verstärken. Ein Ausdruck dieser Tatsache ist, wie Lenin hervorhebt, die Tendenz zu Stagnation und Fäulnis, die ungeheure Zunahme des Parasitismus.

Mit der weiteren Vergesellschaftung der Produktion auf dieser antagonistischen Basis mußten sich diese Widersprüche vertiefen. Es verstärkte sich daher das Bestreben des Monopolkapitals, die Verwertungsbedingungen durch eine weitere Ausdehnung der Ausbeutungsprozesse und zusätzliche Möglichkeiten der Realisierung zu verbessern. Auf der Grundlage der weiteren Monopolisierung gewann allmählich der Einsatz des imperialistischen Staates als des umfassendsten Machtapparates zur Durchsetzung dieser Ziele an Bedeutung. In einem langen Entwicklungsprozeß bildeten sich allmählich einzelne Formen des staatsmonopolistischen Kapitalismus heraus.

Soweit es bisher zu übersehen ist, stellte zumindest für Deutschland die Rüstung schon vor dem ersten Weltkrieg einen Ansatzpunkt hierfür dar. Nach dem ersten Weltkrieg kamen andere Formen hinzu, die sowohl zur Förderung des Akkumulationsprozesses als auch zur Erschließung zusätzlicher Realisierungsmöglichkeiten angewendet wurden (beispielsweise das *New Deal* in den USA und andere Programme nach der Großen Krise). Hierbei handelte es sich jedoch jeweils nur um bestimmte Seiten oder vorübergehende „Programme", ohne daß es zu einem allgemeinen Übergang, zu einem ständig wirkenden System staatsmonopolistischer Eingriffe gekommen wäre (bis auf zwei Ausnahmen: die beiden Weltkriege).

In beiden Kriegen, in denen – für die beteiligten Mächtegruppierungen – Weltherrschaft oder drohender Untergang die Alternative bildete, schritt das Monopolkapital zur umfassenden Regulierung. In diesen Perioden offenbarte sich, daß die Vergesellschaftung der Produktion längst eine einheitliche Leitung auf sozialistischer Grundlage benötigte. Die Monopole waren gezwungen, *Formen* der Wirtschaftsführung in Anwendung zu bringen, die dieser Forderung wesentlich entsprachen, in ihrem Inhalt dagegen eine unverhüllte Diktatur des Finanzkapitals darstellten.

Seit dem zweiten Weltkrieg wurde nunmehr der staatsmonopolistische Kapitalismus in allen hochentwickelten kapitalistischen Ländern zur dominierenden Erscheinung.

Im folgenden wollen wir einige Gesichtspunkte vom Standpunkt dieses inneren Zusammenhanges anführen, die die unabdingbare Notwendigkeit des Überganges zum staatsmonopolistischen Kapitalismus verdeutlichen:

1. Besondere Bedeutung kommt der technischen Revolution zu, deren Durchsetzung einmal für die Kapitalverwertung und zugleich unter dem Druck des ökonomischen Wettbewerbs zwischen Kapitalismus und Sozialismus notwendig wurde. Sie führte zu Umwälzungen der Produktionsprozesse, wie sie der Imperialismus in seiner gesamten historischen Entwicklung noch nicht gekannt hat. Diese umfassen eine weitgehende Veränderung der Rohstoff- und Energie-

basis, die Chemisierung der Produktionsprozesse, die rasche Entwicklung der Elektronik, den Übergang zur Automatisierung in wesentlichen Bereichen der Grundstoff- und Verarbeitungsindustrie, die Einführung industriemäßiger Produktionsmethoden in der Landwirtschaft, im Verkehrswesen usw. Erstreckten sie sich zuerst vornehmlich auf die Bereiche der Rüstung, so haben sie indessen bereits unter dem Druck der internationalen Konkurrenz und des ökonomischen Wettbewerbs der beiden Weltsysteme auf die gesamte Wirtschaft übergegriffen.

Die technische Revolution bedeutet ein gewaltiges Fortschreiten der Vergesellschaftung der Produktion und der wissenschaftlichen Forschungen. Sie stellt damit Anforderungen an das Monopolkapital, die dessen Potenzen weit übersteigen und zwangsläufig in einen ständigen Einsatz des imperialistischen Staates zur Gewährleistung der Reproduktion des Kapitals überleiten müssen. Im folgenden wollen wir auf einige wichtige Aspekte dieses Problems hinweisen.

a) Wenn wir zunächst die Wirkung der technischen Umwälzungen auf die unmittelbaren Verwertungsbedingungen betrachten, so ergibt sich *allgemein* für die Monopole, daß sich die technische Zusammensetzung des Kapitals sprunghaft erhöht und auch die organische Zusammensetzung des Kapitals weiter zunimmt, wenn auch nicht im gleichen Maße. Hierbei verstärkt sich die Bedeutung des fixen Kapitalteils (vor allem der Maschinerie). Infolge des verschärften Konkurrenzkampfes erhöht sich die Bedeutung des moralischen Verschleißes. Innerhalb der Industrie (wenn auch mit Unterschieden in den einzelnen Zweigen) droht den Monopolen eine Entwertung wesentlicher Teile ihres Kapitals.

Der Kapitalaufwand, vor allem der Aufwand an fixem Kapital, nimmt bedeutend zu. Das Kapitalminimum für optimale Betriebsanlagen beträgt beispielsweise in der Walzindustrie das Fünf- bis Sechsfache, in anderen Zweigen sogar das Zehnfache gegenüber der Vorkriegszeit. Dabei wirkt als ein ständig an Bedeutung zunehmender Faktor die rasche Erhöhung der Forschungs- und Entwicklungskosten. Ihr Anteil an den Umsätzen solcher Industriezweige wie des Maschinenbaus, der chemischen Industrie, der Elektrotechnik beläuft sich in den USA und in Westdeutschland gegenwärtig auf etwa 5 Prozent. Unter den Bedingungen der technischen Revolution werden umfangreiche Forschungs- und Entwicklungsarbeiten zu einer unabdingbaren Voraussetzung für künftige Investitions- und Produktionsentscheidungen und damit für das Bestehen im Konkurrenzkampf. Es wird sogar zu einem wachsenden Erfordernis der Monopole, zur Sicherung eines Vorlaufs, Grundlagenforschung im naturwissenschaftlich-technischen Bereich zu betreiben. Einen bedeutenden Platz nimmt hierbei natürlich die militärische Forschungsarbeit ein.

Bereits an diesen Tatsachen zeigt sich, daß die Anforderungen an die Kapitalakkumulation gegenwärtig gewaltig gestiegen sind. Zweifellos versuchen die Monopole, die Bedingungen der Kapitalverwertung durch eine weitere Erhöhung der Ausbeutung, vor allem durch eine Steigerung der Arbeitsintensität, zu verbessern. Allein die Steigerung der Ausbeutung kann jedoch unter den Bedingungen einer stark ansteigenden organischen Zusammensetzung des Kapitals keine ausreichende Akkumulationsquelle sein. Hinzu kommt, daß mit der wachsenden Kampfkraft der Arbeiterklasse die Monopole immer weniger in der Lage sind, zum direkten Lohnabbau, zur Einschränkung von Sozialleistungen usw. überzugehen. In diesem Zusammenhang muß man folgenden Aspekt beachten:

b) Der Übergang zur modernsten Technik ist in wichtigen Zweigen der Grundstoff- und Verarbeitungsindustrie in der Regel mit dem *Übergang zur Großserienproduktion* verbunden. Hieraus ergeben sich einmal größere Möglichkeiten der Kapitaleinsparung je Erzeugniseinheit. Dies bedeutet aber zugleich eine schlagartige Vergrößerung der zu realisierenden Warenmasse. Der Kampf zwischen den Monopolen um die Erhöhung der Marktanteile erreicht damit eine neue Stufe. Selbst wenn die Monopole auf Grund ihres bisherigen Marktanteils nicht mit der vollen Realisierung ihrer Waren rechnen können, werden sie den Übergang angesichts der bedeutenden Kostensenkung vielfach vollziehen. Sie werden hierbei bestrebt sein, die Kapazitäten durch staatliche Aufträge, Rüstungsbestellungen, „Hilfsprogramme" usw. auszulasten oder die Verluste auf den Staat abzuwälzen.

c) Die technische Revolution bedeutet gleichzeitig eine *tiefgreifende Umstrukturierung der gesamten Volkswirtschaft.* Die Umwälzungen in einzelnen Zweigen der Verarbeitungsindustrie erfordern Veränderungen in der Grundstoffindustrie, in der Energieerzeugung, im Transport und umgekehrt. Das reibungslose Ineinandergreifen der verschiedenen Produktionszweige, die Entwicklung neuer und die Einschränkung alter Zweige wird für den Reproduktionsprozeß zur zwingenden Notwendigkeit. Hieran zeigt sich die verstärkte Bedeutung der stofflichen Zusammenhänge des Reproduktionsprozesses. Soll die vergesellschaftete Produktion weiter in den Dienst der Profitproduktion gestellt werden, verlangt dies gesamtgesellschaftliche Regulierungsmaßnahmen, um wirtschaftliches Wachstum unter modernen Bedingungen zu garantieren. Nur über staatliche Monopolbedingungen kann diesen Erfordernissen im kapitalistischen Rahmen entsprochen werden.

Der spontane Wirkungsmechanismus mit seinem Attribut der ungehinderten Kapitalwanderung zwischen den Zweigen und der damit verbundenen Ausgleichung der Profite, der in seiner Wirkung durch die Herrschaft der Monopole bereits untergraben ist, muß weiter in Richtung einer verstärkten Monopolisierung durchbrochen werden. Die Kapitalanlage in neuen Zweigen (z. B. der Atomwirtschaft) ist zunächst mit sehr geringen Profitaussichten oder gar Kapitalverlusten verbunden. Ähnlich verhält es sich mit der Einschränkung und der Rekonstruktion der „alten" Zweige (Kohlenbergbau, Textilindustrie u. a.). Hier sind die Veränderungen mit gewaltigen Kapitalverlusten verbunden, die angesichts der Wirkung des Sozialismus und der Kampfkraft der Arbeiterklasse auch nicht im gleichen Maße wie früher über Massenentlassungen auf die Arbeiter abgewälzt werden können. Zugleich sind diese Veränderungen der Industriestruktur aber für den gesamten Reproduktionsprozeß von außerordentlicher Bedeutung. Ein Zurückbleiben würde zu großen Nachteilen im Konkurrenzkampf und zur Verschlechterung der allgemeinen Profitbedingungen des Monopolkapitals führen.

Das Eingreifen des Staates über die unmittelbaren Verwertungsbedingungen hinaus, zur *Sicherung der allgemeinen Profitbedingungen* des Monopolkapitals wird notwendig. Zugleich suchen die Monopole, durch eine Veränderung ihrer Zweigstruktur usw. auf diese Zusammenhänge zu reagieren.

2. Von besonderer Bedeutung sind der Übergang der Landwirtschaft in den hochentwickelten kapitalistischen Ländern zum Maschinenstadium und die sich aus dem fortschreitenden Vergesellschaftungsprozeß ergebenden neuen Beziehungen zwischen Industrie und Landwirtschaft. Für eine Reihe von Sparten des Monopolkapitals ist die Landwirtschaft zur Grundlage für die Verwertung ihres Kapitals geworden. Dies trifft einmal für die Industriezweige zu, die Produktionsmittel für die Landwirtschaft herstellen, und zum anderen für jene Zweige, die die wichtigsten Rohstoffe aus der Landwirtschaft beziehen. Es ist z. B. klar, daß die Produzenten von landwirtschaftlichen Produktionsmitteln ihre Kapazitäten und ihre Produktion nach Maßgabe der Akkumulationsmöglichkeiten erweitern, ihre Monopolprofite aber ungeachtet der gegebenen Monopolpreise nur realisieren können, wenn sie einen kontinuierlichen und wachsenden Markt für ihre Erzeugnisse vorfinden. Es ist weiter klar, daß Handel und Verarbeitung ihre Monopolprofite nur realisieren können, wenn die Lieferung landwirtschaftlicher Produkte *quantitativ und qualitativ den neuen technischen und ökonomischen Bedingungen entspricht.* Niedrige Einkaufspreise und hohe Verkaufspreise genügen hier keineswegs mehr.

Gerade in dieser Beziehung hat aber die fortschreitende Unterordnung der landwirtschaftlichen Produzenten unter das Monopolkapital neue und tiefere Widersprüche hervorgerufen, die die Verwertung des Kapitals derjenigen Sparten des Monopolkapitals, deren Ausbeutungsbasis die Landwirtschaft ist, gefährden oder einschränken. Da die landwirtschaftlichen Produzenten der Form nach selbständig bleiben, hängt die Entwicklung des Marktes der Produktionsmittel erzeugenden Industrie weitgehend von deren Kaufkraft ab, die beständig auf ein Minimum reduziert wird. Die gleichen Ursachen hemmen die Entfaltungsmöglichkeiten der landwirtschaftliche Rohstoffe verarbeitenden Industrie und des Handels und machen die Anlage von Kapital in diesem Zweig riskant.

Unter monopolistischen Bedingungen erfordern diese Widersprüche immer stärker das Eingreifen des Staates, der im Interesse der Verwertungsbedürfnisse des Monopolkapitals die erweiterte Reproduktion in der Landwirtschaft sichern soll, die landwirtschaftliche Produktion und Distribution zwangsweise kartelliert und neue Formen des Zusammenschlusses von Industrie und Landwirtschaft möglich macht.

3. Zeigen diese Vorgänge einmal, wie der sprunghaft fortgeschrittene Prozeß der Vergesellschaftung der Produktion und der Forschung Regulierungsmaßnahmen des imperialistischen Staates im nationalen Maßstab erfordert, so bilden sie zugleich den Ausgangspunkt für eine verstärkte internationale Spezialisierung und Kooperation, für das Streben nach Sicherung größerer Absatzmärkte, wodurch der Einsatz des Staates über den nationalen Rahmen hinaus zur Notwendigkeit wird. Dies ist um so mehr der Fall, da die verschiedenen nationalen Handelsschranken, die Zerrüttung der internationalen Währungsbeziehungen und andere Hindernisse in den außenwirtschaftlichen Beziehungen zwischen den kapitalistischen Ländern diesen Erfordernissen entgegenstehen.

Die sich in der technischen Revolution schnell entwickelnden Produktivkräfte bewirken, daß sich die Wirtschaften der imperialistischen Länder durch die internationale Arbeitsteilung immer enger miteinander verzahnen und damit der staatlich-autonomen Wirtschaftspolitik Stück für Stück der Boden entzogen wird. Unter kapitalistischen Bedingungen bedeutet das eine Beschleunigung des Konzentrations- und Zentralisationsprozesses des Kapitals über die Ländergrenzen hinaus.

Bekanntlich gilt dies vor allem für Westeuropa, wo das industrielle Ballungszentrum durch viele Ländergrenzen zerschnitten ist und die einzelnen nationalen Monopole und auf manchen Gebieten sogar die einzelnen Staaten den Anforderungen der modernen Produktivkräfte (Umfang der Forschungsausgaben, Marktgröße usw.) nicht mehr genügen können. Zur Sicherung des Monopolprofits werden die internationalen staatsmonopolistischen Zusammenschlüsse auf der neuen Stufe der Konzentration und Zentralisation des Kapitals und der Versuch internationaler Regulierung im Interesse der beteiligten Monopole notwendig. Beschleunigend auf diese Entwicklung wirken die Existenz und das Beispiel des sozialistischen Weltwirtschaftssystems.

4. Die ökonomisch schwachentwickelten Länder stellen als Rohstoffquellen, Absatzmärkte und Kapitalanlagesphären eine wesentliche Quelle des Monopolprofits dar. Infolge des faktischen Zerfalls des imperialistischen Kolonialsystems und der Bestrebungen der jungen souveränen Staaten, sich von der kolonialen Ausplünderung durch die Monopole zu befreien und eine eigene, unabhängige Wirtschaft zu entwickeln, werden die Herrschaftspositionen des Monopolkapitals immer stärker eingeengt. Hinzu kommt, daß die gegenwärtige Wirtschaftsentwicklung in den imperialistischen Ländern und deren Handelspraktiken gegenüber den ökonomisch schwachentwickelten Ländern notwendigerweise Schranken für die Erweiterung des Warenaustausches aufrichten.

Diese Tendenzen äußern sich z. B. darin, daß die Exportmöglichkeiten der ökonomisch schwachentwickelten Länder auf dem Gebiet der Rohstoffe durch die Entwicklung synthetischer Rohstoffe relativ eingeschränkt und auf dem Gebiet der Lebensmittel durch die Steigerung der agrarischen Produktion und den Agrarprotektionismus in den imperialistischen Ländern eingeengt werden. Die Folge ist ein verstärkter Druck auf die Preise dieser wichtigsten Exportgüter der schwachentwickelten Länder und ein chronisches Defizit der Handels- und Zahlungsbilanzen dieser Länder. Die Aufnahmefähigkeit der Märkte dieser Länder für Industriewaren aus den imperialistischen Ländern wird damit relativ begrenzt. Um den Monopolen dennoch erweiterte Absatzmöglichkeiten zu gewährleisten und damit deren ökonomischen Einfluß zu erhalten, wird der Einsatz des Staates durch die Übernahme langfristiger Exportkredite, des wirtschaftlichen und politischen Risikos und andere Maßnahmen verlangt. Die Entstehung einer nationalen Industrie in den jungen souveränen Staaten wird neue Gegensätze zu dem staatsmonopolistischen System in den imperialistischen Hauptländern hervorbringen.

In noch stärkerem Maße trifft das für die Erhaltung und die Neuanlage von Kapital in den ökonomisch schwachentwickelten Ländern zu. Neben der staatlichen Kapitalhilfe sollen durch die imperialistischen Regierungen erzwungene Kapitalschutzabkommen die hohen Monopolprofite sichern. Welche Bedeutung diese Profite für das Monopolkapital gegenwärtig haben, zeigt sich zum Beispiel daran, daß sich deren Anteil an den Gesamtprofiten der 500 größten amerikanischen Gesellschaften von 1950–1960 verdoppelt hat und 1959 bei 25 Prozent lag.[13] Der Einsatz des imperialistischen Staates beschränkt sich daher besonders auf diesem Gebiet nicht allein auf ökonomische Maßnahmen, sondern wird von den Monopolen zur Aufrechterhaltung ihrer Profitbedingungen auf politische und militärische Machtmittel ausgedehnt.

5. Aus diesen Darlegungen ergibt sich, daß die ökonomischen Ursachen für den allgemeinen Übergang zum staatsmonopolistischen Kapitalismus nach dem zweiten Weltkrieg nicht allein in der weiteren Zuspitzung der inneren Widersprüche der Kapitalverwertung zu suchen sind. Sie werden darüber hinaus maßgeblich von den Prozessen bestimmt, die in der zweiten und dritten Etappe der allgemeinen Krise des Kapitalismus zu einer Einschränkung der Macht der Monopole im Weltmaßstab führten. Die staatsmonopolistischen Eingriffe in den Reproduktionsprozeß, die Versuche einer staatsmonopolistischen Regulierung, sollen daher nicht nur darauf abzielen, die Eigentums- und Distributionsverhältnisse dem hohen Entwicklungsstand der Vergesellschaftung der Produktion durch eine Erweiterung der Monopolbedingungen anzupassen, sondern sie werden in wachsendem Maße notwendig, um die allgemeinen Bedingungen des Monopolprofits und der Aufrechterhaltung des monopolistischen Systems zu sichern.

Die entscheidende Frage für die Existenz des Imperialismus ist der Ausgang des ökonomischen Wettbewerbs zwischen den beiden Systemen. Der Kapitalismus steht vor der Tatsache, daß er den ökonomischen Wettbewerb mit dem Sozialismus mit den sich hieraus ergebenden politischen Konsequenzen in den kapitalistischen Ländern und in den jungen souveränen Staaten verlieren muß.

Der Einfluß des Sozialismus beschränkt sich nicht nur auf die Bedingungen des Klassenkampfes der Arbeiterklasse und aller Werktätigen in den imperialistischen Ländern, auf die nationalen Befreiungsbewegungen und die daraus resultierenden staatsmonopolistischen Maßnahmen; er bleibt auch nicht auf neue Formen imperialistischer Gegensätze begrenzt. Er verlangt immer gebieterischer die Ausarbeitung einer Strategie in der ökonomischen Auseinandersetzung mit dem Sozialismus. Die Aufstellung langfristiger Wirtschaftsprogramme, die letztlich bereits aus dem hohen Entwicklungsstand der Produktivkräfte zu einem wachsenden Erfordernis des staatsmonopolistischen Kapitalismus geworden ist, wird hierdurch zu einer noch größeren Notwendigkeit. Heinz Pentzlin schreibt:

„Es mag wie ein Paradoxon klingen, daß die Ankündigungen der Sowjetunion, sie werde mit ihrem jüngsten Siebenjahrplan die Wirtschaft der kapitalistischen Länder ... ‚einholen und überholen', von den Vereinigten Staaten mit der Bekanntgabe ähnlicher, nur weiter gesteckter Planzahlen beantwortet worden ist."[14]

Es ist eingestandenermaßen gerade der wachsende Einfluß des Sozialismus, der die kapitalistischen Länder zwingt, dem ökonomischen Wettbewerb immer größere Beachtung beizumessen.

[13] *Victor Perlo*, Militarism and Industry, London 1963, S. 82f.

[14] *Heinz Pentzlin*, Was kostet der Wohlstand, Gerhard Stalling Verlag, Oldenburg/Hamburg 1962, S. 15.

Es ist durchaus abzusehen, daß die Inangriffnahme dieser Aufgabe weitere Veränderungen in den Profitbedingungen mit sich bringen wird. Wird die Notwendigkeit der Ausarbeitung und Einhaltung einer „einheitlichen Wirtschaftsstrategie“ immer mehr erkannt, so werden sich unmittelbare Profitinteressen der einzelnen Monopolgruppen damit keinesfalls immer in Übereinstimmung bringen lassen. Von dieser Seite erwachsen der staatsmonopolistischen Regulierung neue Aufgaben, deren Lösungsversuch sicherlich zu erbitterten Auseinandersetzungen innerhalb der imperialistischen Länder und zwischen ihnen führen wird. Trotzdem wird diese Frage mit der Zuspitzung des ökonomischen Wettbewerbs zwischen Kapitalismus und Sozialismus mehr und mehr an Bedeutung gewinnen.

*

Von welchen allgemeinen Zusammenhängen wird die staatsmonopolistische Regulierung, deren Notwendigkeit in den vorangegangenen Ausführungen begründet wurde, bestimmt? Staatsmonopolistische Regulierung, deren Wesen identisch ist mit dem Inhalt des staatsmonopolistischen Kapitalismus, ist die Tätigkeit des durch den Zusammenschluß der Macht der Monopole und der Macht des imperialistischen Staates entstandenen einheitlichen Apparates, der die kapitalistische Ausbeutungsbasis für den Monopolprofit ausdehnt und verstärkt.

Es gibt bei der staatsmonopolistischen Regulierung eine Vielzahl von Methoden und Instrumenten, deren Auswirkungen wiederum sehr verschieden sein können. Aber ganz unabhängig davon ist diese Regulierung nicht nur eine Erscheinung, die zur Beseitigung dieser oder jener Schwierigkeit in diesem oder jenem Bereich angewandt wird. Sie ist, ganz gleich, in welcher Richtung sie wirkt und wie ihre jeweiligen Maßnahmen aussehen, ein ständiges Erfordernis der heutigen erweiterten Reproduktion, eine Frage der Existenz des kapitalistischen Systems.

Darin besteht allerdings nur die eine Seite des Gesamtproblems der Regulierung. Der staatsmonopolistische Kapitalismus ist ebenso wenig wie allgemein der Imperialismus eine „reine ökonomische“ Kategorie. Da der Staat, das umfassendste *politische* Machtinstrument, unmittelbar im Reproduktionsprozeß fungiert, bedeutet dies, daß seine *politischen* Möglichkeiten bis zum Einsatz des militärischen Machtapparates für den Monopolprofit ausgenutzt werden. Deshalb kommt es auch zu neuen Beziehungen zwischen Ökonomie und Politik. Das bedeutet, daß nicht nur das grundlegende Klassenverhältnis zwischen Kapital und Arbeit verschärft wird, sondern, daß der Staat als monopolistischer Ausbeuter *im gesamtgesellschaftlichen Rahmen* bis tief hinein in die Bourgeoisie selbst wirkt und daß sich die Gegensätze zwischen der Mehrheit der Bevölkerung und Finanzoligarchie verschärfen. Der Einsatz des Staates als Konkurrenzinstrument der Finanzoligarchie heißt u. a., daß die Konkurrenzverhältnisse jetzt auch zu staatlichen Verhältnissen werden, daß die ökonomischen Fragen jetzt auch zu staatlichen Fragen werden. Das hat für den Kampf gegen den Imperialismus eine Reihe von Konsequenzen. So ist z. B. heute besonders die Wirtschaftspolitik angesichts ihrer unmittelbaren und tiefen Auswirkung auf den Reproduktionsprozeß zu einem zentralen Brennpunkt der gesellschaftlichen

Auseinandersetzung im Imperialismus geworden. Die staatsmonopolistischen Maßnahmen in diesem Rahmen sind ein Produkt des Kampfes zwischen den einzelnen Interessengruppen der Finanzoligarchie. In einer bestimmten Situation stehen immer verschiedene Möglichkeiten zur Diskussion, und erst nach heftigen Auseinandersetzungen setzt sich eine bestimmte Richtung durch. Gleichzeitig ist gerade diese Seite der staatsmonopolistischen Regulierung ein wichtiger Beweis dafür, daß diese nicht im gesamtgesellschaftlichen Interesse durchgeführt wird, sondern eine Regulierung für den Monopolprofit und darüber hinaus für die Erhaltung des monopolistischen Systems überhaupt darstellt. Hieraus erwachsen zugleich neue Gegensätze zwischen der Finanzoligarchie und den breitesten Schichten der Werktätigen, des Mittelstandes und großen Teilen der Bourgeoisie selbst. Für den Kampf der Arbeiterklasse haben diese Gegensätze eine große Bedeutung. Mit ihnen entstehen eine Reihe von neuen Bedingungen für den Kampf zur Überwindung dieser Produktionsweise.

Diese hier nur angedeuteten Probleme, die im Grunde genommen erst zeigen, wie sich die notwendige staatsmonopolistische Regulierung in der antagonistischen Klassengesellschaft durchsetzt und wie dementsprechend auch der gesellschaftliche Kampf gegen diese Gesellschaft organisiert werden muß, bilden eine Hauptseite des Gesamtproblems der staatsmonopolistischen Regulierung. Ihre konkrete wissenschaftliche Bearbeitung wird für die marxistischen Ökonomen sowohl mit der Zuspitzung des Klassenkampfes innerhalb der imperialistischen Länder wie mit dem Fortschreiten des ökonomischen Wettbewerbs zwischen den beiden Systemen besonders dringend.

Wir wollen einige allgemeine Fragen der staatsmonopolistischen Regulierung aufwerfen, die bei der Einschätzung der mannigfachen konkreten Regulierungsmaßnahmen beachtet werden müssen.

1. Die staatsmonopolistische Regulierung kann nur innerhalb der kapitalistischen ökonomischen Gesetze und nur auf der Grundlage und mit Hilfe der ökonomischen Kategorien des Kapitalismus erfolgen. Dies sind auch weiterhin Gesetze und Kategorien einer sich spontan und anarchisch regulierenden Produktionsweise, wenngleich sie auch mit der Weiterentwicklung dieser Produktionsweise Veränderungen erfahren haben. Dem Wesen nach kann es sich also auch nur um eine Regulierung zugunsten der grundlegenden Kategorie, des Profits, und unter den spezifischen Bedingungen des staatsmonopolistischen Kapitalismus um eine Regulierung zugunsten des Monopolprofits handeln. Dies ist die grundlegende Frage, von der bei der Untersuchung der Möglichkeiten und Grenzen der staatsmonopolistischen Regulierung ausgegangen werden muß.

2. Um die Wirksamkeit der staatsmonopolistischen Maßnahmen zu erforschen, genügt es nicht, nur die einzelnen Instrumente und Methoden darzustellen. Diese sind vielmehr vor allem vom Standpunkt ihres ökonomischen Gehalts zu untersuchen, um Schlußfolgerungen über ihre Wirksamkeit ziehen zu können. Diesen Erscheinungen ist gemeinsam, daß sie ihren Zweck erfüllen, weil sie im Prozeß der erweiterten Reproduktion staatlich geschaffene Monopolbedingungen konstituieren, um dadurch die kapitalistische Ausbeutungsbasis zu vertiefen und auszudehnen.

Dies ist ihr Mittel, um ihren Zweck zu erfüllen, den kapitalistischen Konkurrenzmechanismus relativ zu durchbrechen. Für diese Funktion der staatsmonopolistischen Regulierung kann man allgemein folgende charakteristischen Züge festhalten:

a) Der Staat ist ein politisches Machtinstrument, an sich ein Instrument des *außerökonomischen* Zwanges, das als am höchsten zentralisiertes Instrument der Finanzoligarchie in der ganzen Gesellschaft kraft seiner politischen Gewalt mit seinem Apparat und seinen Instrumenten die Ziele der Finanzoligarchie durchsetzen kann. Auf der Basis eines hohen Grades der Zentralisation der Produktion und des Kapitals ist es möglich, in der ganzen Volkswirtschaft den spontanen und anarchischen Mechanismus der kapitalistischen Produktionsweise zu beeinflussen, zu verändern, relativ zu durchbrechen. Dem Wesen nach handelt es sich um eine Art „Bändigung des kapitalistischen Milieus", die zur kapitalistischen Anwendung der modernen Produktivkräfte erforderlich ist, aber nicht im gesellschaftlichen Interesse, sondern im Interesse des Monopolprofits.

b) Angesichts der Zuspitzung der Widersprüche bedeutet diese Rolle des imperialistischen Staates aber nicht einfach Anwendung von außerökonomischem Zwang. Der imperialistische Staat muß vielmehr selbst direkt und unmittelbar ökonomische Funktionen übernehmen oder sich in ihren Vollzug einschalten. Deshalb kommt es vor allem darauf an, die ökonomischen Potenzen zu untersuchen, die durch den Einsatz des imperialistischen Staates im Reproduktionsprozeß wirksam werden. Von diesem Standpunkt aus betrachtet, erscheint die Rolle des imperialistischen Staates vor allem in folgendem:

Wie in den Staatsbetrieben, speziell in den Staatskonzernen, die in Westdeutschland eine bedeutende Rolle, in einigen Wirtschaftszweigen wie Elektrizität, Aluminium, Braunkohle, Eisenerz eine dominierende Rolle spielen, zum Ausdruck kommt, muß der Staat heute direkt privatkapitalistische Unternehmerfunktionen übernehmen. Abgesehen davon, daß diese Staatskonzerne mit den „Privatmonopolen" verbunden sind, gehört hierzu auch, daß der westdeutsche Staat in wachsendem Maße Kapitalbeteiligungen besitzt. Die Besonderheit – und eigentlich die Wirksamkeit – dieser Unternehmerrolle des Staates besteht jedoch auch hier darin, daß er diese Funktion nicht erfüllt, um in erster Linie selbst Profit zu erzielen, sondern daß er diese Funktion im Interesse des Monopolprofits übernimmt.

Von viel größerer Bedeutung unter den heutigen Verhältnissen ist jedoch, daß der Staat ökonomische, privatkapitalistische Funktionen in einem viel weiteren Sinne übernehmen muß. Indem der Staat solche Funktionen übernimmt, macht er sie zu gesellschaftlichen Funktionen im dargelegten Sinne und zentralisiert sie in staatlichen Institutionen, die selbst eine Art staatlicher Monopolgebilde darstellen. Hierin kommt besonders zum Ausdruck, wie sich bei dem heutigen Entwicklungsstand der Produktivkräfte schon innerhalb und zugunsten der kapitalistischen Ausbeutungsverhältnisse ein System gesellschaftlicher Wirtschaftsführung entwickeln muß, von dem Lenin spricht.

Dies zeigt sich in der Rolle der Haushalte mit ihren Instrumenten und deren direkten und indirekten Auswirkungen, in der Tätigkeit der Zentralbank und der anderen staatlichen Banken, im ganzen System der Geldkapitalmobilisierung und -verwendung. Der Staat tritt als Lagerhalter und Auftragserteiler auf, hat Organe der Registrierung und der Kontrolle, in vielen Bereichen spielen Genehmigungsverfahren und staatliche Auflagen eine Rolle, und wenn nicht, wie z. B. heute schon in Frankreich, direkt „Planungsorgane“ bestehen, gibt es sie zumindest indirekt in bestimmten Bereichen wie im Geld-, Währungs-, Kredit- und Finanzsystem, auf dem Gebiet der Entwicklungshilfe. Von besonderer Aktualität sind heute die internationalen staatsmonopolistischen Organisationen von der Weltbank, der OECD bis zur EWG, die mit unterschiedlicher Intensität wirksam sind und ohne deren Tätigkeit die Entwicklung im kapitalistischen System nach dem zweiten Weltkrieg nicht denkbar ist.

Mit dieser Seite des staatsmonopolistischen Kapitalismus entsteht gleichzeitig die Notwendigkeit, daß der Staat zur Erfüllung seiner ökonomischen Funktionen in steigendem Maße selbst ökonomische Macht, d. h. Kapital in verschiedenster Form für sich zentralisiert – aber nicht, um dieses Kapital für sich zu verwerten, sondern nur um es für die Monopole zu mobilisieren und zu verwenden. Diese Zentralisation erscheint in den Staatsbetrieben, in den staatlichen Haushalten, in dem enormen Bankkapital des Zentralbanksystems und der anderen staatlichen Banken, im staatlichen Versicherungskapital, in Vorrats- und Warenlagern, in den Wertpapierbeständen verschiedener Art, in nationalen und internationalen Kapitalbeteiligungen. Aber auch die Anhäufung von Staatsschulden gehört im Prinzip zu dieser Seite des staatsmonopolistischen Kapitalismus.

*

Der staatsmonopolistische Kapitalismus und seine Regulierungsmaßnahmen beruhen letzten Endes auf objektiven Bedingungen. Es kann keine Willkür oder Allmacht des Staates geben. Oftmals findet man noch in unserer Literatur, daß man bei der Behandlung dieser Probleme nur mehr oder weniger viele Beispiele anführt, was der Staat alles macht. Man findet auch noch manchmal ein einseitiges subjektives Herangehen, als ob der Staat dieses oder jenes machen könne oder müsse, weil es im Willen der Monopole liegt. Manchmal wird seine Rolle nur mit quantitativen Angaben zu beweisen versucht, wie etwa mit den viel erwähnten 40 Prozent des Nationaleinkommens, die er umverteilt. Es gibt auch Auffassungen, die den staatsmonopolistischen Kapitalismus auf bestimmte Bereiche, wo unmittelbar seine Maßnahmen erscheinen, beschränken wollen, etwa auf „Sektoren“ (z. B. Marktsektoren) – als bestünden diese neben dem kapitalistischen Markt.

Bei einem solchen Herangehen kann man kaum die Möglichkeiten und Grenzen des staatsmonopolistischen Kapitalismus bestimmen und Aussagen gewinnen über dessen Wirkung auf das Gesamtsystem des modernen kapitalistischen Mechanismus und über seine Auswirkungen auf den *Gesamtprozeß* der erweiterten Reproduktion. Im folgenden seien einige Fragen der Möglichkeiten und Grenzen der staatsmonopolistischen Regulierung am Beispiel der Haushalte behandelt.

Bekanntlich hat der Bundeshaushalt die 60-Milliarden-Grenze überschritten und wächst gegenwärtig schneller als das Bruttosozialprodukt. Dabei stellt dieser Haushalt selbst nur ca. 60 Prozent des gesamten Haushaltvolumens dar – wobei zu diesem Gesamthaushaltsvolumen noch einige Milliarden aus dem sogenannten Nebenfiskus zuzurechnen sind. Der größte Teil des Bundeshaushalts, wenn auch in abnehmendem Maße, wird noch mit Hilfe der Besteuerung aufgebracht. Die Steuerbelastung pro Kopf der Bevölkerung hat einen Umfang wie nie zuvor in der Geschichte des deutschen Imperialismus erreicht.

Abgesehen davon, daß zur ökonomischen Analyse von Wirkungen des staatsmonopolistischen Kapitalismus diese Zahlen zunächst schon deshalb nicht genügend aussagen, weil solche leider oft wenig beachteten Fragen z. B. nach dem Unterschied zwischen dem Geldkapital und dem wirklichen Kapital, dem wirklichen und dem fiktiven Kapital, der Vervielfachung des Kapitals durch die Formen des Leihkapitals erst geklärt werden müssen, werfen diese Größen für die eigentliche ökonomische Analyse schon folgende Probleme auf:

Woher kommen die Steuern; welche einkommens- und eigentumsmäßigen Konsequenzen hat die Mobilisierung von Kapital mit Hilfe der Besteuerung? In welcher Weise erfolgt die Verwendung dieser Mittel? Was wird überhaupt davon als Kapital angewandt und was davon wiederum wirklich zur Profitproduktion? Welche Konsequenzen hat diese Verwendung staatlich mobilisierter Mittel für die Kapitalverwertung und den gesamten Preis- und Profitmechanismus, durch den sich die ökonomischen Gesetze durchsetzen?

Ohne auf diese Fragen selbst näher einzugehen, ist eines klar: Die Besteuerung ist eine staatlich erzwungene Umverteilung (oder Enteignung) von Profit (m), Lohn (v) und vom Produkt der einfachen Warenproduktion in der ganzen Gesellschaft. Dabei geht diese Umverteilung sehr differenziert vor sich, sie erfolgt allgemein zugunsten des Profits und speziell des Monopolprofits. Dies ist aber erst ein Teil der Wirkung der Besteuerung. Von wahrscheinlich noch größerer ökonomischer Bedeutung ist, daß die Regulierung mit Steuern ein System der Steuerbefreiung und -begünstigung zugunsten des Monopolprofits einschließt, was in den absoluten Haushaltszahlen überhaupt nicht zum Ausdruck kommt. Bei steigenden Steuereinnahmen bedeutet dies, daß für den wachsenden Haushalt die einen mehr bezahlen müssen, weil die anderen weniger zu bezahlen brauchen. Abgesehen davon, daß es sich allgemein um eine Profitbegünstigung handelt, entsteht aber innerhalb dieser Begünstigung eine weitere Differenzierung, weil natürlich der Grad der Begünstigung von der Profithöhe abhängt.

Letzteres zeigt, daß die Regulierung mit Hilfe der Besteuerung durch Beeinflussung von Einkommen und Profit gleichzeitig die staatliche Beeinflussung der Kapitalanwendung einschließt. Diese Wirkung der indirekten Regulierung der „Kapitalbildung" – z. B. durch die sogenannte Selbstfinanzierung – ist dem Anteil der „öffentlichen Mittel", die in allen Bereichen des Reproduktionsprozesses eine große Rolle spielen, hinzuzurechnen.

Wie das Beispiel zeigt, werden durch die staatsmonopolistische Regulierung die grundlegenden Kategorien, die Eigentumskategorien, zugunsten des Monopolprofits beeinflußt und verändert. Dies geschieht nicht nur in einigen begrenzten Bereichen, sondern im gesamtgesellschaftlichen Rahmen. Das bedeutet eine staatlich erzwungene Veränderung des gesamten kapitalistischen Verteilungsmechanismus. So wie Durchschnittsprofit und Produktionspreis als kapitalistische Formen der Wertverteilung schon durch die Herrschaft der Monopole in anderer Gestalt erscheinen und sich durchsetzen, erfolgt diese Veränderung durch die Dazwischenkunft des Staates auf viel breiterer gesellschaftlicher Stufe.

Diese weitgehenden Einwirkungsmöglichkeiten des imperialistischen Staates, die direkt den kapitalistischen Preis- und Profitmechanismus und damit die Durchsetzung der Art und Weise der ökonomischen Gesetze verändern, können aber keinesfalls willkürlich erfolgen. Ihre inneren Schranken ergeben sich aus dem Wesen des staatsmonopolistischen Kapitalismus.

1. Die Hauptfrage bei der Erfassung der Grenzen der staatsmonopolistischen Regulierung besteht darin, daß diese letztlich auf der Ausbeutung beruht. Alle staatsmonopolistischen Regulierungsprogramme, sei es unter der Losung der Vollbeschäftigung, zur Beschleunigung des Wachstums, zur „Kapitalbildung“ oder wie in Westdeutschland zur „Stabilerhaltung des Geldwertes“, beruhen auf der Umverteilung von Profit, Einkommen der Werktätigen, Mehrprodukt usw. zugunsten des Monopolprofits. Grundsätzlich kann man deshalb sagen, daß mit der staatsmonopolistischen Regulierung die eigentlichen Schwierigkeiten, die der kapitalistischen Anwendung der modernen Produktivkräfte entgegenstehen, die Ausbeutungsverhältnisse, nicht beseitigt werden, sondern daß im Gegenteil diesen Schwierigkeiten durch eine Reproduktion dieser Verhältnisse auf einer höheren Stufe begegnet wird. Deshalb können sich in der Grundtendenz die Widersprüche des Systems nur verschärfen. Dies ist die erste und grundlegende Schranke für die staatsmonopolistische Regulierung.

2. Von ebenso großer Bedeutung sind die Schlußfolgerungen, die sich aus der Tatsache ergeben, daß sich die kapitalistische Regulierung weiter auf Basis von Konkurrenz und Anarchie vollzieht.

Wenn vom Inhalt der staatsmonopolistischen Regulierung ausgegangen wird, dann bedeutet Durchbrechung der Konkurrenzverhältnisse mit Hilfe des Staates für die Begünstigten relative Unabhängigkeit von den eigentlichen Bedingungen der Kapitalverwertung, also dem Wesen nach eine Durchbrechung der Verwertungsschranken. Darin besteht offensichtlich das eigentliche Problem, das der staatsmonopolistische Kapitalismus zu lösen hat. Durch den kapitalistischen Inhalt dieser Durchbrechung bedeutet dies jedoch nur, daß die Schranken für die Nichtbegünstigten höher werden, weil sie für andere durchbrochen werden. In Wirklichkeit ist ein sehr differenziertes System dieser neuen Konkurrenzbeziehungen vorhanden. Das spezifisch Staatsmonopolistische besteht darin, daß eben der imperialistische Staat zu diesen Verhältnissen führt. Nicht mehr nur Privatmonopole in bestimmten Bereichen durchbrechen diese Konkurrenzverhältnisse, nicht nur zwischen einzelnen Monopolen entstehen monopolistische Konkurrenzverhältnisse, sondern ganze Industriezweige oder Bereiche der Produktion stehen in einem veränderten Konkurrenzverhältnis zueinander. So wird z. B. der westdeutsche Export gefördert, indem alle Exporteure monopolistisch begünstigt werden und innerhalb der Exporteure wieder die größten am meisten.

Aus diesen Grundfragen entsteht natürlich eine Vielzahl von Einzelproblemen. Die Produktion reagiert nicht mehr nur auf den Profit schlechthin. Wenn der Profit, die Verwertungsbedingungen, *auch* von der staatlichen Förderung abhängen – in welch breitem Maße das der Fall sein kann, zeigt z. B. die Rolle des Staates bei der Selbstfinanzierung –, so hat das sehr weitgehende Konsequenzen für die gesamte Kapitalanlage, schließlich für die gesamten Proportionen in der Wirtschaft. Wenn bisher die eigentlichen Verwertungsbedingungen das unmittelbare Barometer für das Verhalten der Kapitalisten zur Kapitalanlage waren, so werden diese durch die staatsmonopolistische Regulierung in ihren Schwankungen mehr oder weniger beeinflußt.

Die Auswirkungen können niemals aus der staatsmonopolistischen Regulierung allein abgeleitet werden. Man muß diese mit den jeweiligen Bedingungen der erweiterten Reproduktion konfrontieren. Es kann z. B. aus der Durchbrechung des kapitalistischen Konkurrenzmechanismus die Möglichkeit entstehen, die Produktion dort noch auszudehnen oder Neuanlagen vorzunehmen, wo die Kapitalverwertung schon nicht mehr gesichert ist. Diese Wirkung der staatsmonopolistischen Regulierung erklärt auch, warum die Nichtauslastung der Kapazitäten zunehmen kann und gleichzeitig neue Investitionen vorgenommen werden können. Von entscheidender Bedeutung sind diese Fragen besonders für die technische Revolution unter kapitalistischen Verhältnissen, für den heutigen Umfang und die Dauer von Neuanlagen, für die Aufnahme neuer Produktionen, die Umstellung der Produktion usw. Ebenso ist natürlich diese hohe Stufe der monopolistischen Durchbrechung *ein* wichtiges Moment zur Erklärung, warum es nach dem zweiten Weltkrieg zu keinen allgemeinen Wirtschaftskrisen mehr gekommen ist.

Wenn auch der staatsmonopolistische Kapitalismus unter bestimmten Bedingungen die Produktion stimuliert, so kann doch jährlich nur ein bestimmtes Produkt verteilt werden. Wenn man diese ganze Wirkung des staatsmonopolistischen Kapitalismus auf die Verwertung als nachfragestimulierend oder -reduzierend erfaßt, dann ist völlig klar, daß von einer Überwindung der Konkurrenz keine Rede sein kann. Es handelt sich vielmehr um Ausschaltung oder Reduzierung der Konkurrenz für die einen und absolute oder relative Vergrößerung des Konkurrenzdruckes für die anderen. Es handelt sich um eine höhere Form der monopolistischen Konkurrenz, um eine Ausdehnung der monopolistischen Beherrschung, wodurch der eigentliche kapitalistische Mechanismus weiter verzerrt wird. Hieraus ergeben sich weitere innere Schwächen, weitere Grenzen der Regulierung.

3. Zur Vervollständigung des Bildes ist aber noch ein Hinweis auf eine andere Seite dieser Problematik notwendig. Wir haben bisher die Probleme vom Standpunkt des Verwertungsprozesses betrachtet. Die Regulierungsmaßnahmen haben gleichzeitig Auswirkungen auf die Zusammenhänge des Arbeitsprozesses (so wie ihre Notwendigkeit auch aus diesen entsteht), der mit dem Verwertungsprozeß eine Einheit bildet. Die geschilderten Prozesse sind nur die kapitalistische Form, in der sich die Verteilung der gesellschaftlichen Gesamtarbeit im Kapitalismus vollzieht und in der sich die Proportionen dieser Verteilung herausbilden. Gerade in letzter Zeit zeigt sich immer mehr, daß zur Erfassung der Prozesse im modernen Kapitalis-

mus auch den Fragen der Entwicklung der Produktivkräfte, der gesellschaftlichen Arbeitsteilung, der Verteilung der Gesamtarbeit, den Problemen des Arbeitsprozesses größere Beachtung geschenkt werden muß. Auch aus diesem Grunde ist es notwendig, den staatsmonopolistischen Kapitalismus als objektives Produkt der Entwicklung des Konfliktes zwischen den Produktivkräften und den Produktionsverhältnissen zu sehen.

Schon aus dem ersten Teil unserer Ausführungen ergibt sich, daß der staatsmonopolistische Kapitalismus die gewaltsame Herstellung der notwendigen Proportionen im Kapitalismus nicht beseitigt, daß Disproportionalität heute nach wie vor eine seiner Begleiterscheinungen ist. Mehr noch: durch den Charakter der staatsmonopolistischen Regulierung, die die Kapitalanlage von den eigentlichen Verwertungsbedingungen relativ unabhängig machen kann, muß es zu besonderen Zuspitzungen kommen. Aus der kapitalistischen Wirtschaftspresse ist z. B. in den letzten Jahren das Problem der Fehlinvestitionen, die gerade durch die Rolle des Staates entstehen, nie verschwunden.

Andererseits können durch den staatsmonopolistischen Kapitalismus Disproportionen überdeckt werden, notwendige Umstellungen in der Struktur der Produktion durch Ausschaltung und Vernichtung anderer durchgesetzt werden, und der Staat kann selbst Verluste, die durch Kapitalvernichtung entstehen, in verschiedener Form übernehmen.

Welchen spontanen Charakter diese vielfältigen Prozesse haben, welche Auswirkungen diese Rolle des Staates hat, zeigen z. B. die ständigen Inflationserscheinungen, die ja, von diesem Standpunkt betrachtet, nur ein Ausdruck für das spontane und gewaltsame Durchsetzen von notwendigen Proportionen sind. Gleichzeitig sind sie aber auch ein Ausdruck dafür, daß sich durch die Breite und Tiefe des Eingreifens des Staates die notwendigen Proportionen nicht mehr nur periodisch durch Krisen herausbilden, sondern sich sowohl durch die ständige staatliche Umverteilung als auch durch Inflationsprozesse vollziehen können.

Mit der letzten Frage berührt sich ein weiteres sehr wesentliches Problem der Wirkung des staatsmonopolistischen Kapitalismus, das hier nur erwähnt wird. Bisher hatten wir verschiedene Zusammenhänge der Auswirkung der staatsmonopolistischen Regulierung aus dem staatsmonopolistischen System selbst abgeleitet. So notwendig diese Abstraktion zur Klarstellung verschiedener Grundzusammenhänge ist, die sich aus ihm selbst ergeben, so falsch wird sie, wenn allein daraus Schlußfolgerungen für die Entwicklung des heutigen Reproduktionsprozesses gezogen werden.

Wie schon Marx darstellt, hängt die Ausdehnung des Reproduktionsprozesses u. a. davon ab, ob es gelingt, eine neue Struktur der Produktion durchzusetzen, ob neue Industriezweige entstehen, d. h. welche Ausdehnungsmöglichkeiten für die fixe Kapitalanlage vorhanden sind, welche Möglichkeiten für die Ausdehnung der Produktion um der Produktion willen vorhanden sind, wie sich die gesellschaftliche Arbeitsteilung entwickelt und vertieft und welche Möglichkeiten sich für die Ausdehnung und Vertiefung des nationalen und internationalen Marktes in diesem Zusammenhang ergeben. Wenn wir z. B. fragen, wodurch die Nachkriegsentwicklung in Westdeutschland bestimmt wurde, so waren es eben die besondere Nachkriegssituation mit der besonderen Stellung Westdeutschlands im imperialistischen System, der „Korea-Boom", Westdeutschlands besondere Stellung im System der imperialistischen Aufrüstung, die Außenhandelsexpansion durch eine wesentliche Ausdehnung des imperialistischen Weltmarktes, die technische Revolution u. a. Die Rolle des staatsmonopolistischen Kapitalismus bestand dabei darin, daß er die *Ausnutzung* dieser Prozesse teilweise erst ermöglichte, sie stimulierte und vorantrieb. Aber er konnte das nur, weil diese Bedingungen entstanden und innerhalb dieser Bedingungen.

Diese Betrachtungsweise ist noch aus einem anderen Grunde wichtig. Wir stellten den grundlegenden Zusammenhang zwischen staatsmonopolistischem Ausbeutungssystem und Verschärfung der Widersprüche dar. Bei der Darlegung dieses Zusammenhanges kann man leicht in die gefährliche Nähe einer Art Zusammenbruchstheorie kommen, wenn man starr nur diesen Zusammenhang im Auge hat, ohne jeweils die verschiedenen Hauptprozesse der erweiterten Reproduktion zu berücksichtigen. Ob die staatsmonopolistische Regulierung zur stärkeren oder schwächeren Inflation führt, in welchem Maße sich bestimmte Widersprüche verschärfen, welche Konsequenzen die Abwälzung der Disproportionen und Widersprüche von einem Bereich auf andere oder auf die Masse der Bevölkerung hat, kann in erster Linie nur unter Berücksichtigung dieser jeweiligen objektiven Bedingungen der erweiterten Reproduktion beurteilt werden.

Es ist ebenso zu berücksichtigen, daß das Ergebnis des staatsmonopolistischen Kapitalismus die weitere Konzentration und Zentralisation von Produktion und Kapital ist und dies gleichzeitig neue und andere Formen des staatlichen Eingreifens – z. B. größere Reglementierung und Zusammenfassung unter der Losung der „Planifikation" oder Eingreifen im „supranationalen" Rahmen – ermöglicht und erzwingt. Schließlich müssen wir in Rechnung stellen, daß die zunächst recht abstrakten Zusammenhänge ja ihren eigentlichen Inhalt, ihre Bestimmung und Zielrichtung nicht nur von den inneren Verhältnissen in einer Volkswirtschaft bekommen, sondern im heutigen Stadium der allgemeinen Krise des kapitalistischen Systems diese immer nur im Rahmen der Grundprozesse der gesamten gesellschaftlichen Entwicklung wirken. Deshalb werden sie eben auch dadurch bestimmt, daß das sozialistische Weltsystem immer mehr den bestimmenden Einfluß auf die gesellschaftliche Entwicklung ausübt, das imperialistische Kolonialsystem faktisch zusammengebrochen ist usw.

In diesem Zusammenhang soll eine gegenwärtig besonders wichtige Frage etwas näher behandelt werden: der Widerspruch zwischen der staatsmonopolistischen Regulierung im Innern eines Landes und dem gesamten imperialistischen Lager. Ohne verschiedene Formen des internationalen staatsmonopolistischen Kapitalismus kommt der Kapitalismus nicht mehr aus. Selbst solchen globalen Formen wie dem Weltwährungsfonds, dem GATT und der Weltbank kommt im Reproduktionsprozeß des Gesamtsystems und damit auch für die einzelnen Länder eine nicht zu unterschätzende Bedeutung zu. Es genügt hier, die Möglichkeiten zur Einwirkung auf das Liquiditätsproblem im internationalen Rahmen (Stützungsaktionen für einzelne Währungen usw.) und auf den Abbau protektionistischer Auswüchse zu nennen.

Von besonderer Bedeutung sind die regionalen Formen des internationalen staatsmonopolistischen Kapitalismus in Westeuropa. Wird schon durch die globalen Formen der Integration die autonome staatliche Wirtschaftspolitik im Profitinteresse der international mächtigsten finanzkapitalistischen Gruppen eingeengt, so ist das in viel höherem Grade bei den regionalen Formen in Westeuropa der Fall. Hier muß man feststellen, daß sich gleichzeitig mit der wachsenden staatlichen Macht in den einzelnen imperialistischen Ländern, mit der Zunahme der ökonomischen Rolle des Staates, Prozesse vollziehen, die diese ökonomische Rolle der Einzelstaaten unterhöhlen. Das gilt vor allem für die EWG-Staaten, für die der supranationale staatsmonopolistische Kapitalismus charakteristisch ist. Die Konstruktion der Montanunion, der Euratom und der EWG zeigt deutlich, daß den supranationalen Organen die Wahrnehmung wesentlicher Profitinteressen der Monopolgruppen übertragen wurde.

Der interne Zollabbau bei stufenweisem Errichten der Außenzollmauer, die vereinbarte Freizügigkeit in der Mobilisierung der Arbeitskräfte, die Beseitigung von Hindernissen für Kapitalbewegungen und im Niederlassungsrecht, Vereinbarungen im Patent- und Lizenzrecht, die Einrichtung supranationaler Fonds usw. gaben dem Konzentrations- und Zentralisationsprozeß, der zwischenstaatlichen Kartellierung und Vertrustung einen starken Auftrieb. Die Umverteilungsprozesse zugunsten der mächtigsten Monopolgruppen wurden auf eine höhere Stufe gehoben und für die Entwicklung der Produktivkräfte damit gewisse zusätzliche Möglichkeiten geschaffen. Oder anders ausgedrückt: der sich hier vollziehenden technischen Revolution wurden die ihr entgegenstehenden kapitalistischen Fesseln etwas gelockert. Dies zeigt sich auf der stofflichen Seite des Reproduktionsprozesses in der Vertiefung der Arbeitsteilung, den Fortschritten bei der Spezialisierung und der Großserienproduktion und der rascheren Entwicklung neuer oder verbesserter Gebrauchswerte.

Solche Veränderungen in der stofflichen Seite des Reproduktionsprozesses zeitigen immer vielfältigere Wirkungen auf den Verwertungsprozeß des Kapitals. Die vorhandenen Kapitalanlagesphären werden aufnahmefähiger für zusätzliche Kapitalien, und neue Anlagesphären, finanziell gefördert durch supranationale Fonds, eröffnen sich.

Die supranationale Manipulierung des internationalen Reproduktionsprozesses hat so gewisse Effekte auf die Investitions- und Beschäftigungsentwicklung (wodurch auch den Lohnkämpfen der Werktätigen einiger Auftrieb gegeben wird und damit auf das Wachstumstempo.

In dem Maße, wie durch die monopolistische Durchdringung der Partnermärkte, durch die immer dichter werdende Kette der weitverzweigten Arbeitsteilung alle Abschnitte der kapitalistischen Wirtschaft enger ineinandergreifen, die Produktion zu einem gigantischen Organismus wird, ist es jedoch mit dem bloßen Abbau von bestimmten Hemmnissen nicht mehr getan. Der planmäßige Einsatz der Produktivkräfte, die vorausschauende Vorbereitung von erforderlichen Umstrukturierungen, die Koordinierung aller Seiten der Wirtschaftspolitik werden auch im internationalen Rahmen immer mehr zu einem objektiven Erfordernis.

Die Versuche, durch eine weitgehende supranationale Regulierung des Reproduktionsprozesses diesem objektiven Erfordernis auf kapitalistische Weise zu entsprechen, stoßen aber auf große, sich aus der kapitalistischen Eigentumsbasis ergebende Hindernisse, die nur schwer zu überwinden sind. Bezeichnend dafür sind die seit Jahren andauernden Konflikte im Energiesektor, in der Verkehrspolitik, bei den Getreidepreisen und bei der gemeinschaftlichen Programmierung. Je nach ihrer Interessenlage suchen einzelne Mitgliedsstaaten, die gemeinsame Politik auf diesen Gebieten möglichst lange zu umgehen und möglichst weit hinauszuschieben, um ihre Konkurrenzpositionen gegenüber den Partnern zu festigen. Bei dem schon erreichten Integrationsgrad muß das zu neuen Schwierigkeiten führen, die nur durch weitere Kompromisse beseitigt werden könncn. Die gegenwärtige Situation in der EWG ist hierfür kennzeichnend.

Bekanntlich sind die Inflationsprozesse seit einiger Zeit in der EWG nicht nur generell stärker ausgeprägt als in anderen hochentwickelten kapitalistischen Ländern, sie verlaufen auch in den einzelnen EWG-Ländern mit unterschiedlicher Stärke. Wir können die Ursachen hierfür nicht im einzelnen untersuchen. Eine generelle Ursache kann aber in der erhöhten staatsmonopolistischen Aktivität in den einzelnen EWG-Ländern zur Stärkung „ihrer“ Monopolgruppen gesehen werden. Der rasche inflationistische Preisauftrieb in der EWG hat nicht nur die Konkurrenzposition der EWG-Monopole gegenüber den amerikanischen und britischen Monopolen relativ verschlechtert und damit eines der Ziele des Zusammenschlusses zunächst durchkreuzt, er hat zudem, weil er sehr unterschiedlich innerhalb der EWG verläuft, eine außerordentlich komplizierte Situation geschaffen. Der unterschiedliche Preisanstieg hat infolge der stark reduzierten Zölle zwischen den Mitgliedstaaten umfangreiche Warenbewegungen ausgelöst, die sowohl die Defizitländer als auch die Überschußländer vor große Schwierigkeiten stellen. Die Organe der EWG versuchen jetzt, durch ein sogenanntes Stabilisierungsprogramm dieser Lage Herr zu werden. Dieses Programm erfordert auf einigen Gebieten ein koordiniertes Vorgehen der einzelnen Regierungen, Notenbanken usw. Das verfolgte Ziel dieses sogenannten Stabilisierungsprogramms ist es, durch eine restriktive Wirtschaftspolitik in den Defizitländern die inflationistischen Prozesse zu bremsen und die Preise und Produktionskosten pro Produktionseinheit zu stabilisieren (d. h. den Preisauftrieb in den „normalen“ Grenzen zu halten). In zweifacher Hinsicht ist dieses Programm interessant: Erstens zeigt es erneut, daß die staatlichen Eingriffe in den Reproduktionsprozeß nicht beliebig, unabhängig von den objektiv gegebenen Bedingungen vorgenommen werden können, daß sie nicht beliebig auf das Wachstum ausgerichtet sein können. Zweitens zeigt es, wie die Entwicklung der Widersprüche innerhalb der Integrationsgebilde dazu zwingt, immer mehr Souveränitätsrechte und Profitinteressen an die supranationalen Organe zu übertragen, wodurch sie sich auf höherer Ebene reproduzieren und in neuen Formen wieder hervortreten.

*

Bei der Behandlung der Prozesse des notwendigen Hinüberwachsens des monopolistischen in den staatsmonopolistischen Kapitalismus und der Analyse der Hauptseiten der Einwirkungen des Staates auf den Reproduktionsprozeß, den Möglichkeiten und Grenzen der staatsmonopolistischen Regulierung wurden verschiedentlich Probleme gestreift, die für die Analyse der zyklischen Entwicklung des kapitalistischen Reproduktionsprozesses unter den heutigen Bedingungen von Bedeutung sind.

Abschließend wollen wir einige Gesichtspunkte zur Wirkung der staatsmonopolistischen Regulierung auf die zyklische Entwicklung anführen, soweit sie sich aus den bisherigen Darlegungen ergeben. Bekanntlich haben sich im Verlauf der Entwicklung der kapitalistischen Produktionsweise die Erscheinungsformen der Krise und der zyklischen Produktionsentwicklung verändert. Gewisse neue Züge stellten sich schon ein mit dem Beginn des Übergangs zum monopolistischen Kapitalismus und nach dessen völliger Herausbildung. Grundlegende Veränderungen sind aber erst neueren Datums, sie gehören der Zeitspanne seit dem zweiten Weltkrieg an. Zu diesen Wandlungen in den Erscheinungsformen der Krisen und der zyklischen Entwicklung haben verschiedenartige Prozesse beigetragen. Einige lassen sich zusammenfassen unter dem Gesichtspunkt der Veränderungen in den weltwirtschaftlichen Beziehungen, beginnend mit der Revolutionierung des Verkehrs- und Nachrichtenwesens, und dann vor allem im Zusammenhang mit den vielfältigen Auswirkungen des sich herausbildenden sozialistischen Weltsystems und des Zerfalls des imperialistischen Kolonialsystems. Andere – wenn auch teilweise durch die ersteren mit bedingt – bewirkten in den kapitalistischen Produktionsverhältnissen selbst qualitative Veränderungen. Sie erstrecken sich auf die ökonomischen Kategorien, beispielsweise die Eigentumskategorie, und damit auf die Bedingungen für das Wirken der ökonomischen Gesetze.

Wir haben uns um den Nachweis bemüht, daß es auf der Basis eines hohen Grades der Konzentration und Zentralisation von Produktion und Kapital mit Hilfe des Staates möglich und notwendig wird, den spontan und anarchisch wirkenden Preis- und Profitmechanismus zu beeinflussen, zu verändern und relativ zu durchbrechen. Ausgehen muß man u. E. nach wie vor vom Profit. Dabei ist es aber erforderlich zu analysieren, was die Veränderung und relative Durchbrechung des Preis- und Profitmechanismus für die Profitkategorie bedeutet. Eines scheint unmittelbar daraus zu folgen: Die Entwicklung des Reproduktionsprozesses wird durch die staatlichen Eingriffe und Maßnahmen bis zu einem gewissen Grade von einem „manipulierten Profit" bestimmt. Bei diesem kann es sich nicht schlechthin um den Monopolprofit handeln, der überwiegend auf der Ausnutzung monopolistischer Marktbeherrschung beruht und nach der Stärke des Monopols – bei sonst gleichen Bedingungen – verschieden hoch ist. Es handelt sich vielmehr um eine umfassendere Profitkategorie, die in sich alle jene Momente einschließt, die eben die relative Durchbrechung des Preis- und Profitmechanismus notwendig machen.

Je nach den Erfordernissen des Konkurrenzkampfes im Gesamtsystem, z. B. der beschleunigten Durchsetzung von Strukturveränderungen in der Wirtschaft, dem politischen und militärischen Machtstreben der herrschenden Monopolgruppen, werden mit Hilfe des Staates Vorzugsbedingungen für die Profitrealisierung geschaffen. Es wird über Umverteilungsprozesse und andere Maßnahmen auf die Kapitalanlagemöglichkeiten, deren Richtungen auf die Marktentwicklung, z. B. durch die Rüstungsausgaben und Ausgaben für andere Arten des parasitären Verbrauchs, Einfluß genommen.

Dadurch verändern sich in vielerlei Hinsicht die Bedingungen und Voraussetzungen, unter denen sich die notwendigen Proportionen herstellen, die jeder Reproduktionsprozeß bedingt. Auch unter den gegenwärtigen Bedingungen können sie sich nur auf dem Wege ihrer ständigen Verletzung, also über die Disproportionalität herausbilden. Aber die Formen und Methoden sind offensichtlich nicht mehr dieselben. Konkurrenz und Anarchie, obzwar nicht verschwunden, zeitigen nicht mehr die klassischen zyklischen Auswirkungen. Früher bewirkte das wechselseitige Aufeinanderwirken der Vielzahl der Einzelkapitale (die Zwangsgesetze der Konkurrenz) den kumulativen Prozeß der Übersteigerung der Konjunktur mit dem anschließenden Zusammenbruch der Konjunktur und der kumulativen Verstärkung der Krisenerscheinungen. Sie erfolgte so lange, bis die angehäuften Widersprüche durch massenhafte Bankrotte, Produktionseinschränkungen, Vernichtung von Warenvorräten usw. momentan gelöst und eine neue Verwertungsbasis für das Kapital wieder hergestellt waren. Eine hervorragende Rolle spielte hierbei die Entwertung des Kapitals, hervorgerufen vor allem durch den plötzlichen und starken Sturz der Preise auf allen Gebieten.

Unter diesen Bedingungen waren die Krisen, wenn auch nicht das alleinige, so doch das wichtigste Mittel zur Herstellung neuer Proportionalitätsverhältnisse oder notwendiger Strukturveränderungen.

Durch die umfassende ökonomische Tätigkeit des Staates im Reproduktionsprozeß ändert sich dieser Mechanismus. Es zeigt sich dies darin, daß sich notwendige Proportionen und Strukturveränderungen teilweise auf andere Art herausbilden und die Bewegung und Lösung der kapitalistischen Widersprüche auch neue Formen annehmen. Wir möchten nur auf zwei Prozesse hinweisen, die dies verdeutlichen sollen.

Bei dem einen handelt es sich um die Wirkungen des raschen technischen Fortschritts. Die Vergesellschaftung der Forschung hat in der Gegenwart durch den Einsatz riesiger staatlicher Mittel Maßstäbe erreicht, gegen die die entsprechenden Verhältnisse z. B. in den zwanziger Jahren zwerghaft erscheinen. Eine Folge davon ist, daß der moralische Verschleiß des fixen Kapitals eine gesteigerte Bedeutung erlangt hat. Nicht nur insofern, als die technische Umwälzung in jedem wichtigen Industriezweig viel rascher als früher erfolgt, sondern auch durch die gewachsene Substitutionskonkurrenz zwischen den Industriezweigen vor allem als Folge der Chemisierung der Volkswirtschaften. Der hiermit verbundene mehr oder weniger kontinuierlich erfolgende moralische Verschleiß hat heute im Hinblick auf die Kapitalentwertung weitgehend die Rolle übernommen, die früher der plötzliche und umfassende Preisverfall innehatte. Die Kapitalentwertung oder Kapitalvernichtung ist heute gewissermaßen zu einem beständigen Begleiter des Reproduktionsprozesses geworden, d. h. eine wichtige Krisenfunktion wirkt ständig.

Bei dem zweiten Prozeß handelt es sich um die parasitären Ausgaben für Rüstung und Kriegsvorbereitung. Auf die sehr verschiedenartigen Probleme, die damit in Verbindung stehen, können wir nicht mehr eingehen. Unter dem hier zu betrachtenden Aspekt ist aber als das Charakteristischste der Rüstungsproduktion und anderer parasitärer Verfallsprozesse hervorzuheben, daß sie der allgemeinen Überproduktion durch die Vergeudung von Produktivkräften entgegenwirken.

An und für sich sind solche Prozesse, die als ständig wirksame Krisenfunktionen anzusehen sind, in Ansätzen auch schon auf früheren Stadien des Kapitalismus in Erscheinung getreten. Marx wies schon in den Grundrissen darauf hin:

„Es sind in der entwickelten Bewegung des Kapitals Momente, die diese Bewegung aufhalten, anders als durch Krisen; so z. B. die beständige Entwertung eines Teils des existierenden Kapitals: die Verwandlung eines großen Teils von Kapital in capital fixe, das nicht als Agent der direkten Produktion dient; unproduktive Vergeudung einer großen Portion des Kapitals etc.“[15]

Diese Zusammenhänge machen sich heute aber bei ganz anderen Maßstäben geltend, und ihre Ausmaße sind es, die mit dazu beitragen, daß sich der Mechanismus der Krisen und der zyklischen Produktionsentwicklung verändert. Beide erwähnten Arten der Kapitalvernichtung vollziehen sich in der Gegenwart weitgehend durch die ökonomische Tätigkeit des Staates im Reproduktionsprozeß. Sie sind mit einer umfassenden Umverteilung des Nationaleinkommens und mit Inflationserscheinungen verbunden. In diesem Sinne kann man auch sagen, daß die dem technischen Fortschritt gemäßen, objektiv notwendigen Proportionen und die Auslastung der Kapazitäten für den parasitären Verbrauch mit Hilfe von Umverteilungs- und Inflationsprozessen durchgesetzt werden.

[15] *Karl Marx*, Grundrisse . . ., a. a. O., S. 636.

Johann Lorenz Schmidt

DER NICHTKAPITALISTISCHE WEG DER ENTWICKLUNGSLÄNDER UND DER NEOKOLONIALISMUS

In unserer Epoche, in der sich der Sozialismus siegreich entwickelt und in immer stärkerem Maße zum bestimmenden Faktor der gesamten gesellschaftlichen Entwicklung wird, in der der Imperialismus immer schwächer wird und sein Kolonialsystem rapid zerfällt, entstehen ständig neue Situationen, neue Prozesse, neue Erscheinungsformen der ökonomischen und sozialen Entwicklung. Dies betrifft nicht nur die sozialistischen Staaten, in denen die schnelle Entwicklung immer neue Aufgaben stellt und immer größere und höhere Möglichkeiten erzeugt, sondern in hohem Maße auch die jungen Staaten, die auf Grund des Zerfalls des imperialistischen Kolonialsystems entstanden sind. In diesen jungen Staaten und in den anderen ökonomisch schwachentwickelten Ländern, die wir heute unter dem Gesamtbegriff *Entwicklungsländer* zusammenfassen, entstehen auf Grund des stürmischen Anwachsens der antiimperialistischen nationalen Befreiungsbewegung und des zunehmenden Einflusses des Sozialismus immer häufiger Prozesse, die im Vergleich mit früheren Entwicklungsetappen völlig neue Aspekte aufweisen. Ganz besonders trifft dies für diejenigen jungen Staaten zu, in denen die Entwicklung der politischen Kräfteverhältnisse das Beschreiten des nichtkapitalistischen Weges ermöglicht. Hieraus entstehen Prozesse und Probleme, die z. T. völlig neuartig sind und die bei einer schematischen, undialektischen Anwendung unserer Theorie nicht richtig erfaßt und erst recht nicht gelöst werden können. Es ist eine der wichtigsten und dringendsten Aufgaben der marxistisch-leninistischen Ökonomen, diese neuen Prozesse und Probleme zu untersuchen.

Die Analyse des nichtkapitalistischen Weges der Entwicklungsländer ist nicht nur notwendig, um die neuen Formen des Übergangs dieser Länder zum Sozialismus zu verstehen, sondern auch um verschiedene Merkmale des Neokolonialismus erkennen und erklären zu können. Denn die neokolonialistschen Maßnahmen der imperialistischen Mächte sind nicht nur darauf gerichtet, die Profite der Monopole trotz des immer erfolgreicheren antiimperialistischen Kampfes der Völker der Entwicklungsländer zu sichern, ja wenn möglich sogar zu steigern, sondern auch darauf, das Beschreiten des nichtkapitalistischen Weges durch diese Länder mit allen Mitteln zu verhindern. Dieses zweite Ziel ist mit dem ersten engstens verbunden, da die ihm dienenden Maßnahmen darauf gerichtet sind, die betreffenden Entwicklungsländer im System der kapitalistischen Profitwirtschaft, d. h. im System der kapitalistischen Ausbeutung, zu behalten, und letzten Endes auch darauf, das gesamte kapitalistische Profitsystem zu schützen. Jedoch im Rahmen der Versuche, dieses Ziel zu erreichen, sind die imperialistischen Mächte infolge der veränderten Kräfteverhältnisse gezwungen, in bestimmten Situationen – um das Beschreiten des nichtkapitalistischen Weges durch die Entwicklungsländer zu verhindern – solche neokolonialistischen Maßnahmen zu treffen, die vom direkten Profitstandpunkt aus gesehen nicht unmittelbar „rentabel" sind. Diese Maßnahmen der imperialistischen Mächte variieren sehr stark, je nach den konkreten Verhältnissen in den einzelnen Entwicklungsländern. Die gründliche Untersuchung der Möglichkeiten und der Formen des Beschreitens des nichtkapitalistischen Weges durch die Entwicklungsländer ist deshalb auch notwendig, um die auf die Verhinderung dieses Weges gerichteten neokolonialistischen Maßnahmen des Imperialismus umfassend erklären zu können.

Im folgenden sollen nur einige Aspekte dieser Problematik, d. h. der Fragen des nichtkapitalistischen Weges der Entwicklungsländer und der neokolonialistischen Versuche zur Verhinderung dieses Weges, kurz behandelt werden.

*

Die erste Frage, die hierbei aufgeworfen und beantwortet werden muß, ist die nach dem Begriff, nach dem Wesen des nichtkapitalistischen Weges der Entwicklungsländer. Das Studium der über diese Problematik erschienenen nicht sehr umfangreichen Literatur zeigt, daß darüber noch erhebliche Unklarheiten vorhanden sind. Dies manifestiert sich unter anderem auch darin, daß über das Beschreiten des nichtkapitalistischen Weges durch einzelne junge Staaten sehr verschiedene Meinungen vertreten wurden und z. T. noch werden. Während verschiedene Ökonomen, darunter auch der Autor dieser Arbeit, feststellten, daß einige junge Staaten den nichtkapitalistischen Entwicklungsweg bereits beschritten haben, sprechen andere Wissenschaftler nur von einer Annäherung an diesen Weg. Sie schreiben von einem Stadium der „Schaffung der Vorbedingungen zum Beschreiten des nichtkapitalistischen Weges", von dem „bevorstehenden Übergang zum nichtkapitalistischen Entwicklungsweg", von der „Schaffung der Basis einer nichtkapitalistischen Entwicklung", vom „Vorhandensein der unmittelbaren Voraussetzungen für den Übergang zum nichtkapitalistischen Entwicklungsweg", usw. usw.[1]

Zwischen der zuerst angeführten Ansicht, daß einige junge Staaten sich bereits auf dem nichtkapitalistischen Weg befinden, und den soeben zitierten Meinungen besteht zweifellos ein erheblicher Unterschied. Man könnte vorerst annehmen, daß der Unterschied sich darauf zurückführen lasse, daß die verschiedenen Feststellungen sich auf verschiedene junge Staaten oder verschiedene Entwicklungsetappen dieser Länder beziehen; daß also die unterschiedlichen Feststellungen unterschied-

[1] Siehe u. a. die Artikel von *G. Mirski*, „Neue Zeit", Nr. 18, 1964; *K. Grischetschkin*, „Neue Zeit", Nr. 41, 1963; *M. Kremnjow*, „Probleme des Friedens und des Sozialismus", 6. Jg., Nr. 8, 1963.

liche Tatbestände betreffen. Doch in vielen Fällen werden sie für dasselbe Land in derselben Etappe seiner Entwicklung angewandt.

Wie verschieden in den Nuancen die von mir vorher zitierten und viele andere ähnliche Äußerungen auch sein mögen, sie haben eines gemeinsam: sie sprechen alle von einem Zustand unmittelbar *vor* der Beschreitung des nichtkapitalistischen Weges durch die vorhergenannten Länder, jedoch nicht davon, daß sie *bereits* den den nichtkapitalistischen Weg beschritten haben. Man hat den Eindruck, als ob die betreffenden Ökonomen *zögern* würden, die Feststellung zu machen, daß von den betreffenden Ländern der nichtkapitalistische Weg tatsächlich schon beschritten wurde; daß sie zögern, in der Befürchtung, mit einer solchen Feststellung „zu weit zu gehen“.

Wenn wir dem noch hinzufügen, daß nicht nur in der Fachliteratur, sondern auch in den breitesten Kreisen der sozialistischen Länder immer wieder die Frage gestellt und lebhaft diskutiert wird, welche jungen Staaten bereits den nichtkapitalistischen Weg beschritten haben bzw. ob dieser Fall überhaupt schon eingetreten ist – dann scheint es dringend notwendig, die Kardinalfrage zu stellen, *was wir eigentlich unter dem nichtkapitalistischen Weg der Entwicklungsländer verstehen und welche Merkmale vorhanden sein müssen, um vom Beschreiten des nichtkapitalistischen Entwicklungsweges sprechen zu können.*

Es sei mit der Feststellung begonnen, daß der nichtkapitalistische Weg der Entwicklungsländer *nicht identisch mit dem sozialistischen Weg ist.* Wäre es so, dann würden wir diese Unterscheidung nicht machen, sondern nur vom sozialistischen Weg sprechen. Wenn wir die Unterscheidung zwischen dem nichtkapitalistischen und dem sozialistischen Weg der Entwicklungsländer doch machen, so nicht aus Vergnügen an der Schaffung von neuen Termini, sondern deshalb, weil in der gegenwärtigen Epoche, der Epoche der grundlegenden Veränderung der Kräfteverhältnisse in der Welt, der Epoche der enormen und kontinuierlich wachsenden Auswirkungen des sozialistischen Weltsystems, des Zerfalls des imperialistischen Kolonialsystems und des außerordentlichen Anwachsens der nationalen antiimperialistischen Befreiungsbewegung, in den Entwicklungsländern eine neue Möglichkeit entstanden ist.

Diese Möglichkeit besteht darin, daß auf Grund der soeben angeführten Prozesse die Völker der Entwicklungsländer selbst bei einer außerordentlich schwachen Entwicklung der Produktivkräfte, ja selbst beim Überwiegen vorkapitalistischer Produktionsweisen, *trotz der Unmöglichkeit des unmittelbaren Übergangs zum Aufbau des Sozialismus,* bei entsprechenden Kräfteverhältnissen in der Lage sind, einen Weg zu beschreiten, der unter Umgehung von traditionellen Zwischenstufen – und wenn solche vorhanden, bei einem stufenweisen Zurückdrängen kapitalistischer Elemente – letzten Endes zu einer Etappe führt, in der mit dem Aufbau des Sozialismus begonnen werden kann.

Wir können den nichtkapitalistischen Weg der Entwicklungsländer kurz als den Weg der wirtschaftlichen, sozialen und politischen Entwicklung bezeichnen, der den *kapitalistischen Weg ablehnt,* der auf den Sozialismus ausgerichtet ist und der *letzten Endes zum Sozialismus führt.* Dieser Weg kann je nach den konkreten historisch entstandenen Bedingungen kürzer oder länger dauern. Auf diesem Weg können infolge der Aktion ausländischer oder einheimischer reaktionärer Kräfte auch zeitweilige Rückschläge eintreten. Auf jeden Fall weist er aber die vorher angeführten Hauptmerkmale auf.

Diese Definition ist allerdings viel zu allgemein und besagt an und für sich noch wenig, wenn wir sie nicht näher spezifizieren. Dies ist um so notwendiger, als die vorher genannten Merkmale häufig schematisch interpretiert werden.

Vor allem ist es notwendig, auf den Unterschied zwischen dem nichtkapitalistischen Weg und dem sozialistischen Weg einzugehen; denn die Ansicht, daß beide Begriffe im Grunde genommen denselben Prozeß bezeichnen, ist noch häufig anzutreffen. Letztere Auffassung bedeutet allerdings das Ignorieren von besonders komplexen und neuartigen politischen und ökonomischen Prozessen, die sich gegenwärtig in verschiedenen Entwicklungsländern abspielen.

Vor dem Beginn der allgemeinen Krise des Kapitalismus bestand für die ökonomisch schwachentwickelten Länder und Gebiete nur eine einzige Möglichkeit: die des kapitalistischen Weges, der für sie die Ausbeutung durch die imperialistischen Mächte im Rahmen der internationalen imperialistischen Arbeitsteilung bedeutete. Nach dem Beginn der allgemeinen Krise des Kapitalismus entstand infolge des Sieges der Großen Sozialistischen Oktoberrevolution und ihrer wachsenden Auswirkungen die Möglichkeit, daß auch ökonomisch schwachentwickelte Länder und Gebiete aus dem kapitalistischen Weltsystem herausbrechen und den sozialistischen Weg beschreiten. Diese Möglichkeit konnte jedoch in jener Zeit noch nicht realisiert werden, da die internationalen Kräfteverhältnisse und auch die Kräfteverhältnisse innerhalb dieser Länder und Gebiete selbst es nicht zuließen.

In der zweiten Etappe der allgemeinen Krise des Kapitalismus, nach dem zweiten Weltkrieg, konnten einige ökonomisch schwachentwickelte Länder (Halbkolonien wie China und Kolonien wie Korea und Vietnam) aus dem kapitalistischen Weltsystem völlig herausbrechen und den sozialistischen Weg beschreiten. Dies geschah auf Grund der außerordentlich stark gewachsenen Ausstrahlungskraft der Sowjetunion, des außerordentlichen Anwachsens der antiimperialistischen Befreiungsbewegung in diesen Ländern unter Führung der kommunistischen Parteien und der Schwächung der Positionen des Imperialismus. Die übrigen halbkolonialen und abhängigen Länder und Kolonien verblieben noch innerhalb des Systems der imperialistischen Ausbeutung.

In der dritten Etappe der allgemeinen Krise des Kapitalismus entstand infolge der grundlegend veränderten internationalen Kräfteverhältnisse, der stürmischen Weiterentwicklung der antiimperialistischen nationalen Befreiungsbewegung und des Zerfalls des imperialistischen Kolonialsystems die Möglichkeit für die Entwicklungsländer, schon *vor dem Beginn* des Übergangs zum Sozialismus einen nichtkapitalistischen Weg zu beschreiten.

Obwohl es sich aus den bisherigen Ausführungen eindeutig ergeben muß, daß es sich hierbei nicht um einen „dritten Weg" handelt, muß die völlige Verschiedenheit beider Begriffe in aller Schärfe betont werden, um jegliche Verwechslung auszuschließen. Die Befürworter des „dritten Weges" treten für eine solche Entwicklung der jungen Staaten und der anderen ökonomisch schwachentwickelten Länder ein, die weder kapitalistisch noch sozialistisch ist und sich *auf die Dauer* von beiden Wegen grundsätzlich unterscheidet. Unseres Erachtens ist ein solcher „dritter Weg" nicht möglich, und das Eintreten dafür unterstützt letzten Endes die Befürworter des kapitalistischen Weges. Im völligen Gegensatz dazu ist der nichtkapitalistische Weg eine Vorstufe zum Beschreiten des sozialistischen Weges. Er schließt nur einen Weg aus: den kapitalistischen. Er steht nicht im Gegensatz zum sozialistischen Weg. Im Gegenteil: er bereitet ihn vor.[2] Daß es heute die Möglichkeit einer solchen *vorbereitenden Stufe* des sozialistischen Weges in Entwicklungsländern gibt, in denen die Situation ein unmittelbares Herangehen an den Aufbau des Sozialismus noch nicht erlaubt, ergibt sich aus den bereits erwähnten Hauptmerkmalen unserer Epoche. Diese Möglichkeit zu verneinen hieße Tatsachen zu verneinen, denn der nichtkapitalistische Weg ist in verschiedenen jungen Staaten durch eine Veränderung der Kräfteverhältnisse zuungunsten des Kapitalismus bereits Wirklichkeit geworden.

Auf Grund dieser Tatsachen, d. h. auf Grund der Erfahrungen der konkreten Prozesse des nichtkapitalistischen Entwicklungsweges in fünf jungen Staaten (Mali, Ghana, Burma, Ägypten und Algerien), sollen nun einige der Hauptmerkmale dieser spezifischen Entwicklung kurz gezeigt werden. Wir wollen hierbei so vorgehen, daß wir die besonderen Eigenheiten dieses Prozesses anhand der Widerlegung irrtümlicher, schematischer Ansichten, die darüber vorhanden sind, darlegen.

Oft wird die Auffassung vertreten, daß der nichtkapitalistische Weg in den jungen Staaten nur dann beschritten werden kann, wenn in den betreffenden Ländern ein starkes und klassenbewußtes Proletariat vorhanden ist, das die Führung auf diesem Weg übernimmt. Wenn diese Meinung richtig wäre, dann wäre für viele junge Staaten, insbesondere des afrikanischen Kontinents, das Beschreiten des nichtkapitalistischen Weges gegenwärtig und in der nächsten Zukunft noch nicht möglich. Denn in vielen dieser Staaten ist das Proletariat erst in Entstehung begriffen, oder es ist infolge der ungenügenden Herausbildung seines Klassenbewußtseins noch nicht in der Lage, die Führung zu übernehmen.

Nichts wäre jedoch falscher als in bezug auf solche junge Staaten den Standpunkt des Abwartens einzunehmen. Ein solches Abwarten würde ein Schulbeispiel für die schädlichen Folgen eines dogmatischen Herangehens an die neuen Prozesse darstellen, die gegenwärtig in den jungen Staaten und anderen Entwicklungsländern stattfinden. Die tatsächliche Entwicklung zeigt, daß in manchen dieser Staaten mit kaum entwickeltem Proletariat Führer auftreten, die nicht aus dem Proletariat kommen, sondern aus der nationalen Intelligenz, aus der Bauernschaft oder aus dem Kleinbürgertum, führende Persönlichkeiten, die entschieden gegen den Imperialismus kämpfen und die anstelle der Herrschaft der ausländischen Monopole nicht die Herrschaft des einheimischen Kapitalismus setzen wollen. Sie sind ganz entschiedene

[2] In bezug auf die Unterscheidung zwischen dem nichtkapitalistischen und dem sozialistischen Weg der Entwicklung und zahlreiche andere Fragen bin ich vollkommen einverstanden mit den Ausführungen von *A. Sobolew* in seinem Artikel „Die nationale Demokratie – der Weg zum sozialen Fortschritt", in: „Probleme des Friedens und des Sozialismus", 6. Jg., Nr. 2, 1963.

Anhänger eines nichtkapitalistischen Entwicklungsweges. Sie haben alle das gemeinsame Merkmal, daß sie mehr oder weniger bewußt von dem Beispiel des siegreichen Sozialismus beeinflußt sind und unter diesem Einfluß den Kapitalismus entschieden ablehnen. Wenn auch die Dogmatiker davor die Augen verschließen, steht die Tatsache fest, daß in verschiedenen jungen Staaten, insbesondere Afrikas, Personen aus den vorhergenannten Schichten führend im Streben nach dem Beschreiten des nichtkapitalistischen Weges wirken, ja in verschiedenen Fällen auf dem bereits beschrittenen nichtkapitalistischen Weg vorangehen.

Doch *in indirekter Weise* können wir auch in solchen Fällen von der führenden Rolle des Proletariats sprechen. Wir erwähnten soeben, daß diese revolutionären Führer verschiedener junger Staaten sich von dem Beispiel des Sieges des Sozialismus in der Sowjetunion und in anderen sozialistischen Ländern leiten lassen. Unseres Erachtens unterliegt es keinem Zweifel, daß in dieser Auswirkung des sozialistischen Weltsystems auf junge Staaten mit einem wenig entwickelten Proletariat sich die Tatsache manifestiert, daß in der gegenwärtigen Etappe der historischen Entwicklung, in der der Sozialismus zum bestimmenden Faktor des gesellschaftlichen Geschehens wird, das siegreiche Proletariat des Weltsystems des Sozialismus seine führende Rolle nicht nur in den sozialistischen Ländern selbst ausübt, sondern in *indirekter* Form auch in den vom Imperialismus ausgebeuteten schwachentwickelten Staaten.

Allerdings wird der Aufbau des Sozialismus in den Entwicklungsländern nur dann erfolgen können, wenn auch in diesen Ländern sich bereits ein einheimisches Proletariat entwickelt hat und unter der Leitung seiner aktivsten und klassenbewußtesten Teile seine historische Funktion erfüllt.

Wir erwähnten vorher als eines der Hauptmerkmale des nichtkapitalistischen Weges die *Ausrichtung auf den Sozialismus.* Diese von keinem marxistischen Ökonomen in Frage gestellte Feststellung wird allerdings von manchem so gedeutet, daß ein junger Staat den nichtkapitalistischen Weg nur dann beschreiten kann, wenn die in dem betreffenden Land herrschenden patriotischen Kräfte, die die Wirtschaftspolitik und Politik des Landes bestimmen, sich bereits zu Beginn dieses Weges ganz eindeutig nach den Prinzipien des wissenschaftlichen Sozialismus, des Marxismus-Leninismus, richten. Unseres Erachtens ist diese Bestimmung des nichtkapitalistischen Weges viel zu eng. Es versteht sich von selbst, daß der Aufbau des Sozialismus nur auf Grund der Lehre des wissenschaftlichen Sozialismus durchgeführt werden kann. Doch dies muß notwendigerweise am Ende und nicht am Anfang des nichtkapitalistischen Weges stehen.

Um Mißverständnisse zu vermeiden, muß gleich betont werden, daß damit keinesfalls gesagt werden soll, daß man in jedem Fall vom Beschreiten des nichtkapitalistischen Weges sprechen kann, wenn führende Persönlichkeiten eines Entwicklungslandes den Sozialismus als ihr Ziel bezeichnen. Die herrschenden Kreise in verschiedenen Entwicklungsländern gebrauchen das Wort *Sozialismus* aus demagogisch-taktischen Gründen, um eine prokapitalistische, proimperialistische Politik zu tarnen. Aber es gibt auch Fälle, in denen führende Persönlichkeiten von jungen Staaten einen Sozialismus als ihr Ziel bezeichnen, der sich in mancher Hinsicht von den Lehren des wissenschaftlichen Sozialismus unterscheidet, jedoch aus einer eindeutigen Einstellung *gegen* den Kapitalismus und aus einer nicht weniger eindeutigen Stellungnahme *für* den Sozialismus resultiert.

In solchen Fällen ist es durchaus möglich, wie konkrete Beispiele es beweisen, daß in den betreffenden Ländern der nichtkapitalistische Entwicklungsweg beschritten wird. Allerdings kann dies nur geschehen, wenn eine Reihe von konkreten Maßnahmen durchgeführt werden. Denn der nichtkapitalistische Weg kann nie bloß durch allgemeine Erklärungen zugunsten des Sozialismus, sondern immer nur durch konkrete Maßnahmen beschritten werden. Im Verlauf des Prozesses, den wir als nichtkapitalistischen Weg bezeichnen, kann der Übergang zum sozialistischen Entwicklungsweg allerdings nur auf Grund der Lehren des wissenschaftlichen Sozialismus erfolgen.

Es wurde schon darauf hingewiesen, daß es zum Wesen des nichtkapitalistischen Entwicklungsweges gehört, daß die Kräfte, die sie beschreiten, den kapitalistischen Weg ablehnen. Oft wird aus dieser Tatsache gefolgert, daß der nichtkapitalistische Weg in einem Entwicklungsland, in dem bereits eine gewisse Entwicklung des einheimischen Kapitalismus stattgefunden hat, nur dann beschritten werden kann, nachdem die in der Wirtschaft vorhandenen kapitalistischen Elemente durch Nationalisierung beseitigt worden sind. Es handelt sich bei dieser Auffassung um eine völlig falsche Vorstellung vom Wesen des nichtkapitalistischen Entwicklungsweges. Das Beschreiten dieses Weges und das Voranschreiten auf diesem Weg erfolgt in den betreffenden Ländern in einem ständigen Kampf der antikapitalistischen Kräfte mit den vorhandenen Positionen des Kapitalismus, einem Kampf, der früher oder später mit der Überwindung des Kapitalismus und dem Übergang zum Sozialismus enden wird. Als Beispiel sei Algerien angeführt. Dieses Land hat zweifellos bereits die ersten Schritte auf dem nichtkapitalistischen Weg gemacht. Und doch gibt es in der algerischen Wirtschaft noch eine relativ große Anzahl von Unternehmungen der einheimischen Bourgeoisie. Die Existenz dieser Unternehmungen widerspricht keinesfalls der Tatsache des Beschreitens des nichtkapitalistischen Weges.

Oft wird auch die Auffassung vertreten, daß der nichtkapitalistische Weg nicht beschritten werden kann in solchen Entwicklungsländern, in denen ausländische Monopole noch starke ökonomische Machtpositionen besitzen. Auch gegen diese Auffassung könnte das Beispiel Algeriens angeführt werden, wo noch sämtliche Bergwerke und Erdölfelder sich im Besitz ausländischer, zum größten Teil französischer Monopole befinden, und wo noch alle Großbanken vom französischen Finanzkapital beherrscht sind. Ebenso kann Ghana angeführt werden, wo über 90% des gesamten Bergbaus von englischen und USA-Monopolen kontrolliert werden. Trotzdem können wir vom Beschreiten des nichtkapitalistischen Weges in Ghana und in Algerien sprechen, weil die herrschenden antiimperialistischen, patriotischen Kräfte die Entwicklung des Landes ganz eindeutig auf den Sozialismus ausrichten und den staatlichen Sektor dementsprechend organisieren. Die Möglichkeit des Betretens des nichtkapitalistischen Weges durch ein Entwicklungsland hängt nicht davon ab, ob und wieviel in- und ausländische kapitalistische Unternehmungen im betreffenden Land vorhanden sind, sondern von den konkreten politischen Kräfteverhältnissen. Wenn es in einem Entwicklungsland den antikapitalistischen Kräften auf Grund der konkreten politischen Situation gelingt, die Macht zu ergreifen und zu halten, dann kann der nichtkapitalistische Weg beschritten werden, selbst wenn in der Wirtschaft des Landes noch viele einheimische oder/und ausländische kapitalistische Unternehmungen existieren. Ebenso kann dieser Weg bei Vorhandensein der vorher angeführten Grundvoraussetzung auch dann beschritten werden, wenn die Produktivkräfte nur eine sehr niedrige Entwicklungsstufe aufweisen. Die Möglichkeit des Beschreitens des nichtkapitalistischen Weges wird nicht durch den Stand der ökonomischen Entwicklung in den jungen Staaten und sonstigen ökonomisch schwachentwickelten Ländern, sondern durch die Stärke der antikapitalistischen Kräfte bestimmt.

Selbst in einer verhältnismäßig so kurzen Darstellung des Wesens des nichtkapitalistischen Weges, wie sie hier vorgelegt wird, muß das Verhältnis zwischen diesem Weg und der politischen Struktur behandelt werden, die wir als den *Staat der nationalen Demokratie* bezeichnen. Es ist nicht verwunderlich, daß diejenigen, die den nichtkapitalistischen Entwicklungsweg als identisch mit dem sozialistischen Weg ansehen, den ersteren völlig von der *nationalen Demokratie* trennen. Dies ist falsch, aber es ist die logische Konsequenz der irrigen Gleichsetzung des nichtkapitalistischen Weges in den jungen Staaten mit dem Weg, der das Endziel der nichtkapitalistischen Entwicklung ist. Unter den marxistisch-leninistischen Ökonomen, die sich mit der Problematik der Entwicklungsländer befassen, überwiegt in der letzten Zeit die Ansicht, daß der nichtkapital istischeWeg und der Staat der nationalen Demokratie engstens zusammengehören, in dem Sinne, daß der nichtkapitalistische Weg im Rahmen der politischen Struktur der *nationalen Demokratie* betreten wird. In den letzten Jahren hat sich unter den marxistisch-leninistischen Wissenschaftlern allerdings die Meinung herausgebildet, daß die *nationale Demokratie* zwar die günstigste, jedoch keinesfalls die einzige politische Struktur ist, in deren Rahmen der nichtkapitalistische Weg beschritten werden kann.

Die Hauptmerkmale des nationaldemokratischen Staates sind aus der *Erklärung der Beratung der kommunistischen und Arbeiterparteien* von November 1960 allgemein bekannt. Zu diesen Merkmalen gehört der Kampf „gegen die neuen Formen des Kolonialismus und gegen das Eindringen des imperialistischen Kapitals" und die „konsqeuente Verteidigung der politischen und wirtschaftlichen Unabhängigkeit". Es gehört dazu auch der Kampf gegen die Großgrundbesitzer und für eine umfassende Agrarreform und der Kampf gegen die reaktionäre proimperialistische Großbourgeoisie. Es gehört jedoch *nicht* dazu der Kampf gegen *alle* Schichten der einheimischen Bourgeoisie. Im Gegenteil, eines der wichtigsten Merkmale der *nationalen Demokratie* ist der gemeinsame Kampf *aller* antiimperialistischen, patriotischen Kräfte des betreffenden Landes, einschließlich des antiimperialistischen Flügels der Bourgeoisie, der sich zumeist aus dem städtischen Kleinbürgertum rekrutiert und dem jedoch in verschiedenen Ländern auch größere Unternehmer angehören, deren Interessen von den ausländischen Monopolen und den einheimischen Großgrundbesitzern geschädigt werden. Dieser Umstand bedeutet keinesfalls einen Widerspruch zwischen dem Staat der nationalen Demokratie und dem nichtkapitalistischen Entwicklungsweg. Dieser Weg wird auf Grund des Zusammenwirkens aller antiimperialistischen, patriotischen Kräfte beschritten, im Rahmen eines Prozesses, in dem die antikapitalistischen Kräfte zeitweilig sogar Teile der mittleren Bourgeoisie mit sich reißen können.

Zwischen marxistisch-leninistischen Ökonomen. die sich mit den Problemen der jungen Staaten beschäftigen, gab es und gibt es noch häufig Diskussionen darüber, in welchem jungen Staat wir bereits von einem Staat der nationalen Demokratie bzw. vom Beschreiten des nichtkapitalistischen Weges sprechen können. Bei diesen Auseinandersetzungen spielt sehr oft die Frage eine entscheidende Rolle, ob in dem betreffenden jungen Staat alle fortschrittlichen Parteien zugelassen sind. Obwohl die meisten dieser Diskussionen nicht in Veröffentlichungen einen Ausdruck fanden, halten wir es für unbedingt notwendig, auf diese Frage kurz einzugehen, da es sich unseres Erachtens um ein besonders wichtiges Problem der Entwicklung dieser Länder handelt. Manche vertreten den Standpunkt, daß man nicht von einem Staat der nationalen Demokratie und auch nicht von dem Beschreiten des nichtkapitalistischen Weges in solchen Entwicklungsländern sprechen kann, in denen nur eine politische Partei zugelassen ist. Unseres Erachtens ist dieser Standpunkt als schematisch, als undialektisch zu bezeichnen. Es widerspricht nicht dem demokratischen Charakter des nichtkapitalistischen Weges von jungen Staaten, wenn eine einzig zugelassene Staatspartei tatsächlich alle fortschrittlichen, patriotischen, antiimperialistischen Kräfte der Nation umfaßt und durch dieses umfassende Band ihre Kampfkraft wesentlich erhöht. Ghana und Algerien stellen dafür ein gutes Beispiel dar.

Während über die vorher behandelte Frage noch zahlreiche Diskussionen stattfinden, ist unbestritten, daß eines der wichtigsten Merkmale des nichtkapitalistischen Weges der jungen Staaten und anderer Entwicklungsländer der Ausbau und die Festigung des staatlichen Sektors in der Wirtschaft ist. Dies kann durch die Verstaatlichung sowohl der Unternehmungen ausländischer Monopole als auch von Unternehmungen einheimischer Kapitalisten geschehen sowie auch durch den Aufbau von neuen Betrieben durch den Staat. Allerdings gibt es in bezug auf die Rolle des staatlichen Sektors in der Gesamtheit der Entwicklungsländer z. T. starke Meinungsverschiedenheiten zwischen marxistischen Ökonomen. Wir wollen hier kurz auf einige irrige Ansichten eingehen, um so mehr als eine falsche Einschätzung der Rolle des staatlichen Sektors in den Entwicklungsländern auch die Auffassungen vom Übergang zum nichtkapitalistischen Weg beeinflussen kann.

Manche behaupten, daß der staatliche Sektor in den Entwicklungsländern an und für sich noch kein fortschrittlicher Faktor sei, sondern nur dann eine progressive Rolle spiele, wenn der Staatsapparat von den fortschrittlichen Kräften des Volkes beherrscht werde.

Andere vertreten die Ansicht, daß der staatliche Sektor in allen Entwicklungsländern, in denen noch keine sozialistischen Produktionsverhältnisse vorhanden sind, im Grunde genommen ein staats*kapitalistischer* Sektor sei, mit allen sich daraus ergebenden Konsequenzen.

Diesen irrigen Ansichten sollen folgende Thesen entgegengestellt werden:

1. Es unterliegt keinem Zweifel, daß der staatliche Sektor in der Wirtschaft solcher Entwicklungsländer, deren Staatsapparat von den Großgrundbesitzern und dem proimperialistischen Flügel der einheimischen Bourgeoisie beherrscht wird (z. B. in Pakistan), von diesen reaktionären Schichten ausgenützt wird. Und doch hat er selbst in solchen Ländern einen positiven Charakter; was sich, um den indirekten Beweis anzutreten, auch darin manifestiert, daß die imperialistischen Mächte selbst in solchen Ländern alles tun, um nicht den staatskapitalistischen, sondern den privatkapitalistischen Sektor zu stärken. Der positive Charakter des staatskapitalistischen Sektors besteht in solchen Ländern u. a. darin, daß bei einem Anwachsen der patriotischen antiimperialistischen Kräfte des betreffenden Landes diese durch einen erhöhten Druck auf die Regierung den staatlichen Sektor leichter antiimperialistisch orientieren können, als sie in der Lage sind, die Wirtschaftspolitik des privatkapitalistischen Sektors zu beeinflussen.

2. In Entwicklungsländern mit einer relativ stark entwickelten kapitalistischen Wirtschaft, in deren Regierungen der patriotische Flügel der einheimischen Bourgeoisie eine erhebliche Rolle spielt (z. B. in Indien), hat der staatliche Sektor zwar keine antikapitalistische, jedoch zweifellos z. T. eine antiimperialistische und somit fortschrittliche Rolle. Daran ändert auch die Tatsache nichts, daß, wie in Indien, der stark entwickelte privatkapitalistische Sektor ständig, und oft mit Erfolg, versucht, den staatlichen Sektor in seinem Interesse auszunutzen.

Trotz solcher Erfolge des privatkapitalistischen Sektors müssen in solchen Ländern alle fortschrittlichen, patriotischen Kräfte für die Erweiterung und Festigung des staatlichen Sektors eintreten. Sie müssen dies nicht nur deshalb tun, weil er, wie bereits gesagt, eine wichtige antiimperialistische Rolle ausübt, sondern auch deshalb, weil (obwohl es sich zweifellos um einen staats*kapitalistischen* Sektor handelt) er im weiteren Verlauf der Entwicklung auf Grund des wachsenden Einflusses des Proletariats und der mit ihm verbundenen Kräfte die Möglichkeit des Beschreitens des nichtkapitalistischen Weges schneller herbeiführen kann.

3. In jungen Staaten und anderen Entwicklungsländern mit einer geringen oder gar minimalen Entwicklung des einheimischen Kapitalismus (z. B. in Mali) können die fortschrittlichen patriotischen antikapitalistischen Kräfte unter dem Einfluß des Sozialismus den staatlichen Sektor von Anfang an so entwickeln, daß er *keinen* staats*kapitalistischen* Charakter annimmt, sondern im Gegenteil die Bedingungen für das baldige Beschreiten des nichtkapitalistischen Weges vorbereitet. Sobald dann der nichtkapitalistische Entwicklungsweg beschritten wurde, wird der staatliche Sektor zum ökonomischen Hauptinstrument zur Durchsetzung dieses Entwicklungsweges.

Zwecks genauerer Beurteilung des Verhältnisses zwischen nichtkapitalistischem Entwicklungsweg und staatlichem Sektor sei noch auf folgendes hingewiesen. Oft wird die enge Verbindung zwischen dem nichtkapitalistischen Entwicklungsweg und dem staatlichen Sektor mechanisch-schematisch aufgefaßt, und es wird angenommen, daß, je stärker der staatliche Sektor in einem Entwicklungsland ist, desto leichter und schneller der nichtkapitalistische Entwicklungsweg beschritten werden könne.

Diese Auffassung ist falsch. Wenn sie richtig wäre, dann hätte, um uns überspitzt auszudrücken, *Indien* schon den nichtkapitalistischen Weg beschritten, während in *Algerien* dieser Weg noch in der fernen Zukunft läge. Denn in Indien macht der Anteil des staatlichen Sektors in verschiedenen Grundstoffindustrien und in der Energieerzeugung mehr als 50% der Gesamtproduktion aus, während in Algerien dieser Anteil unverhältnismäßig geringer ist und, wie bereits früher angeführt, besonders wichtige Positionen der algerischen Wirtschaft sich in den Händen der französischen Monopole befinden. In Wirklichkeit jedoch ist es Algerien, das bereits den nichtkapitalistischen Weg beschreitet, während dieses Ereignis in Indien noch in der mehr oder weniger fernen Zukunft liegt.

Es gibt keinen automatischen Zusammenhang zwischen dem Umfang des staatlichen Sektors und dem Beschreiten des nichtkapitalistischen Entwicklungsweges. Bei dem Beschreiten dieses Weges hat, wie wir bereits betont haben, der *subjektive Faktor* eine entscheidende Rolle: die Aktionsbereitschaft, Zielbewußtheit und das taktisch richtige Vorgehen der antikapitalistischen Kräfte. Bei dem Vorhandensein dieser Bedingungen und der entsprechenden Kräfteverhältnisse kann der Übergang zum nichtkapitalistischen Entwicklungsweg auch ohne das Vorhandensein eines staatlichen Wirtschaftssektors erfolgen, der dann im weiteren Verlauf der Entwicklung geschaffen wird. Solange diese Bedingungen nicht vorhanden sind, wie dies gegenwärtig in Indien der Fall ist, wird die Entwicklung trotz des Vorhandenseins eines starken staatlichen Sektors weiterhin auf dem kapitalistischen Weg erfolgen.

Im Rahmen eines solchen kurzen Beitrags können nicht alle Probleme des nichtkapitalistischen Weges der Entwicklungsländer behandelt werden, selbst nicht in einer solchen summarischen Form, wie wir es bisher getan haben. Es soll nur noch eine Frage kurz berührt werden, weil darüber noch schematische, undialektische Ansichten vorhanden sind. Es handelt sich um die Möglichkeiten der Wirtschaftsplanung in den jungen Staaten, die den nichtkapitalistischen Entwicklungsweg beschritten haben. Es wird noch oft die Ansicht vertreten, daß eine Planung der Wirtschaft in diesen Ländern nicht möglich sei, weil die Produktionsverhältnisse nicht sozialistisch seien. Es unterliegt keinem Zweifel, daß eine umfassende wissenschaftliche Planung der gesamten Volkswirtschaft nur unter den Bedingungen der sozialistischen Produktionsweise möglich ist. Trotzdem wäre es falsch in dieser Hinsicht den Standpunkt des *Alles oder Nichts* zu beziehen und dem nichtkapitalistischen Entwicklungsweg jegliche Möglichkeit der Wirtschaftsplanung abzusprechen.

In jungen Staaten und sonstigen Entwicklungsländern, die sich eindeutig auf dem nichtkapitalistischen Entwicklungsweg befinden und deren privatkapitalistischer Sektor (sowohl der einheimische als auch der vom Auslandskapital kontrollierte) sich stark entwickelt, kann keine gesamtwirtschaftliche Planung, nicht einmal in begrenztem Ausmaß, stattfinden. Dies trifft ganz besonders auf Indien zu, wo zwar auch der staatskapitalistische Sektor sich stark entwickelt, jedoch im Rahmen kapitalistischer Zielsetzungen. In solchen Fällen können wir nur von einer *Programmierung* sprechen, die allerdings in dem Sinne, wie wir es vorher bei der kurzen Erwähnung des staatskapitalistischen Sektors in Indien dargelegt haben, infolge ihrer Ausrichtung auf die Stärkung der ökonomischen und politischen Unabhängigkeit des Landes, einen positiven fortschrittlichen Charakter hat.

Das Beschreiten des nichtkapitalistischen Weges durch Entwicklungsländer eröffnet jedoch viel weitergehende Möglichkeiten. Da der staatliche Sektor in diesen Ländern nicht nur gegen die ausländischen Monopole, sondern gegen den Kapitalismus überhaupt ausgerichtet ist und da nicht wie z. B. in Indien der privatkapitalistische Sektor den staatskapitalistischen beeinflußt und ausnützt, sondern umgekehrt der staatliche Sektor den privatkapitalistischen immer mehr einschränkt, ergibt sich die Möglichkeit einer gewissen Wirtschaftsplanung. Sie ist zwar von der umfassenden wissenschaftlichen Planung der Wirtschaft der sozialistischen Länder noch weit entfernt, übertrifft jedoch an Wirksamkeit bei weitem die staatskapitalistische Programmierung „indischen Typs". Eine solche zu Beginn noch begrenzte Wirtschaftsplanung in den Entwicklungsländern, die den nichtkapitalistischen Weg beschritten haben, kann sich in dem Maße, in welchem die Entwicklung auf diesem Weg fortschreitet, dem Charakter der echten sozialistischen Volkswirtschaftsplanung stufenweise annähern.[3]

Wir haben bereits auf schematisch-dogmatische Auffassungen in bezug auf den nichtkapitalistischen Weg der jungen Staaten und anderer Entwicklungsländer hingewiesen. Besonders stark zeigt sich das schematische Herangehen an diese Prozesse in der Ansicht, daß das Beschreiten des nichtkapitalistischen Weges immer in derselben Form erfolge und daß der Verlauf der Entwicklung auf diesem Weg immer gleich sei. Daß dies nicht der Fall ist und daß es kein einheitliches Rezept für das Beschreiten des nichtkapitalistischen Entwicklungsweges gibt, zeigen uns die Beispiele der jungen Staaten, die sich bereits auf diesem Weg befinden. In den letzten Jahren trat in der Entwicklung verschiedener junger Staaten diese große Wendung ein und zwar teilweise unter so verschiedenen Bedingungen, daß daraus notwendigerweise ein z. T. verschiedener Verlauf dieses Prozesses resultiert. In *Algerien* wurde der nichtkapitalistische Weg unter Bedingungen der Vorherrschaft der französischen Monopole im Bergbau und im Bankwesen und in der Anwesenheit von 80000 Soldaten der ehemaligen Kolonialmacht beschritten. In *Burma* dagegen fand dieser Vorgang im Rahmen eines Prozesses statt, in dessen Verlauf die Positionen der ausländischen Monopole völlig liquidiert wurden. In *Ägypten* begann die Entwicklung, die zum Beschreiten des nichtkapitalistischen Entwicklungsweges führte, unter Bedingungen, die durch eine gewisse Entfaltung des einheimischen Kapitalismus gekennzeichnet waren, obwohl diese Entwicklung keinesfalls diese Stufe wie in Indien erreicht hat. In *Mali* dagegen fand dieser Prozeß unter Bedingungen statt, die durch den fast völligen Mangel einer einheimischen kapitalistischen Entwicklung charakterisiert werden. Wir könnten noch zahlreiche andere Verschiedenheiten der „Startbedingungen" des nichtkapitalistischen Entwicklungsweges in diesen Ländern (und auch in den anderen, die diesen Weg bereits begonnen haben) anführen. Diese

[3] Als Beispiel einer solchen Wirtschaftsplanung führen wir den von Prof. *Bognar* (Budapest) für Ghana ausgearbeiteten Plan und dessen positive Ergebnisse an. Im Rahmen unserer kurzen Darstellung ist es nicht möglich, auf die so wichtige Frage näher einzugehen. Wir werden dies in einer neuen Arbeit bald tun.

Verschiedenheit der Bedingungen beeinflußt selbstverständlich sehr stark die Formen der Beschreitung des nichtkapitalistischen Weges und seine Fortführung. Nichts wäre jedoch falscher als nur die Besonderheiten und nicht auch die Gemeinsamkeiten zu sehen. Es sind *dieselben Gesetzmäßigkeiten,* die beim Beschreiten des nichtkapitalistischen Entwicklungsweges in den jungen Staaten und den anderen Entwicklungsländern wirken, bestimmt durch die Hauptmerkmale unserer Epoche, in Formen, deren Besonderheiten durch die konkreten Bedingungen in den einzelnen Ländern bestimmt werden. Diese Besonderheiten dürfen nicht die Erkenntnis der allgemeinen Gesetzmäßigkeiten verhindern, die allen diesen Prozessen zugrunde liegen. Die marxistisch-leninistische Forschung über die Entwicklungsländer muß sowohl diese allgemeinen Gesetzmäßigkeiten als auch die Besonderheiten ihrer Durchsetzung viel intensiver als bisher untersuchen.

Bereits zu Beginn dieser kurzen Darlegungen wurde darauf hingewiesen, daß eine der Hauptzielsetzungen des Neokolonialismus darauf ausgerichtet ist, zu verhindern, daß die Entwicklungsländer den nichtkapitalistischen Weg beschreiten. Die imperialistischen Mächte sind durch die veränderten Kräfteverhältnisse in der Welt, dadurch, daß der Sozialismus in steigendem Maße zum bestimmenden Faktor der gesellschaftlichen Entwicklung wird und auf die Bevölkerung der Entwicklungsländer einen immer stärkeren Einfluß ausübt, gezwungen, ihre Aktivität in den Entwicklungsländern nicht nur auf direkte Profiterzielung auszurichten, sondern auch darauf, das gesamte kapitalistische Profitsystem aufrechtzuerhalten. Diese wachsende Notwendigkeit für die Monopole, auch solche Maßnahmen in den Entwicklungsländern zu treffen, die nicht direkt Profite erzielen, sondern ihre Positionen sichern sollen, drückt dem gesamten Neokolonialismus ihren Stempel auf. Der Imperialismus muß zu diesem Zweck auch solche Maßnahmen treffen, die ausschließlich vom Profitstandpunkt betrachtet, ausgesprochene Verlustgeschäfte darstellen.

Es wäre jedoch falsch anzunehmen, daß man infolgedessen die neokolonialistischen Maßnahmen schematisch in zwei Gruppen aufteilen kann: in solche, die Profit bringen, und in solche, die Verluste darstellen. Denn auch die Verlustgeschäfte dienen der Aufrechterhaltung der Möglichkeit, Profite in den Entwicklungsländern zu erzielen. Und auch die direkt profitbringenden Maßnahmen sind stark von dem Bestreben beeinflußt, die politische Zielsetzung der Verhinderung des nichtkapitalistischen Weges zu fördern.

Andererseits muß festgestellt werden, daß im Rahmen des hochentwickelten staatsmonopolistischen Kapitalismus, der die Grundlage der neokolonialistischen Maßnahmen darstellt, eine Art Arbeitsteilung vorhanden ist. Diese „Arbeitsteilung" besteht darin, daß die privaten Monopole ausschließlich solche Operationen durchführen, die für sie hohe Profite bringen, während die Maßnahmen, die mit Verlusten oder Risiken verbunden sind, aus dem Staatshaushalt finanziert werden, das heißt zu einem erheblichen Teil aus den Steuerzahlungen der großen Mehrheit der Bevölkerung.

Als Beispiel führen wir den jungen afrikanischen Staat Tschad an. Wie aus offiziellen französischen Regierungsberichten ersichtlich ist, gibt der französische Staat jährlich rund 80 Mill. neue Frs. aus, damit der ökonomische und politische Mechanismus dieser ehemaligen französischen Kolonie einigermaßen reibungslos funktioniert

Der französische Botschafter im Tschad antwortete auf die Frage eines ausländischen Journalisten, weshalb die französische Regierung diese große Summe jährlich ausgibt, ohne jegliche Aussicht, sie zurückzuerhalten, folgendes: „Frankreich tut dies aus zwei Gründen. Erstens, aus sentimentaler Verbundenheit mit dem jungen Staat; zweitens, um zu verhindern, daß der Tschad dem Einfluß des Sozialismus erliegt." Es braucht nicht betont zu werden, daß die privaten französischen Monopole, die im Lande operieren, dort nicht unerhebliche Profite erzielen.

Als ein anderes Beispiel erwähnen wir die diesbezügliche Rolle der staatsmonopolistischen Anleihen an Entwicklungsländer, die den Zweck verfolgen, für die Monopole Bestellungen für komplette Industrieanlagen zu verschaffen. Diese von Westdeutschland besonders stark praktizierte Methode zur Erweiterung des Marktes der großen Monopole in den Entwicklungsländern sichert diesen Monopolen hohe Profite, während sämtliche Risiken vom Bonner Staat getragen werden. Diese *bestellungsgebundene* Form der staatsmonopolistischen Anleihen an Entwicklungsländer ist eine der wichtigsten Methoden der Sicherung der Monopolprofite durch den Staat. Sie spielen aber auch eine wichtige Rolle bei den Versuchen der imperialistischen Mächte, das Betreten des nichtkapitalistischen Weges durch die Entwicklungsländer zu verhindern. Man kann feststellen, daß in dem Maße, wie die sozialistischen Länder in jungen Staaten und anderen Entwicklungsländern auf Grund von gewährten Anleihen große Anlagen aufbauen, die Bereitschaft, ja das Streben der Monopole der imperialistischen Mächte zunimmt, durch Gewährung von staatsmonopolistischen Anleihen an diese Länder (zu Zinssätzen, die niedriger als die von ihnen früher verlangten Zinsen sind), dort ebenfalls Anlagen zu errichten. Hierbei handelt es sich zweifellos nicht nur um den Versuch, Monopolprofite zu erzielen, sondern auch um die Bestrebung, die Zunahme des Einflusses des Sozialismus in den betreffenden Entwicklungsländern und letzten Endes auch das Betreten des nichtkapitalistischen Weges durch diese Länder zu verhindern.

Diese imperialistischen Versuche hören selbst dann nicht auf, wenn die betreffenden Länder den nichtkapitalistischen Weg bereits beschritten haben. Als Beispiel erwähnen wir die westdeutsche „Wirtschaftshilfe" an die Vereinigte Arabische Republik, die seit dem eindeutigen Beschreiten des nichtkapitalistischen Weges durch diesen jungen Staat nicht abgenommen, sondern im Gegenteil zugenommen hat. Als ein Beispiel für viele solche Fälle führen wir die Zusage der Bonner Regierung an, einen Kanal vom Mittelmeer zur Kattara-Senke zu bauen, um diese Senke mit Wasser zu füllen und durch die daraus resultierende Änderung der klimatischen Bedingungen eine große Wüstenregion Ägyptens fruchtbar zu machen.

Auch in anderen jungen Staaten, die den nichtkapitalistischen Entwicklungsweg beschritten haben, führt der westdeutsche Neokolonialismus eine ähnliche Politik durch. Als Beispiel dafür erwähnen wir Algerien, wo die Bonner Regierung u. a. die Erweiterung und Modernisierung des Hafens von Bône und die Bewässerung der Marnia-Ebene finanziert.

Es ist nicht möglich im Rahmen dieser kurzen Arbeit auf diese Prozesse näher einzugehen. Es war jedoch unbedingt notwendig, diese spezifische Funktion des Neokolonialismus zumindest kurz zu behandeln.

Herbert Meißner

ZUR METHODE DER AUSEINANDERSETZUNG MIT DER MODERNEN BÜRGERLICHEN POLITISCHEN ÖKONOMIE

Es ist noch nicht sehr lange her, daß die geistige Auseinandersetzung mit bürgerlicher Ideologie seitens der marxistischen Gesellschaftswissenschaft darauf reduziert worden war, den Klassencharakter dieser Auffassungen festzustellen, die apologetische Zielsetzung nachzuweisen und ihre Demagogie zu enthüllen. Die politischen Auseinandersetzungen in Deutschland ließen es damals für geboten erscheinen, sich vorwiegend mit der Apologetik und der Demagogie in der bürgerlichen Ideologie auseinanderzusetzen. Aber die dabei unterlaufenen Vereinfachungen und Vergröberungen konnten natürlich den wachsenden Anforderungen an eine echte wissenschaftliche Analyse nicht gerecht werden. Seitdem – vom XX. Parteitag der KPdSU ausgehend – Klarheit über Personenkult und Dogmatismus geschaffen wurde, hat der Prozeß der Überwindung dieser Mängel eingesetzt – ein sehr komplizierter und langwieriger Prozeß.

Auch bei der marxistischen Auseinandersetzung mit der bürgerlichen politischen Ökonomie mußten viele Fragen in neuer Weise gestellt werden. Es ging dabei um das analytische Eindringen in die Gedankensysteme der bürgerlichen Theoretiker, um eine von Sachkenntnis getragene exakte Gegenargumentation, um eine sorgfältige Differenzierung zwischen den bürgerlichen Gelehrten mit ihren sehr verschiedenen politischen und geistigen Haltungen und auch um eine Differenzierung zwischen den Ansichten bestimmter Ökonomen zu verschiedenen theoretischen und politischen Fragen.

Ohne die Illusion zu haben, daß diese Gesichtspunkte in unserer wirtschaftswissenschaftlichen Alltagsarbeit schon immer und ausreichend berücksichtigt werden, kann man doch sagen, daß sie als notwendige Aufgabenstellung nicht mehr umstritten sind. Dabei muß selbstverständlich eines absolut klar bleiben: das Streben nach exakterer und tiefgründigerer Analyse bürgerlicher Ideologie dient nicht irgendeiner wissenschaftlichen Selbstverständigung, sondern ist ein Teil des Klassenkampfes und dient dazu, in immer überzeugenderer Weise die Ideologie einer historisch überlebten Gesellschaftsordnung als falsch und überlebt bewußt zu machen und das Ideengut des Sozialismus zu verbreiten.

Aber das sind natürlich nur erste Schritte, um in dieser oder jener konkreten Frage die Qualität unserer wissenschaftlichen Auseinandersetzung zu erhöhen. Es scheint nun, daß wir gegenwärtig an einem Punkt angelangt sind, von dem aus wir in der bisherigen Weise nicht mehr viel weiterkommen. Es gilt nicht mehr, nur Einzelfragen unseres Herangehens an die bürgerliche Ideologie zu diskutieren, sondern einige allgemeine *Grundsatzfragen der marxistischen Methode der Theorienkritik* zu stellen und einer Lösung näher zu bringen. Meines Erachtens gibt es drei Problemkreise, auf die wir in der weiteren Arbeit unsere Aufmerksamkeit lenken müssen.

1.

Die marxistische Philosophie hat uns auch in der Vergangenheit schon ein erkenntnistheoretisches und methodologisches Instrumentarium zur Verfügung gestellt, bei dessen richtiger Kenntnis und Anwendung manche Fehleinschätzungen hätten vermieden werden können. Es muß jedoch eingestanden werden, daß die philosophischen Kenntnisse der Ökonomen meist sehr allgemeiner Art sind und wir daher gegen fehlerhafte Anwendung philosophischer Begriffe, gegen Fehleinschätzungen philosophisch-weltanschaulicher Art nicht gesichert waren.

Es sei gestattet, auf einige konkrete Probleme einzugehen. Die Kritik bürgerlicher Ideologie beschäftigt sich mit der Widerspiegelung des sozialökonomischen Seins im bürgerlichen Denken. Das bürgerliche ökonomische Denken seinerseits versucht ständig, auf das gesellschaftliche Sein gestaltend Einfluß zu nehmen. Aus dieser Wechselbeziehung ergibt sich eine Reihe recht komplizierter Fragen.

Bis heute finden wir in unserer Literatur – und nicht nur in der DDR – die verschiedensten Varianten der These, daß die bürgerliche Apologetik *nichts an der objektiven gesellschaftlichen Entwicklung ändern könne*, daß sie *scheitern müsse* usw. Das gilt doch aber nur mit der wesentlichen Einschränkung: auf lange Sicht und letztlich. Ohne diese Einschränkung ist die These unhaltbar; denn die Apologetik kann zeitweilig viel an der gesellschaftlichen Entwicklung ändern, da bekanntlich auch eine falsche Theorie zur materiellen Gewalt werden kann.

Das Wechselverhältnis zwischen bürgerlichem Denken und gesellschaftlichem Sein führt auch zu der Frage, ob, in welchem Maße und in welcher Weise die bürgerlichen Ideologen von der Wirklichkeit ausgehen. Unsere Literatur ist voll von Formulierungen wie: die Apologetik *könne nicht vom objektiv Existierenden ausgehen*; die *bürgerlichen Ökonomen leugnen die materiellen Verhältnisse* und ersetzen sie durch Mystifikationen; *sie seien gezwungen, die Existenz der materiellen Verhältnisse in der Gesellschaft zu leugnen*; *Keynes gehe bei seinen theoretischen Darlegungen nicht von der objektiven Realität aus* usw. (Es wird bewußt auf die Quellenangaben zu diesen Zitaten verzichtet, weil es nicht um eine Polemik mit Autoren, sondern um die Herausarbeitung von Problemen geht.)

Bei diesen Behauptungen wird einfach ignoriert, daß zunächst alles Denken eine Widerspiegelung der objektiven Realität ist. Auch die falscheste bürgerliche Theorie geht in irgendeiner Weise – wenn auch durch viele Zwischenglieder vermittelt – von der Wirklichkeit aus. Die angeführten Sätze sind falsch. Das Problem liegt vielmehr darin, aufzudecken, aus welchen Gründen und auf welche Weise, d. h. mit welchen theoretischen und methodologischen Mitteln die Realität von den bürgerlichen Ideologen in apologetische Aussagen verwandelt wird. Dabei ist zu beachten, daß die bürgerlichen Ideologen die Realität in ihren Theorien nie bis zur völligen Unkenntlichkeit verstümmeln. Immer muß die Theorie so viel von der Wirklichkeit enthalten und erkennbar widerspiegeln, daß sie trotz grundsätzlicher Falschheit glaubhaft bleibt. Ohne Berücksichtigung dieses Gesichtspunktes könnte die bürgerliche Ideologie keinen Masseneinfluß ausüben und daher ihre gesellschaftliche Funktion, den Kapitalismus zu verteidigen und den Sozialismus zu bekämpfen, nicht erfüllen. Das bedeutet umgekehrt, daß unsere Auseinandersetzung an Glaubhaftigkeit verliert, wenn wir – und das war lange Zeit so – behaupten, daß diese Theorien vor allem aus Mystifikationen, Phantastereien usw. bestehen und kaum realistische Elemente enthalten. Manche Wandlungen bürgerlicher ökonomischer Theorien lassen sich nur im Zusammenhang mit der Notwendigkeit erklären, sich den realen Veränderungen im Kapitalismus anzupassen.

Aus diesen Überlegungen folgt auch, daß man die in der marxistischen Literatur weit verbreitete These in Zweifel ziehen und neu überprüfen muß, die bürgerliche politische Ökonomie befinde sich generell philosophisch auf der Position des subjektiven Idealismus. Das mag für einzelne Ökonomen gelten, die sich speziell mit weltanschaulich-philosophischen Fragen befassen. Die überwiegende Mehrheit der heutigen bürgerlichen Theoretiker jedoch betrachtet die materiellen Bedingungen einer Volkswirtschaft keinesfalls nur als in unseren Vorstellungen oder Empfindungen existierend, wie das beim subjektiven Idealismus der Fall ist, sondern geht von der Existenz der objektiven Realität außerhalb unseres Bewußtseins aus. Das hängt möglicherweise auch damit zusammen, daß die bürgerlichen Wirtschaftslehren einerseits für breite Bevölkerungsschichten eine plausible Rechtfertigung kapitalistischer Verhältnisse bieten sollen, andererseits aber auch für die Bourgeoisie selbst gewisse Erklärungen ökonomischer Prozesse zu liefern haben. Ein auch nur halbwegs konsequent durchgeführter subjektiver Idealismus würde dabei zu solchen offensichtlichen Absurditäten führen, daß weder das eine noch das andere erreichbar wäre. Natürlich bestreiten die bürgerlichen Theorien das Vorhandensein objektiver Gesetzmäßigkeiten in Wirtschaft und Gesellschaft und erklären die Entwicklung aus dem Vorhandensein einer höheren geistigen Macht, die Ordnung im Chaos walten läßt, oder sie betrachten die nur aus der menschlichen Natur heraus begründbaren Handlungen der Individuen als bestimmend, oder sie verzichten überhaupt auf letzte Erklärungen. Aber all das ist zunächst durchaus noch im Rahmen des objektiven Idealismus möglich. Wohl gibt es bei der Behandlung einiger Probleme durch bürgerliche Ökonomen auch viele Elemente des subjektiven Idealismus. Die bürgerliche Ökonomie stellt sich ja gar nicht die Aufgabe, ihre Systeme philosophisch einwandfrei und konsequent aufzubauen. Daher sollten nicht leichtfertig solche allgemeinen Prädikate wie subjektiver Idealismus und Agnostizismus an ganze Richtungen ökonomischen Denkens verteilt werden. Die Aufmerksamkeit sollte vielmehr darauf konzentriert werden, bei konkreten Theoremen oder bestimmten Theoretikern die angewandte Forschungsmethode zu untersuchen, die erkenntnistheoretischen Wurzeln aufzudecken, den philosophischen Standort sichtbar zu machen, den Klassencharakter dieser Theoreme und die Klassengebundenheit dieser Theoretiker zu kennzeichnen, um von dort aus differenzierte und exakte Einschätzungen geben zu können.

Hier mag die Frage auftauchen, ob denn die philosophische Charakterisierung bürgerlicher Theorien als diese oder jene Spielart des Idealismus – und um Idealismus handelt es sich in jedem Falle – wichtig genug sei, um Reflexionen darüber anzustellen. Neben der allgemeinen Antwort, daß es dabei um wissenschaftliche Exaktheit gehe, wäre vor allem zu bedenken: Nicht nur der Gesellschaftswissenschaftler, sondern auch der Leser unserer populärwissenschaftlichen Literatur weiß, daß es sich beim subjektiven Idealismus um jene philosophische Richtung handelt, die das bürgerliche Denken zu seinen absurdesten Konsequenzen treibt und die in Extreme verfällt, die für den sogenannten gesunden Menschenverstand völlig unfaßbar bleiben. Es ist bekannt, daß von diesem Standpunkt aus die Erklärung der Wirklichkeit oder auch nur einige ihrer Teile und Zusammenhänge nicht möglich ist. Bezeichneten wir also weiterhin die ganze bürgerliche Ökonomie oder ihre Hauptrichtungen als subjektiv-idealistisch, stellten aber gleichzeitig fest, daß dieselbe bürgerliche Ökonomie bestimmte Teilprozesse erfolgreich untersuchen, wertvolle Forschungsmethoden ausarbeiten und wichtige Leitungsinstrumente kapitalistischer Wirtschaftsführung entwickeln könne, so gerieten wir in einen Widerspruch, der bei unseren Lesern Verwirrung stiften müßte.

In diesem Zusammenhang ist auch eine theoretisch unsaubere Identifizierung zu korrigieren, die zwischen den Begriffen *subjektiver Idealismus* und *Subjektivismus* vorgenommen wird. Da alle heutigen bürgerlichen Theoretiker nicht die objektiven Gesetzmäßigkeiten der kapitalistischen Ökonomik untersuchen, sondern das wirtschaftliche Handeln der Menschen mit seinen verschiedenen Motivierungen und Wirkungen betrachten, sprechen wir zu Recht von Subjektivismus. Da die menschlichen Handlungen zwar als bestimmend für die Entwicklung der objektiven Wirklichkeit angesehen werden, die Existenz dieser objektiven Wirklichkeit außerhalb unseres Bewußtseins aber nicht bestritten wird, bedeutet das zunächst nur, daß in der Subjekt-Objekt-Relation dem Subjekt die bestimmende Rolle zugesprochen wird. Das ist noch kein subjektiver Idealismus. Die Gleichsetzung von *Subjektivismus* und *subjektivem Idealismus* ist daher unkorrekt, und es bedarf auch hier einer Klärung der Begriffe.

Eine weitere Frage könnte mit Hilfe eines richtigen methodologischen Apparates geklärt werden:

Die bürgerliche Ökonomie behandelt seit langem als ihren Gegenstand nicht die ökonomischen Beziehungen zwischen den Menschen im Prozeß der materiellen Produktion, sondern die ökonomisch relevanten Verhaltensweisen der Menschen. Da diese indeterminierten Verhaltensweisen als Bestimmungsgrund aller ökonomischen Verhältnisse betrachtet werden, wird die Frage nach den objektiven ökonomischen Gesetzmäßigkeiten und nach den Produktions- und Eigentumsverhältnissen ausgeklammert. Von diesem Sachverhalt ausgehend, hat Rudolf Hilferding im Jahre 1904 von der Grenznutzentheorie gesagt: „Sie versucht zu einer Theorie des ökonomischen Geschehens zu gelangen, indem sie die Ökonomie selbst aus ihrer Betrachtung ausschließt"[1], und er schloß: „Diese ökonomische Theorie bedeutet die Leugnung der Ökonomie ..."[2]. Diese These zieht sich von Hilferding bis zur Gegenwart durch die marxistische theoretische Literatur und hat den Charakter eines Axioms angenommen. In Arbeiten aus jüngster Zeit heißt es, daß die Grenznutzentheorie *die politische Ökonomie auf die Erforschung subjektivistischer und individualistischer Tatbestände, die mit der Ökonomie nichts zu tun haben, orientierte.* Oder an einem anderen Ort: *Das Grundmerkmal der Methodologie der bürgerlichen Ökonomen besteht deshalb darin, ein außerökonomisches Feld der Forschung aufzusuchen.* Man braucht sich nur die Fülle bürgerlicher Literatur zu den Problemen des kapitalistischen Reproduktionsprozesses und seiner Regulierung, zur Wachstumstheorie, zur Wirtschaftspolitik anzusehen, um sich davon zu überzeugen, daß keine Rede davon sein kann, daß dies *mit der Ökonomie nichts zu tun habe* oder daß *ein außerökonomisches Feld der Forschung* aufgesucht werde. Die bürgerliche Ökonomie könnte sonst die Funktion, Leitungsinstrumente für die Wirtschaftsführung der großen Konzerne und des Staates zu erarbeiten, gar nicht erfüllen.

Wir haben also die interessante Erscheinung vor uns, daß die heutige bürgerliche ökonomische Theorie als Bestimmungsgrund aller ökonomischen Verhältnisse die psychologisch determinierten wirtschaftlichen Verhaltensweisen der Menschen betrachtet, ohne daß dies ausschließt, daß sie sich mit zunehmender Intensität der Untersuchung der realen ökonomischen Prozesse widmet. Daraus folgt die Notwendigkeit, eine exakte marxistische Definition des Gegenstandes der modernen bürgerlichen Ökonomie zu geben – eine Definition, die nicht nur erklärt, welche letzten Triebkräfte wirtschaftlicher Entwicklung von den bürgerlichen Theoretikern anerkannt oder nicht anerkannt werden, sondern die die Mehrseitigkeit des Gegenstandes bürgerlicher Wirtschaftsforschung theoretisch richtig widerspiegelt.

Es zeigt sich also, daß eine bessere Kenntnis und Anwendung unseres philosophischen Instrumentariums eine exaktere Fassung vieler Thesen und die Korrektur mancher Fehleinschätzung ermöglicht.

2.

Auf der Grundlage des in den letzten Jahren in vielen Einzeluntersuchungen gesammelten Wissens und unter Berücksichtigung der internationalen Diskussion müssen wir in einigen Fragen zu neuen theoretischen Verallgemeinerungen vorstoßen und in anderen Fragen neue theoretische Aufgaben stellen. Nehmen wir als Beispiel die in der marxistischen Literatur inzwischen anerkannte Tatsache, daß die moderne bürgerliche Ökonomie nicht mehr nur ideologische Rechtfertigung des Kapitalismus betreibt, sondern versucht, wissenschaftliche Leitungsinstrumente für die kapitalistische Volkswirtschaft zu entwickeln. Obwohl wir in der publizistischen und pädagogischen Arbeit diese Zweiseitigkeit der heutigen bürgerlichen

[1] *Rudolf Hilferding,* Böhm-Bawerks Marx-Kritik. In: Marx-Studien, Band I, Wien 1904, S. 61. [2] Ebenda.

Ökonomie in der Regel berücksichtigen, sind wir noch nicht zu jener theoretischen Schlußfolgerung gelangt, die auf der kürzlich in Sofia durchgeführten internationalen Konferenz gezogen wurde: *die moderne bürgerliche politische Ökonomie hat zwei Funktionen*, nämlich eine *ideologische Funktion* (oft auch als apologetische Funktion bezeichnet) und eine *wirtschaftspolitische oder praktische Funktion* (oft auch als utilitaristische oder pragmatische Funktion bezeichnet). Es braucht nicht besonders unterstrichen zu werden, daß das Entstehen dieser zwei Funktionen der heutigen bürgerlichen Ökonomie von den objektiven Veränderungen innerhalb des modernen Kapitalismus, im sozialistischen Weltsystem und in den jungen Nationalstaaten verursacht wurde.

Natürlich ist nicht viel damit getan, die Zweiseitigkeit der bürgerlichen Ökonomie nunmehr in Form von zwei Funktionen darzustellen. Das Problem besteht darin, das Wesen dieser beiden Funktionen exakt zu erfassen und die Wechselbeziehungen zwischen ihnen zu erkennen. Die grundlegende Gemeinsamkeit beider Funktionen liegt darin, daß sie eindeutig der Erhaltung des kapitalistischen Systems dienen. Die ideologische Funktion bedeutet ideologisch-theoretische Beeinflussung von Menschen im Interesse des kapitalistischen Systems, und die praktische Funktion bedeutet Beeinflussung des wirtschaftspolitischen Handelns im Interesse der kapitalistischen Ordnung. Darüber hinaus gibt es auch ein ganz bestimmtes gegenseitiges Durchdringen der beiden Funktionen, ohne das man allerdings daraus auf ihre Identität schließen darf. Es ist klar, daß die bürgerliche Theorie bei der Erfüllung ihrer ideologischen Funktion in bestimmtem Maß praxisbezogen sein muß, um wirksam sein zu können. Die Zeit der *reinen Theorie* ist längst vorbei. Umgekehrt aber – und das wird oft nicht klar genug gesagt – wirkt die praktische Funktion gleichzeitig in bestimmter Weise ideologiebildend. Wenn beispielsweise Harrod mit seinen drei Wachstumsbegriffen eine Verbindung zwischen Wirtschaftswachstum und Konjunkturerklärung herzustellen versucht und daraus wirtschaftspolitische Empfehlungen ableitet, so bedarf es keiner ideologischen Reflexionen oder unmittelbar apologetischer Thesen. Und doch bekräftigt eine solche Arbeit Illusionen über die Möglichkeiten der Regulierung des Kapitalismus,der Erreichung hoher Wachstumsraten und des erfolgreichen Bestehens im Wettbewerb der beiden Systeme. Die Trennung der beiden Funktionen ist also nicht absolut, sondern schwerpunktmäßig.

Wie falsch es aber wäre, beide Funktionen infolge ihrer Gemeinsamkeiten zu identifizieren, zeigt ihre Widersprüchlichkeit. Die praktische Funktion der bürgerlichen Ökonomie entstand, weil der kapitalistische Staat und die Monopolverbände exakte Analysen bestimmter ökonomischer Prozesse und Kenntnisse über die ökonomischen Zusammenhänge, z. B. zwischen den Wirtschaftszweigen, brauchen. Werden solche Untersuchungen vorurteilsfrei angefertigt, so stehen ihre Ergebnisse meist im Widerspruch zu bestimmten apologetischen Axiomen der bürgerlichen Ideologie. Wird aber von ideologischen Axiomen ausgegangen, so behindert das die sachliche Untersuchung objektiver Zusammenhänge und Widersprüche der kapitalistischen Ökonomik, deren Kenntnis aber für die kapitalistische Wirtschaftsleitung von Nutzen sein könnte. Wollen die bürgerlichen Theoretiker der ideologischen Funktion gerecht werden, können sie die praktische Funktion oft nur schlecht erfüllen, und umgekehrt kann die Erfüllung der praktischen Funktion zum Konflikt mit der ideologischen Funktion führen.

Dieser Widerspruch tritt z. B. in dem Buch von E. F. Denison *The Sources of Economic Growth in the United States and the Alternatives before us* in Erscheinung, wo der Autor einerseits versucht, eine Nationaleinkommensberechnung anzustellen und auf dieser Grundlage Wachstumsprobleme zu lösen, dabei aber von der Produktionsfaktorentheorie ausgeht und den Versuch macht, sich durchgängig an die Zurechnungstheorie zu halten[3].

Auch bei Tinbergen ist dieser Widerspruch zwischen den beiden Funktionen sichtbar. Der Versuch, ein realistisches Modell des Wachstums der Gesamtnachfrage zu entwerfen, zwingt ihn, das Einkommenswachstum der Nichtarbeiter vom Einkommenswachstum der Arbeiter zu unterscheiden. Außerdem setzt Tinbergen die Grenzneigung des Verbrauchs bei den Arbeitern gleich eins, bei den Nichtarbeitern kleiner als eins. Das zeigt einmal das Bemühen, die Klassenstruktur der Nachfrage – wenn auch sehr vereinfacht – zum Ausdruck zu bringen. Die unterschiedliche Größe des Koeffizienten der Verbrauchsneigung bei Arbeitern und Nichtarbeitern weist darauf hin, daß die für die Akkumulation erforderlichen Mittel aus dem Einkommen der Nichtarbeitenden stammen. Damit wendet sich Tinbergen gegen die frühere Behauptung des Keynesianismus, die Akkumulationsmittel kommen aus den Ersparnissen aller Mitglieder der Gesellschaft und dem liege das bekannte psychologische Gesetz von Keynes zugrunde.[4]

Trotz des Strebens nach einem praktikablen Modell führt Tinbergen gleichzeitig eine Reihe ideologisch-theoretischer Axiome der bürgerlichen Ökonomie ein. Die Einsetzung eines Koeffizienten der Verbrauchsneigung bedeutet natürlich eine subjektivistische Ableitung der Akkumulation: die Entstehung des Einkommens wird nicht auf die Sphäre der materiellen Produktion beschränkt, „Dienste" und staatliche Leistungen werden als einkommensbildend betrachtet usw. Die wechselseitige Behinderung der Erfüllung der einen Funktion durch das Festhalten an der anderen tritt also hier deutlich zutage.

In einer im Januar dieses Jahres veröffentlichten Arbeit[5] weist Alter darauf hin, daß der Widerspruch zwischen den beiden Funktionen auch in dem Streben zum Ausdruck kommt, die politische Ökonomie in einen Teil der sogenannten *Praxeologie* zu verwandeln. Die Praxeologie ist die Wissenschaft von den rationalen Verhaltensweisen und damit auch vom rationalen Wirtschaften der Menschen. Die bürgerliche

[3] Vgl. *L. Alter* in „Voprossy Ekonomiki", H. 1, S. 89, 1964.

[4] Dieses Modell hat folgende Gestalt:

$$\bar{\bar{x}} - \bar{x} = (1 - \sigma) \cdot (\bar{\bar{Z}}' - \bar{Z}') + (\bar{\bar{L}}' - \bar{L}')$$

Dabei bedeuten $\bar{\bar{x}} - \bar{x}$ den Zuwachs der realen Ausgaben, $\bar{\bar{Z}}' - \bar{Z}'$ den Zuwachs der Realeinkommen der Nicht-Arbeiter und $\bar{\bar{L}}' - \bar{L}'$ den Zuwachs der Realeinkommen der Arbeiter. Es ergibt sich, daß die Grenzneigung zum Ausgeben für Nicht-Arbeiter $1 - \sigma$ und für Arbeiter 1 ist. Vgl. *J. Tinbergen*, Einführung in die Ökonometrie, Humboldt-Verlag, Wien/Stuttgart 1952, S. 223f.

[5] Vgl. „Voprossy Ekonomiki", a. a. O., S. 98.

Ökonomie stellt seit langem nicht mehr die objektiven ökonomischen Gesetze, sondern das wirtschaftliche Handeln der Menschen in den Mittelpunkt ihrer Untersuchungen. Indem sie von den gesellschaftlichen Gesetzmäßigkeiten ablenkt und alles aus den Verhaltensweisen der Menschen erklärt, erfüllt sie ihre ideologische Funktion. Aber indem sie nicht nur das rationale Wirtschaften des Einzelmenschen und die für ihn daraus folgenden Ergebnisse betrachtet, sondern die Verhaltensweisen der Menschen in Beziehung zu volkswirtschaftlichen Prozessen setzt und wirtschaftspolitische Schlußfolgerungen zieht, will die *praxeologische Ökonomie* der praktischen Funktion gerecht werden. Alter weist darauf hin, daß in der Loslösung des Handelns der Menschen von den objektiven ökonomischen Gesetzmäßigkeiten gerade der Mangel der Praxeologie besteht.

Der Begriff der Praxeologie hat auch in die ökonomische Literatur einiger sozialistischer Länder Eingang gefunden. Dort wird die Praxeologie als *Lehre vom rationalen Handeln*[6] bestimmt, deren Erkenntnisse für die Analyse ökonomischer Prozesse gute Dienste leisten. Oskar Lange schreibt, die Bedeutung der Praxeologie bestehe darin, „daß gewisse Gesetze der politischen Ökonomie auf deduktive Art aus praxeologischen Handlungsprinzipien und besonders aus dem Wirtschaftlichkeitsprinzip gefolgert werden“[7]. Dabei wird die Praxeologie als Hilfswissenschaft der politischen Ökonomie verstanden, „ähnlich wie die Logik und die Mathematk, die Wirtschafts- und die mathematische Statistik, die Ökonometrie, die Wirtschaftsgeschichte, die Wirtschaftsgeographie und andere“[8].

Offensichtlich gibt es einen Begriff der Praxeologie in der bürgerlichen Literatur, der unserer Analyse und Polemik bedarf, gleichzeitig müssen die ökonomischen Verhaltensweisen im Sozialismus erforscht werden, um die Wirksamkeit ökonomischer Hebel richtig vorauszubestimmen. Dabei kann man wiederum einige Methoden bürgerlicher Verhaltensforschung anwenden, muß sich aber von deren theoretischem Inhalt abgrenzen. Um in dieser Frage eine gut begründete Position einnehmen zu können, müssen wir die bürgerliche und die marxistische Literatur zu diesem Problem und in gewissem Maße die Aufgaben unserer sozialistischen Praxis gut kennen.

Als ein weiteres Beispiel für die Notwendigkeit, neue theoretische Problemstellungen in unsere Arbeit einzubeziehen, sei folgendes genannt. Die Lenkungs- und Regulierungsmethoden der kapitalistischen Volkswirtschaft dienen im Prinzip den Interessen der Monopole. Arbeiterparteien und Gewerkschaften stellen bestimmte soziale Gegenforderungen auf. Es gibt aber bisher kaum ein umfassendes theoretisch-ökonomisch begründetes Programm der demokratischen Alternative, das offensichtlich dringend erforderlich ist. Natürlich kann es nicht unsere Aufgabe sein, eine solche demokratische Alternative zu erarbeiten. Aber was können wir dazu beitragen? Wir beschäftigen uns mit der bürgerlichen Wachstumstheorie, wir befassen uns mit

[6] *Oskar Lange*, Ekonomia Polityczna, Warschau 1959, S. 167; vgl. die deutsche Übersetzung des V. Kapitels: Ders., Das Prinzip der wirtschaftlichen Rationalität, Ökonomie und Praxeologie, In: „Zeitschrift für die gesamte Staatswissenschaft“, 120. Bd., H. 2, S. 227, 1964.

[7] *Oskar Lange*, Das Prinzip . . ., a. a. O., S. 237.

[8] Ebenda, S. 236.

Theorie und Methode der Prognosebildung usw. Wir untersuchen auch die Entwicklung der Auffassungen der rechten Sozialdemokraten und Gewerkschaftsführer. Bei all diesen Arbeiten konzentrieren wir uns in der Regel auf die kritische Analyse und ergänzen sie seit einiger Zeit durch sorgfältige Differenzierung und Hervorhebung gewisser rationaler Elemente. Wir sollten dabei nicht stehen bleiben. Es kann z. B. versucht werden, nach der kritischen Analyse einer den Monopolinteressen dienenden Wachstumskonzeption eine solche eigene Konzeption entgegenzustellen, die zwar von den kapitalistischen Eigentumsverhältnissen ausgeht, aber eine Verwendung des Nationaleinkommens, staatliche Ausgaben, Beschäftigungsgrad, Wachstumsraten usw. vorsieht, deren Verwirklichung in hohem Grade den Interessen der Werktätigen dienen würde. In der westdeutschen Gewerkschaftsliteratur gibt es schon Hinweise und Betrachtungen darüber, wie Lohnhöhe, Sozialleistungen und Vollbeschäftigung auf das Wirtschaftswachstum wirken. Es gibt auch schon die Forderung nach Verminderung der Arbeitszeit und nach Garantierung eines Kostenanteils der Unternehmer an der Gestaltung des Urlaubs (Reisen). Die Erfüllung solcher Forderungen würde eine effektive Erhöhung der Massenkaufkraft bedeuten und damit ein Stabilisierungsfaktor für die Konjunkturbewegung sein. Wenn wir bei unseren Auseinandersetzungen mit bürgerlichen Theorien und wirtschaftspolitischen Konzeptionen stets betont die Fragestellung einbeziehen, welche Gegenvorschläge oder Forderungen entwickelt werden können, um unter den noch herrschenden gesellschaftlichen Bedingungen die soziale Lage breiter Volksschichten zu verbessern, so tragen wir zur Ausarbeitung einer theoretisch begründeten demokratischen Alternative bei.

Es bedarf keiner Unterstreichung, daß damit nicht in die Illusion verfallen werden darf, durch *Miteigentum*, *Volksaktie* und ähnliche demagogische Tricks etwas an den Eigentumsverhältnissen ändern zu können. Entwicklung einer demokratischen Alternative bedeutet auch theoretisches Bekämpfen von Illusionen über Dinge, die unter kapitalistischen Verhältnissen prinzipiell nicht erreichbar sind.

Eine weitere bedeutsame Aufgabe besteht für uns darin, die sehr umfangreiche und in sich stark differenzierte bürgerliche Literatur über Theorie und Praxis des sozialistischen Aufbaus zu untersuchen, Verleumdungen zurückzuweisen, Fehleinschätzungen zu korrigieren und positive Anknüpfungspunkte bei progressiven Autoren für den weiteren Meinungsaustausch auszunutzen. Diese Problematik hat viele Seiten. Eine davon besteht in der Notwendigkeit, endlich zu einer klaren Definition des Begriffes *Antikommunismus* zu kommen. Bisher wird dieser Begriff in der marxistischen Literatur sowohl auf rechtsradikale entspannungsfeindliche Ansichten, die die militärische Überwindung des Sozialismus propagieren, angewendet als auch auf koexistenzfreundliche Auffassungen, die ideologisch gegen bestimmte Seiten des Sozialismus polemisieren[9]. Da dieser Begriff aber in unserem zeitge-

9 Vgl. *T. J. Oisermann*, Der Antikommunismus – Ausdruck der Krise der bürgerlichen Ideologie, Dietz Verlag, Berlin 1963; *Leo Stern*, Der Antikommunismus als politische Hauptdoktrin des deutschen Imperialismus, Dietz Verlag, Berlin 1963; Antikommunismus – Feind der Menschheit (Konferenzprotokoll), Dietz Verlag, Berlin 1963.

nössischen Vokabular eine eindeutige politische Qualifizierung bedeutet, muß man ihn exakt abgrenzen, um nicht Menschen zu Feinden zu stempeln, die noch Diskussionspartner sein können. Eine solche Definition müßte berücksichtigen, daß es sich beim Antikommunismus um eine politische und ideologische Haltung – nicht etwa um eine theoretische Richtung oder um ein System – handelt, die sich die Beseitigung der sozialistischen Gesellschaftsordnung zum Ziel setzt und in diesem Kampf Mittel der Lüge, Verleumdung und Diffamierung benutzt und auch das Risiko eines Krieges notfalls nicht scheut. Damit würde deutlich ausgedrückt werden, daß man bürgerliche Intellektuelle, die die friedliche Koexistenz und den ökonomischen Wettbewerb anerkennen, jede gewaltsame Lösung ablehnen und sich in der Polemik sachlicher Argumente bedienen, nicht schon des Antikommunismus bezichtigen kann, nur weil sie keine Sozialisten sind[10].

Dabei ist auch zu beachten, daß es innerhalb der antikommunistischen Literatur bereits eine Differenzierung gibt, die im wesentlichen drei Varianten erkennen läßt. *Erstens* gibt es den extrem-reaktionären Antikommunismus, der sich der alten Argumente von der Unmöglichkeit des Sozialismus bedient und offen aggressiv auftritt. In Westdeutschland gehören dazu die Schriften von Adolf Weber und Wilhelm Röpke. *Zweitens* gibt es einen realistisch-bourgeoisen Antikommunismus, der die Lage nüchterner einschätzt, sich oft scheinwissenschaftlicher Argumente und Methoden bedient und in verfeinerter Form das gleiche Ziel verfolgt[11]. Und *drittens* gibt es einen pseudosozialistischen Antikommunismus, der sich mit scheinsozialistischen Phrasen besonders an die Arbeiterschaft wendet und im Grunde die alte menschewistische Losung wiederholt: *Sozialismus ohne Kommunisten.*

Es zeigt sich also, daß auf dem Gebiet der marxistischen Theorienkritik die Notwendigkeit neuer theoretischer Verallgemeinerungen herangereift ist und zugleich Möglichkeiten gegeben sind, neben dem Kampf gegen die bürgerliche Ideologie Aufgaben *unmittelbar* konstruktiven Charakters in Angriff zu nehmen.

3.

Es ist kein Geheimnis, daß in allen marxistischen Gesellschaftswissenschaften die Probleme der Methodologie lange Zeit äußerst vernachlässigt wurden. Daher wird die theoretische Behandlung heute neu auftauchender Fragen oft durch Unklarheit auf methodologischem Gebiet behindert. Auch das ist eine Folge des Dogmatismus, denn wenn von absolut feststehenden Formeln und Leitsätzen ausgegangen wird, bedarf es keiner methodologischen Arbeit mehr, um neue Seiten oder Erscheinungen der Wirklichkeit zu erfassen. Die Umkehrung dieser Feststellung bedeutet, daß ernste methodologische Arbeit auch eine wichtige Bedingung für die endgültige Überwindung des Dogmatismus ist.

[10] Vgl. im Gegensatz dazu *A. J. Paschkow*, Bürgerliche Ökonomen im Dienste des Antikommunismus. In: Antikommunismus – Feind der Menschheit, a. a. O., S. 300–320.

[11] Vgl. *Wolf Schenke*, Der Anti-Schlamm oder wie begegnet man dem Kommunismus, Holsten-Verlag, Hamburg 1959.

Dabei geht es nicht nur darum, daß wir selbst alle in unserer Arbeit auftretenden methodologischen Probleme lösen. Wir müssen auch in die Lage kommen, solche Probleme so exakt zu formulieren, daß wir sie der Philosophie als Aufgabe stellen können. Man betrachte nur die augenblickliche Diskussion über das Verhältnis von Naturwissenschaften und Philosophie, bei der viele aus den Naturwissenschaften abgeleitete philosophische Fragen an die marxistischen Philosophen gerichtet werden. Von unserem Fachgebiet aus ergeben sich solche methodologischen Fragen über das Verhältnis von Teil und Ganzem, von Wirtschaftseinheit und Volkswirtschaft, von Individuum und Gesellschaftssystem, von Quantität und Qualität im ökonomischen Prozeß usw. Ungeklärt ist auch die Rolle und Bedeutung der Hypothese in der gesellschaftswissenschaftlichen Forschung. Dabei erscheint mir der Hinweis angebracht, daß wir den großen methodologischen Gedankenreichtum in den Schriften der Klassiker des Marxismus-Leninismus bis heute noch nicht annähernd ausgeschöpft haben.

Allerdings gibt es auch einige Begriffe in unserer Theorie, die infolge der veränderten Umstände eine Weiterentwicklung oder Modifizierung erfordern und daher neu durchdacht werden müssen. Nehmen wir als Beispiel den Begriff *Vulgärökonomie*. Marx definierte die Vulgärökonomie als jene bürgerliche Theorie, „die sich nur innerhalb des scheinbaren Zusammenhangs herumtreibt, für eine plausible Verständlichmachung der sozusagen gröbsten Phänomene und für den bürgerlichen Hausbedarf das von der wissenschaftlichen Ökonomie längst gelieferte Material stets von neuem wiederkaut, im übrigen aber sich darauf beschränkt, die banalen und selbstgefälligen Vorstellungen der bürgerlichen Produktionsagenten von ihrer eignen besten Welt zu systematisieren, pedantisieren und als ewige Wahrheiten zu proklamieren“[12]. In den letzten Jahren haben wir bereits mehr oder weniger bewußt einige Teile dieser Definition als unwesentlich behandelt und beiseite gelassen. Die bürgerliche Ökonomie dient seit langem nicht mehr nur der plausiblen Verständlichmachung für den bürgerlichen Hausbedarf, sondern entwickelt wirtschaftspolitische Instrumente für die kapitalistischen Länder. Sie reproduziert auch nicht mehr nur das schon gelieferte wissenschaftliche Material, sondern fördert neues und wichtiges Material zutage und entwickelt dabei neue Forschungsmethoden.

Nach wie vor gültig bleibt dagegen die Feststellung, daß sich die Vulgärökonomie als Ganzes an der Oberfläche der Erscheinungen, *innerhalb des scheinbaren Zusammenhangs* herumtreibt und auf Grund ihrer Klassengebundenheit nicht zur Erkenntnis der inneren, gesetzmäßigen Zusammenhänge in Wirtschaft und Gesellschaft vorstoßen kann. Hier erheben sich sofort neue Fragen. Wie steht es mit der Erkenntnismöglichkeit der bürgerlichen Ökonomie in Teilbereichen, z. B. in der Zirkulationssphäre? Hat sie die Fähigkeit, in bestimmte innere und gesetzmäßige Zusammenhänge von Teilprozessen einzudringen? Sind dabei gewonnene richtige Erkenntnisse schon wissenschaftliche Widerspiegelung der objektiven Realität, auch wenn sie dann oft in ein vulgärökonomisches Gesamtbild eingefügt werden, in dessen Rahmen sie dann zu falschen theoretischen Aussagen führen? Diese Fragen erfordern Antwort.

[12] *Karl Marx/Friedrich Engels*, Werke, Bd. 23, Dietz Verlag, Berlin 1962, S. 95.

Stillschweigend haben wir uns ja auch schon einen behelfsmäßigen Ausweg geschaffen, indem wir neben die wissenschaftliche marxistische Ökonomie und die bürgerliche Vulgärökonomie den Begriff des progressiven bürgerlichen Ökonomen gestellt haben. Als *vorübergehenden, behelfsmäßigen Ausweg* bezeichne ich das aus zwei Gründen. *Erstens* wird dieser Begriff nur auf Personen angewendet; von progressiven bürgerlichen ökonomischen Theorien oder Richtungen wird nicht gesprochen. Es muß uns aber in erster Linie um eine richtige Charakterisierung ökonomischer Theorien oder Konzeptionen gehen, so wichtig auch die Kennzeichnung von Personen sein mag. *Zweitens* ist der Begriff *progressiv* nicht das Pendant zu *wissenschaftlich* oder *vulgär*. Es ist viel eher die Kennzeichnung einer bestimmten ideologischen und politischen Haltung gegenüber den gesellschaftlichen Problemen der Gegenwart. Eine solche Haltung kann für den bürgerlichen Gesellschaftswissenschaftler von großer Bedeutung sein für die Loslösung von vulgären Theorien und für die Hinwendung zu einer wissenschaftlichen Betrachtungsweise. Aber sie sagt noch nichts über den wissenschaftlichen Gehalt seiner theoretischen Auffassungen. Außerdem gibt es auch bürgerliche Ökonomen, die trotz eines progressiven gesellschaftlichen Standpunktes vulgäre Theorien vertreten. Auf die Dauer wird also dieses begriffliche Hilfsmittel nicht befriedigen und eine theoretische Klärung notwendig sein.

Oder nehmen wir den Begriff *Apologetik*, mit dem wir täglich umgehen und der uns selbstverständlich erscheint. In der Dietz-Ausgabe des I. Bandes des Marxschen *Kapital* von 1947 wird im Anhang dieser Begriff noch erklärt: „*Apologet*, Verteidiger; *Apologetik*, Lehre von der Verteidigung; *Apologie*, Verteidigung“[13]. Dann wurde *Apologetik* eine zeitlang als Verteidigung einer Gesellschaftsordnung schlechthin aufgefaßt. Erst später kamen wir dazu, diesen Begriff auf die Verteidigung einer historisch überlebten Ordnung einzuschränken[14]. Stets blieb der Begriff aber bezogen auf eine Lehre, die zu einer Gesellschaftsordnung in bestimmter Weise Stellung nimmt.

Wenn nun aber heute bürgerliche Ökonomen in Erfüllung ihrer praktischen Funktion gewisse Teilbereiche der Wirtschaft nüchtern untersuchen und daraus folgern, welche wirtschaftspolitischen Maßnahmen zu welchen Ergebnissen führen, ohne dabei irgendwie zum Kapitalismus Stellung zu nehmen, so ist das zwar zum Nutzen für den Kapitalismus – aber ist es Apologetik im Sinne des bisherigen Begriffes? Auch hier ist eine Klärung erforderlich.

Um auf dem Gebiet der Methodologie besser voranzukommen, sollten wir auch nicht darauf verzichten, uns bei den benachbarten Gesellschaftswissenschaften umzusehen, um deren methodologisches Instrumentarium kennenzulernen und Nutzen daraus zu ziehen. Dafür ein Beispiel. Die moderne Sprachwissenschaft hat die

[13] *Karl Marx*, Das Kapital, Bd. I, Dietz Verlag, Berlin 1947, S. 925; auch in *Karl Marx/ Friedrich Engels*, Werke, Bd. 23, a. a. O., S. 917, wird erklärt: „Apologetik Verteidigung, Rechtfertigungslehre“.

[14] Vgl. auch *Rudhard Stollberg*, Geschichte der bürgerlichen politischen Ökonomie, Verlag Die Wirtschaft, Berlin 1960, S. 101.

Theorie der semantischen Stufen entwickelt. Diese Theorie unterscheidet verschiedene Ebenen des Denkens und des sprachlichen Ausdrucks von Gedanken. Es wird unterschieden zwischen Gedanken, die unmittelbare Sachverhalte zum Inhalt haben, und solchen, die schon die Widerspiegelung von Sachverhalten im Denken anderer Menschen beinhalten. Im zweiten Fall vollzieht sich die Widerspiegelung der Realität in zwei oder mehr Stufen. Georg Klaus hat diese Theorie der semantischen Stufen in seiner Schrift über *Semiotik und Erkenntnistheorie* mit der marxistischen Gnoseologie verbunden. Damit wird eine viel differenziertere Handhabung der Leninschen Abbildtheorie möglich. Man kann exakter bestimmen, wovon theoretische Thesen Abbilder sind – von Sachverhalten, von Vorstellungen über Sachverhalte, von Vorstellungen der Vergangenheit oder der Gegenwart usw. Das ist für eine exakte Theorienkritik von Wichtigkeit und gerade bei der außerordentlichen Vielschichtigkeit des heutigen bürgerlichen Bewußtseins von methodologischem Nutzen. Es gibt z. B. bürgerliche Theorien, die sich mit der Analyse bestimmter ökonomischer Prozesse befassen und die damit dem Verhältnis von Wirklichkeit und Abbild unmittelbar entsprechen. Es gibt aber auch viele Theorien, die sich statt dessen mit der Systematisierung und Verallgemeinerung jener Ansichten und Vorstellungen beschäftigen, die innerhalb einer bestimmten Klasse oder Schicht (z. B. Monopolbourgeoisie, Kleinbürgertum) *über* die ökonomischen Prozesse oder Verhältnisse als allgemein anerkannt gelten. Es gibt ferner auch Theorien, die – metakritisch – als Antithesen zu einer anderen Theorie entstehen.

Solche Theorien stellen also gar kein Abbild der ökonomischen Realität dar, sondern sind nur noch Abbilder der im bürgerlichen Bewußtsein bereits verzerrten Widerspiegelung dieser Realität. Dies ist besonders deutlich sichtbar bei den bürgerlichen Theorien über oder besser gegen den Sozialismus, weil hier im Regelfall als Ausgangspunkt nicht die sozialistische Wirklichkeit, sondern das eingefleischte bürgerliche Vorurteil genommen wird.

In vielen Theorien werden beide Stufen der Betrachtung durcheinandergebracht, und es gibt nicht wenig Widersprüche in ihnen, die sich gerade daraus erklären. Um sich im Durcheinander bürgerlicher Auffassungen richtig zu orientieren, um die Zugehörigkeit bestimmter Theoreme zu den verschiedenen Stufen des Abbildes der Wirklichkeit zu erkennen und um also eine auch im Detail exakte Kritik bürgerlicher Theorie und Methode geben zu können, ist die Anwendung der Theorie der semantischen Stufen ein wertvolles Hilfsmittel.

Da es gegenwärtig nicht nur eine Vertiefung der Spezialisierung, sondern zugleich eine Annäherung und gegenseitige Verflechtung der einzelnen gesellschaftswissenschaftlichen Disziplinen gibt, müßte gerade auf methodologischem Gebiet eine enge Zusammenarbeit der Vertreter der verschiedenen Wissenschaftszweige erreicht werden.

Es wird sichtbar geworden sein, daß vorstehende Ausführungen nicht die Aufgabe hatten, Problem*lösungen* zu bringen. Es ging darum, Problem*stellungen* deutlich zu machen, die in unserer Arbeit herangereift sind. Wenn wir uns durch die Diskussion dieser Fragen die neuen theoretischen Aufgabenstellungen bewußt machen, werden die Voraussetzungen für ihre Lösung geschaffen. Insofern führt uns schon die exakte Formulierung dieser Probleme auf dem Wege der theoretischen Durchdringung von kapitalistischer Theorie und Praxis ein Stück vorwärts. Wir nehmen auf diese Weise teil an jenem großen Entwicklungsprozeß der marxistischen Gesellschaftswissenschaften, der durch die Überwindung von Dogmatismus und Personenkult neuen Auftrieb erhielt und zu immer besserer Erkenntnis der gesellschaftlichen Wirklichkeit führt. Je besser wir die dabei immer neu auftretenden Aufgaben meistern, desto erfolgreicher werden wir zur Zurückdrängung des Einflusses der bürgerlichen Ideologie und zur Verbreitung des marxistischen Gedankengutes beitragen.

Wolfgang Seidel

AUFBAU UND ORGANISATION EINES SYSTEMS DER WIRTSCHAFTSWISSENSCHAFTLICHEN INFORMATION

Die Probleme der Einführung und der weiteren Vervollkommnung des neuen ökonomischen Systems der Planung und Leitung der Volkswirtschaft, die Untersuchung der Wirtschaftsprozesse im Kapitalismus und die Auseinandersetzung mit den ökonomischen Auffassungen der bürgerlichen Theoretiker stellen hohe Anforderungen an die ökonomische Forschung in der DDR. Die Lösung dieser Aufgaben verlangt auch von der wirtschaftswissenschaftlichen Information und Dokumentation höhere Leistungen. Die Wissenschaftler und Praktiker müssen gegenwärtig noch einen zu großen Teil ihrer Arbeitszeit verwenden, um sich über die neuesten wissenschaftlichen Ergebnisse auf ihrem Fachgebiet zu informieren, weil das wirtschaftswissenschaftliche Quellenmaterial nicht in dem nötigen Umfang erschlossen wird und die gegenwärtigen Formen und Methoden der Aufbereitung der Dokumentationsergebnisse noch keinen schnellen Zugriff zum gesuchten Material erlauben. Dieser Seite der Informationsarbeit wird in der Zukunft immer größere Bedeutung zukommen, denn der wachsende Grad der unmittelbaren Anwendung der Wissenschaft in der Praxis und das höhere Entwicklungstempo der Wissenschaft erfordern einen schnelleren Zugriff zu den neuesten wissenschaftlichen Erkenntnissen. Die Entwicklung der Wissenschaft äußert sich auch in einer immer tiefer gehenden Arbeitsteilung und Spezialisierung. Diese Entwicklung hat zur Folge, daß die Ökonomen weniger allgemeine und mehr genauere und spezifische Anforderungen an die Information stellen, was eine entsprechend aufbereitete und geordnete Materialsammlung voraussetzt. Damit die wirtschaftswissenschaftliche Information und Dokumentation diesen Anforderungen gerecht wird, sind große Anstrengungen notwendig. Es ist deshalb auch kein Zufall, daß auf die Probleme der Informationsarbeit im Programm der SED hingewiesen wurde: „Um die Wirksamkeit der Wissenschaften zu vergrößern, ist es notwendig, ein wesentlich höheres Niveau der wissenschaftlichen Dokumentationen und Informationen auf allen Wissenschaftsgebieten zu erreichen."[1]

Die Notwendigkeit dieser Forderung wird noch dadurch unterstrichen, daß auf dem 5. Plenum des ZK der SED Walter Ulbricht erneut auf die große Bedeutung

[1] VI. Parteitag der SED, *Walter Ulbricht*: Referat, Schlußwort, Programm, Dietz Verlag, Berlin 1963, S. 348.

von Information und Dokumentation hingewiesen hat. Zur gesellschaftswissenschaftlichen Dokumentation und Information sagte Kurt Hager auf einer Konferenz der Gesellschaftswissenschaftler: „Die *wissenschaftlich begründete Führungstätigkeit* erfordert im Bereich der Gesellschaftswissenschaften vom Staatssekretariat für das Hoch- und Fachschulwesen und der Deutschen Akademie der Wissenschaften bis zu den Instituten und Arbeitsstellen eine Ordnung der Verantwortung, der Auftragserteilung, der Information usw.“[2] Er fährt an anderer Stelle fort: „Eine Teilfrage der Wissenschaftsorganisation ist die Auswertung der schriftlich fixiert vorliegenden Erfahrungen und Ergebnisse der Gesellschaftswissenschaften nach dem neuesten Stand.“[3] Damit werden die Stellung und die Aufgaben der wissenschaftlichen Information und Dokumentation im System der wissenschaftlichen Forschung klar gezeigt.

Das Komitee für Partei- und Staatskontrolle des ZK der KPdSU und des Ministerrats der UdSSR stellte bei seinen Untersuchungen fest: „Gegenwärtig häufen sich die veröffentlichten wissenschaftlichen und technischen Informationen so stark, daß bei falscher Organisation der wissenschaftlich-technischen Information nicht nur einzelne Fachleute, sondern auch ganze Kollektive außerstande sind, Neuerscheinungen zu verfolgen. Die Anzahl der wissenschaftlichen und technischen Publikationen in der Welt verdoppeln sich alle acht bis zehn Jahre. Dabei werden schon heute allein auf dem Gebiet der Naturwissenschaften und technischen Wissenschaften jährlich mehr als drei Millionen Aufsätze, über 200000 Patentbeschreibungen und Autorenerzeugnisse, Hunderttausende von wissenschaftlichen Berichten und dergleichen veröffentlicht. Für das Herausfinden einer notwendigen Information braucht der Forscher oftmals so viel Zeit, daß es eher vorteilhaft erscheint, das Experiment zu wiederholen als aus der Literatur die Mitteilungen über bereits angestellte Versuche herauszusuchen. Es entstehen erhebliche Zeitverluste und eine unnötige Doppelarbeit; das Tempo des wissenschaftlichen und technischen Fortschritts wird gehemmt.“[4]

Die Organisation wirtschaftswissenschaftlicher Informationsarbeit erfolgt durch die *Zentralstelle für wirtschaftswissenschaftliche Dokumentation und Information* beim Institut für Wirtschaftswissenschaften der Deutschen Akademie der Wissenschaften zu Berlin. Im Rahmen ihrer bisherigen Arbeit konzentrierte sich die Zentralstelle – in Zusammenarbeit mit anderen wirtschaftswissenschaftlichen Einrichtungen – durch die Herausgabe von Dokumentationsdiensten darauf, eine breite Basis für die Informationsarbeit zu schaffen. Bisher erschienen von der Zentralstelle folgende Dokumentationsdienste:

Politische Ökonomie des Sozialismus
Planung und Leitung der sozialistischen Volkswirtschaft

[2] *Kurt Hager*, Probleme und Aufgaben der Gesellschaftswissenschaften nach dem 5. Plenum des ZK. In: „Einheit“, 19. Jahrg., H. 4, S. 79, 1964.

[3] Ebenda.

[4] *M. Anutschin/G. Lushnow*, Kompaß im Ozean des Wissens. In: „Presse der SU“, Ausg. A, S. 958, 10. April 1964.

Sozialistisches Weltwirtschaftssystem
Finanzen
Politische Ökonomie des Kapitalismus
Binnenhandel
Soziologie

Neben den Dokumentationsdiensten werden Schnellinformationen und Querschnittsinformationen herausgegeben, auf die weiter unten näher eingegangen wird.

Aus den Ergebnissen der bisherigen Arbeit und den Diskussionen zur Verbesserung der Informationstätigkeit ergeben sich eine Reihe von Aufgaben: Verbesserung der Qualität der Informationsarbeit, Vervollständigung des Systems der Dokumentationsdienste, Erarbeitung einer einheitlichen Systematik für die Gesellschaftswissenschaften, Herstellung engerer Kontakte zum wissenschaftlichen Bibliothekswesen, Ermittlung des Nutzeffektes der Informationsarbeit, Klärung von Ausbildungsfragen für die Kader der Informationsstellen, Erhöhung der Aktualität der Informationsmittel. Hier soll auf einige Probleme eingegangen werden, deren Lösung für die weitere Entwicklung der wirtschaftswissenschaftlichen Information und Dokumentation besonders wichtig sind.

Die Verbreiterung der Quellenbasis der Informationsarbeit

Bei der Verbreiterung der Quellenbasis kommt es unseres Erachtens auf zwei Probleme an. Einmal müßten die literarischen Quellen vollständiger erfaßt werden. In der Hauptsache konzentrierte man sich bisher auf die systematische Erschließung der vorhandenen Zeitschriftenliteratur. Das genügt jedoch nicht mehr, in Zukunft muß die Auswertung des eigenen Zeitschriftenbestandes durch die Auswertung von Referatezeitschriften (wie Referativnyi sbornik, Ekonomika promyšlennosti, Economic Abstracts, Documentation économique) ergänzt werden, um einen vollständigen Überblick über die wichtigste Zeitschriftenliteratur geben zu können. Durch die systematische Auswertung der Nationalbibliographien der wichtigsten Länder, müssen die Monographien möglichst vollständig erfaßt werden. Dabei sind alle Dissertationen und Habilitationen zu berücksichtigen. Die Erfassung der Monographien, Dissertationen und Habilitationen muß durch die systematische inhaltliche Erschließung des Literaturbestandes der wirtschaftswissenschaftlichen Fachbibliotheken und der allgemeinen wissenschaftlichen Bibliotheken ergänzt werden. In Zusammenarbeit mit Rundfunk, Fernsehen und ADN muß die Auswertung von Nachrichten, Meldungen, Kommentaren aus aller Welt aufgenommen werden.

Zweitens muß damit begonnen werden, das gesprochene Wort zu speichern, um es für die wissenschaftliche Arbeit nutzbar zu machen. Die Beschränkung auf die Literatur ist eine zu schmale Basis für die Informationsarbeit. Manfred v. Ardenne beschäftigt sich in seiner Broschüre *Wege zur Steigerung der Weltmarktfähigkeit unserer industriellen Erzeugnisse* unter anderem mit den Quellen zur Gewinnung und Auswertung von Informationen über den wissenschaftlich-technischen Weltstand. Er unterscheidet zwischen Quellen mit hoher Verlustzeit, mit mittlerer Verlustzeit und mit niederer Verlustzeit. Unter Quellen mit niederer Verlustzeit versteht v. Ardenne die auf wissenschaftlichen Konferenzen, Kolloquien usw. gehaltenen Referate, geführten Diskussionen und Mitteilungen von Fachkollegen. Auf diesen Veranstaltungen erfährt der Wissenschaftler am schnellsten von den neuesten Ergebnissen in der wissenschaftlichen Arbeit. Die Würdigung der wissenschaftlichen Diskussion als Informationsquelle ist sehr wichtig und für die Informationsarbeit von großer Bedeutung. Die Auswertung von wissenschaftlichen Veranstaltungen ist offensichtlich nicht ausreichend. Über die wissenschaftlichen Veranstaltungen mit teilweise hohem Informationswert wird in der Regel nur der relativ kleine Kreis der teilnehmenden Wissenschaftler informiert; der größere Teil der interessierten Wissenschaftler kann nur ungenügend über die wissenschaftlichen Ergebnisse der genannten Veranstaltungen informiert werden, da man in der Regel nur die wichtigsten wissenschaftlichen Konferenzen protokolliert. Dabei ist noch zu beachten, daß bis zur Veröffentlichung der Ergebnisse – von wichtigen Plenartagungen des ZK der SED und ähnlichen Veranstaltungen abgesehen – ein bis anderthalb Jahre vergehen und das Material schon wissenschaftlich veraltet ist.

Die zur Zeit notwendige Beschränkung auf die Literatur als die wichtigste Quelle der Speicherung wissenschaftlicher Erkenntnisse hat auch Konsequenzen für den jetzigen Stand der Informationsarbeit. Die ausschließliche Beschäftigung der Mitarbeiter in den Informationsstellen mit der Literatur hat zur Folge, daß die Mitarbeiter nur in ungenügendem Maße mit den verschiedenen Aspekten bei der Lösung der Forschungsaufgaben und den dafür benötigten Informationen vertraut sind. Die Ergebnisse der Informationsarbeit berücksichtigen so bei der Auswahl der Titel aus dem vorhandenen Informationsfonds zu wenig die spezifischen Bedürfnisse der Wissenschaftler und sind daher in der Thematik oft zu breit angelegt. Neue Gesichtspunkte werden bei der Anfertigung der Referate und bei der Klassifizierung in der Regel nicht berücksichtigt. In der Praxis wird häufig das schon einmal bearbeitete Material gemäß der neuen Fragestellung zum zweiten Mal ausgewertet. Daraus ergibt sich ein Verzug in der Bereitstellung von Informationen.

Um das gesprochene Wort als Quelle der Information zu nutzen, muß die dafür vorhandene Technik (das Tonband) in weit größerem Maße eingesetzt werden. Damit würde die Informationsarbeit über einen Speicher verfügen, mit dessen Nutzung die Information über den neuesten Erkenntnisstand vollständiger wäre.

Verbesserung der Qualität der inhaltlichen Erschließung

Die Wirksamkeit der Information wird wesentlich durch die Qualität der Referate, die die Literatur inhaltlich erschließen, bestimmt. Die Aufgabe des Referats ist es, objektiv den Inhalt einer wissenschaftlichen Arbeit wiederzugeben, dabei sind die Schwerpunkte der Arbeit und die Art und Weise ihrer Behandlung hervorzuheben. Besondere Aufmerksamkeit muß beim Referieren dem parteilichen Erkennen und Darstellen der neuen wissenschaftlichen Ergebnisse oder Fragestellungen geschenkt werden.

Gegenwärtig entsprechen noch nicht alle Referate den Anforderungen. Das betrifft besonders die Referate von wissenschaftlichen Arbeiten mit schwierigen theoretischen Fragen und die Referierung der bürgerlichen Theorien. Häufig wird der Inhalt der Arbeiten zu allgemein dargestellt, weil die Referenten noch ungenügende Erfahrungen besitzen. Wir waren und sind ständig bemüht, durch engen Kontakt mit den Wissenschaftlern, vorwiegend durch zweiseitige Gespräche, die Verbesserung der Referate zu beeinflussen. Das ist ein langwieriger und komplizierter Prozeß, der nicht von heute auf morgen Erfolge zeitigt. Trotzdem scheint diese Methode unter den gegenwärtigen Bedingungen die beste Lösung zu sein. Damit ist die Frage der Qualität der Referate noch nicht vollständig behandelt. Immer wieder werden Diskussionen über die Ausführlichkeit der Referate geführt. In der Sowjetunion wird von verschiedenen Seiten (VINITI, Fundamentalbibliothek) die Auffassung vertreten, daß mit der bei uns üblichen Kurzform der Referate der Inhalt einer wissenschaftlichen Arbeit nicht wiedergegeben werden könne. Wenn man grundsätzlich davon ausgeht, daß die Aufgabe des Referats darin besteht, umfassend über den Inhalt einer Arbeit zu informieren und nicht darin, das Studium der Originalliteratur zu ersetzen, so genügen die Möglichkeiten, die die DIN A 6-Karteikarte bietet, völlig, um die Schwerpunkte einer wissenschaftlichen Arbeit darzulegen. Der Wissenschaftler kann in der Regel durch das Referat so weit über den Inhalt einer wissenschaftlichen Arbeit informiert werden, um zu unterscheiden, ob die referierte Publikation für ihn von Bedeutung ist oder nicht.

Weiterhin muß berücksichtigt werden, daß es uns auch nicht möglich sein wird, jede wissenschaftliche Arbeit in diesem Umfange zu referieren, wie es beispielsweise in den Referatezeitschriften der VINITI üblich ist, da der dafür notwendige Aufwand für unsere Verhältnisse zu hoch ist. Es sollte aber überprüft werden, inwieweit wir in Ausnahmefällen vom Prinzip des Kurzreferates abgehen könnten. Von sowjetischer Seite wird zu recht darauf hingewiesen, daß es zweckmäßig ist, wissenschaftliche Arbeiten in weniger bekannten Sprachen ausführlicher zu referieren, um den Leser eingehender über den Inhalt zu informieren, da nicht jede dieser Arbeiten übersetzt werden kann. Es scheint auch zweckmäßig, das Prinzip des Kurzreferats bei schwerbeschaffbarer Literatur zu durchbrechen. Des weiteren müßten unter diesem Gesichtspunkt die Erfordernisse bei der Referierung von Faktenmaterial diskutiert werden. Bei den üblichen Kurzreferaten besteht nur die Möglichkeit, die wichtigsten Angaben in das Referat zu übernehmen, womit nicht immer vollständig ausgedrückt werden kann, welches Faktenmaterial in der Arbeit enthalten ist.

Ein anderes Moment ist die Subjektivität des Referenten. Das Referat wird bei allen Bemühungen um objektive Darstellung stets von subjektiven Faktoren beeinflußt. Dieses Problem spricht für unsere Auffassung über den Umfang der Referate, da bei relativ kurzen Referaten nicht in dem Maße die Möglichkeit besteht, ihren Inhalt subjektiv zu beeinflussen.

Das umfangreiche Referieren hat aber auch einen Nachteil für den Nutzer, da der Zeitaufwand für das Sichten des Informationsmaterials beträchtlich ansteigt.

Die Qualität der inhaltlichen Erschließung der Literatur ist nicht nur von Bedeutung für den Nutzer der Dokumentationsdienste, sondern auch für die Erarbeitung weiterer Informationsmittel. Auf der Grundlage der Dokumentationsdienste können beispielsweise Fortschrittsberichte, Spezialbibliographien und andere Informationsmittel erarbeitet werden.

Die Aufbereitung von statistisch-analytischem Zahlenmaterial

Ein spezielles Problem der inhaltlichen Erschließung ist die Verbesserung der Information über statistisch-analytisches Zahlenmaterial. Viele Ökonomen benötigen für ihre Arbeit einen ständigen Überblick über die Entwicklung ökonomischer Prozesse. Abgesehen von eventuellen sprachlichen Schwierigkeiten ist diese Frage relativ unproblematisch, wenn statistisches Material zu Problemen eines Landes gesucht wird, das direkt aus den statistischen Jahrbüchern zu entnehmen ist. Das trifft besonders für die ökonomischen Probleme der DDR zu, da hier verhältnismäßig viel veröffentlichtes Material vorliegt. Bei ökonomischen Forschungsarbeiten über internationale Vergleiche sind die Beschaffung und Bearbeitung von statistischem Material oft kompliziert und zeitaufwendig. In diesen Fällen sind die statistischen Angaben in den Jahrbüchern der einzelnen Länder nicht direkt vergleichbar. Das Material muß umgruppiert werden, oder aus quantitativen Kennziffern müssen durch Umrechnung neue, auf der Grundlage der marxistischen Gruppenbildung errechnete qualitative Kennziffern erarbeitet werden. Häufig besteht kein Überblick, welche speziellen statistischen Berechnungen schon vorhanden sind. Im Institut für Ökonomie der Akademie der Wissenschaften der UdSSR ist zur Vermeidung von Doppelberechnungen für selbstangefertigte statistische Analysen eine Meldepflicht an den Sektor Information eingeführt worden. Würde es gelingen, im Rahmen der DDR eine ähnliche Regelung für statistische Berechnungen einzuführen, wie sie schon für die Meldung von Übersetzungen besteht, so könnte den Ökonomen viel Rechenarbeit abgenommen werden. Die erarbeiteten statistischen Analysen könnten durch ein entsprechendes Bulletin allen Interessierten bekanntgegeben werden. Zur Rationalisierung der Arbeit mit dem statistischen Material wäre es zweckmäßig, wenn neben der Erschließung des statistischen Materials auf Grund von Aufträgen eine zielgerichtete aktive Bearbeitung von Statistiken in Gemeinschaftsarbeit der in vielen Instituten vorhandenen Rechengruppen vorgenommen werden würde. Die statistisch-analytische Rechengruppe unseres Instituts hält ein solches Vorhaben für zweckmäßig.

Die Formen der Information und die Anpassung der Informationsmittel an die Informationsbedürfnisse

Die Bedürfnisse nach wirtschaftswissenschaftlichen Informationen sind sehr vielseitig. Um sie befriedigen zu können, sind alle Auswertungsergebnisse der aufbereiteten Informationsquellen in einem Speicher nach einer einheitlichen Methodik zu sammeln. Für die erste Aufbereitungsstufe der Auswertungsergebnisse sind die

Dokumentationsdienste am besten geeignet, weil die Karteiform der Dokumentationsdienste die laufende Ergänzung des vorhandenen durch das neuerarbeitete Material an allen Stellen des Speichers gestattet. Das Material der Dokumentationsdienste stellt damit den Informationsfonds und die Grundlage für die weitere Aufbereitung dar. Aus dieser Aufgabe ergibt sich die zentrale Stellung der Dokumentationsdienste im Informationssystem.

Die vielseitigen Bedürfnisse nach wirtschaftswissenschaftlichen Informationen können jedoch nicht allein durch die Dokumentationsdienste befriedigt werden. Dazu sind differenzierte Formen der Information notwendig, die sich spezifischer Mittel bedienen. Die Formen der Information ergeben sich aus den zwei Hauptarten:

a) die *retrospektive Information*

stellt Literatur zur Verfügung, die zu einem Gebiet in einem bestimmten Zeitraum veröffentlicht wurde. Diese Form der Information wird angewendet, wenn sich ein Nutzer in ein für ihn neues Aufgabengebiet einarbeitet und sich einen Überblick über den gegenwärtigen Stand der Erkenntnisse anhand der bisher erschienenen wichtigsten Veröffentlichungen verschaffen muß. Die retrospektive Information ist ein einmaliger Akt und kann als Initiativinformation oder auf Grund von Anfragen gegeben werden. Die Mittel dafür sind Dokumentationsdienste, Fachbibliographien, Fortschrittsberichte, Handbücher, Enzyklopädien, Lehrbücher.

b) die *laufende Information*

stellt kontinuierlich die neueste Literatur eines Gebietes zur Verfügung. Diese Form der Information wird angewendet, wenn ein Nutzer sich ständig über die neuesten wissenschaftlichen Ergebnisse seines Fachgebietes informieren will. Dieser ständige Vergleich der eigenen wissenschaftlichen Ergebnisse mit dem internationalen Entwicklungsstand des Fachgebietes und seinen Entwicklungstendenzen ist eine Grundvoraussetzung, um höchste wissenschaftliche Ergebnisse erreichen zu können.

Die laufende Information bedient sich besonderer Mittel. Sie müssen möglichst genau der Thematik des jeweiligen Nutzers entsprechen. Deshalb muß man sich bei der Erarbeitung dieser Informationsmittel auf die Schwerpunkte der wirtschaftswissenschaftlichen Forschung orientieren. Die Forderung nach thematisch spezifizierten Informationsmitteln berücksichtigt die kollektiven Bedürfnisse eines bestimmten Nutzerkreises. Es ist unmöglich, in größerem Maße für individuelle Bedürfnisse spezielle Informationsmittel zu schaffen.

In der gegenwärtigen Etappe der Ausarbeitung und Weiterentwicklung des neuen ökonomischen Systems der Planung und Leitung der Volkswirtschaft kommt der laufenden Information über die neuesten wissenschaftlichen Forschungsergebnisse auf dem Gebiete der Wirtschaft des Sozialismus gegenüber der retrospektiven Information die größere Bedeutung zu.

Bei der Erarbeitung der Informationsmittel für die laufende Information kommt es neben der richtigen thematischen Bestimmung darauf an, die Gestaltung der Informationsmittel den Interessen der verschiedenen Nutzerkreise anzupassen. Forscher sind – für ein spezielles oder sehr breites Thema – in der Regel daran interessiert, möglichst umfassend und vollständig informiert zu werden. Funktionäre im Staatsapparat oder in den Betrieben, denen nur ein geringerer Teil der Arbeitszeit für das Studium der Literatur zur Verfügung steht, muß eine enge, aber sorgfältige und zuverlässige Auswahl der wichtigsten Literatur zum interessierenden Problem zur Verfügung gestellt werden. Je nach dem Charakter der Bedürfnisse reicht in einem Fall eine einfache Titelliste aus, in einem anderen Fall wird es erforderlich sein, den Inhalt der Literatur ausführlicher zu erschließen.

So vielfältig die Bedürfnisse nach einer zielgerichteten speziellen Information sind, so mannigfaltig müssen die Mittel der laufenden Information gestaltet werden, um der wirtschaftswissenschaftlichen Forschung und der Wirtschaftspraxis zu helfen. In den letzten ein bis zwei Jahren wurden entsprechend den realen Bedürfnissen der Wissenschaft und der Praxis von den verschiedensten Informationsstellen (vom *Ökonomischen Forschungsinstitut* bei der Staatlichen Plankommission, *Finanzökonomischen Forschungsinstitut* beim Ministerium der Finanzen, Institut für Gesellschaftswissenschaften beim ZK der SED) spezielle Informationsmittel für die laufende Information entwickelt, die sich nach den bisherigen Erfahrungen bestens bewährt haben.

Auf das Informationsvermögen der wichtigsten Formen soll im folgenden etwas näher eingegangen werden.

Schnellinformationen erscheinen als Titelliste in einem vier- bis sechswöchigen Vorlauf vor den Dokumentationsdiensten. In den Schnellinformationen ist das Material der Dokumentationsdienste enthalten, das durch weniger wichtiges und schnell veraltendes Material und Titel aus den Randgebieten ergänzt wird. Die Ordnung erfolgt nach den zehn Hauptgruppen der Systematiken. Sie erscheinen monatlich. Sie ermöglichen einen schnellen und informativen Überblick über die neueste Literatur eines größeren Gebietes der Ökonomie.

Querschnittsinformationen werden zu Schwerpunkten der wirtschaftswissenschaftlichen Forschung des *Beirats für ökonomische Forschung* bei der Staatlichen Plankommission herausgegeben. Die Querschnittsinformationen erscheinen monatlich als Titellisten. In sie gehen alle Titel zu einem Spezialgebiet ein, die durch verschiedene Dokumentationsdienste erfaßt werden. Sie geben eine zielgerichtete und umfassende Information zu einem Spezialgebiet der Ökonomie auf der Grundlage mehrerer Dokumentationsdienste.

Kurzinformationen werden für ein Spezialgebiet monatlich herausgegeben. Sie enthalten eine enge Auswahl der wichtigsten Neuerscheinungen eines Monats, etwa zehn Titel, die besonders ausführlich, ähnlich wie in Referatezeitschriften, referiert werden. Sie ermöglichen eine schnelle und ausführliche Information über die wichtigste Literatur eines Spezialgebietes der Ökonomie.

Zum Schluß soll auf eine Form der laufenden Information eingegangen werden, für die sich noch kein einheitlicher Begriff gebildet hat, durch die Originalarbeiten unter einem bestimmten Aspekt zusammengestellt werden. Hier werden solche Arbeiten wie Übersetzungen, Auszüge aus größeren Publikationen, Gesetze, Verordnungen, Zusammenstellungen nicht veröffentlichter Arbeiten entsprechend der Aufgabenstellung zusammengefaßt. Sie erscheint unregelmäßig. Sie stellt die wichtigste Literatur zu speziellen Aufgaben in komprimierter Form zur Verfügung.

Der Entwicklungsstand der laufenden Information ist gegenwärtig noch ungenügend. Es werden nur zu einigen Schwerpunkten der Forschung spezielle Informationsmittel erarbeitet. Gegenüber dem Stand der systematischen Herausgabe der Dokumentationsdienste besteht für die Entwicklung der laufenden Information noch keine klare Konzeption, nach der wie bei der Organisation der Dokumentationsarbeit die Tätigkeit der Informationsstellen sinnvoll koordiniert wird. Diese Seite der Entwicklung der wirtschaftswissenschaftlichen Information muß in der künftigen Arbeit vorrangig bedacht werden.

Probleme der Anwendung der neuen Technik

Die Klärung der aufgeworfenen Fragen wird zweifellos zur wesentlichen Verbesserung der bisherigen Informationsarbeit führen. Eine grundlegende Verbesserung wird aber erst dann erreicht werden können, wenn es gelingt, den Prozeß der Informationsarbeit, besonders den der Speicherung und Befragung von Informationsmitteln, zu mechanisieren oder zu automatisieren. Die besten Voraussetzungen für die Lösung dieser Aufgabe besitzen offensichtlich die elektronischen Rechengeräte. Die internationalen Erfahrungen zeigen jedoch, daß die Anwendung dieser Geräte für die Information kompliziert ist und daß gegenwärtig noch keine annehmbare Lösung gefunden wurde. Nicht zuletzt muß der zu hohe Aufwand für die Anwendung der elektronischen Geräte, der bis jetzt in keinem Verhältnis zum Nutzen steht, beachtet werden. Bei der Lösung dieses Problems darf man auch nicht versuchen, den zweiten Schritt vor dem ersten zu tun. Der erste Schritt besteht in der Anwendung der maschinellen Lochkartenverfahren. An unserem Institut wurde damit begonnen, die Anwendungsmöglichkeiten der maschinellen Lochkartenverfahren für die Information zu untersuchen. Von der *Zentralstelle für wirtschaftswissenschaftliche Dokumentation und Information* wurde in Zusammenarbeit mit der *Statistisch-analytischen Rechengruppe* eine Methode zur Anwendung der maschinellen Lochkartenverfahren ausgearbeitet und experimentell erprobt.[5]

Das gegenwärtig in der Dokumentation angewandte manuelle System gestattet im wesentlichen nur eine Recherche nach einzelnen Sachverhalten und nach einfachen Sachverhaltskombinationen. Diese ist bei der Steilkartei in der Regel ohne große Mühe möglich, soweit die erfragten Sachverhalte und Sachverhaltskombinationen über die angewandte Systematik ermittelt werden können. Für die Aufgabe der Theorie und Praxis reicht aber die Frage nach einem Schlagwort oder einer einfachen Schlagwortkombination nicht aus. Ein Fragesteller interessiert sich beispielsweise nicht für die Arbeitsproduktivität schlechthin, sondern für die Arbeitsproduktivität und die Selbstkosten eines Industriezweiges, eines bestimmten Landes

[5] Vgl. *Rudi Walther*, *Wolfgang Seidel*, Probleme und Methoden der Anwendung maschineller Lochkartenverfahren in der Dokumentation wirtschaftswissenschaftlicher Literatur. In: „Dokumentation“, H. 4, S. 110 ff, 1964.

und einer bestimmten Zeit. Allein aus dieser Frage ergibt sich die Kombination von fünf Schlagwörtern. In der Regel ist die Frage komplizierter und umfangreicher, je weiter sich die Wissenschaft entwickelt, desto spezieller wird sie. Da nach den traditionellen manuellen Methoden die Beantwortung einer solchen speziellen Frage nicht möglich ist, ist dies wohl eine der Ursachen für die noch ungenügende Arbeit der Theoretiker und Praktiker mit dem Informationsmaterial der Dokumentationsdienste. Deshalb wurde im Institut für Wirtschaftswissenschaften die Aufgabe gestellt, mit Hilfe der maschinellen Lochkartentechnik eine schnellere und qualifiziertere Befragung der von der Zentralstelle herausgegebenen Dokumentationsdienste zu ermöglichen. Es wurde folgende Methode der Speicherung von Angaben auf den Lochkarten entwickelt:

Die Lochkarte wird in drei Lochfeldgruppen aufgeteilt. Bei der ersten Lochfeldgruppe werden Angaben gespeichert, die das Auffinden der Titel im Dokumentationsdienst ermöglichen. Bei der zweiten Lochfeldgruppe werden Angaben inhaltlicher und formaler Art (Land, Wirtschaftszweig, Sprache, Erscheinungsjahr, Form usw.) gespeichert, um den Kartendurchlauf bei der Recherche nach Sachverhaltskombinationen möglichst niedrig zu halten. Die dritte Lochfeldgruppe ist für die Aufnahme der speziellen Sachverhalte, die über die Systematik nur schwierig oder gar nicht zu ermitteln sind, vorgesehen. In diese Spalten sollen die einzelnen Notationen der Sachverhalte oder einfache Sachverhaltskombinationen gelocht werden. Die Bildung der Sachverhalte und Sachverhaltskombinationen ist sehr kompliziert. Nach längerer Diskussion und praktischer Erprobung zeigte sich, daß das traditionelle hierarchische System der Dezimalklassifikation für die maschinelle Aufbereitung nicht geeignet ist, da dieses System nicht beweglich genug ist und das Neue in der Entwicklung ungenügend berücksichtigt. Es wurde deshalb zunächst völlig unsystematisch eine Aufgliederung der Referate nach bedeutungsvollen Sachverhalten vorgenommen.

Die Schlagwörter wurden zu Beginn des Versuches möglichst allgemein herausgearbeitet und umfassende Terms wie *Arbeit, Produktivität, Lohn, Kosten, Politik, Theorie* gebildet. Die Fachterminologie wurde in diese Terms umgewandelt. Der Begriff *Arbeitsproduktivitätssteigerung* ergab also drei Terms. Diese Methode der Termbildung hat sich nicht bewährt, da hier die Möglichkeit der Bildung von ungewollten Kombinationen zu groß war. Beispielsweise können bei vielen Titeln die Terms *Arbeit, Wert, Theorie* vorkommen. Bei den wenigsten Titeln wird man jedoch erwarten können, daß die *Arbeitswerttheorie* als spezielles Problem abgehandelt wird. Aus diesem Grunde werden spezielle Fachbegriffe als Terms verwendet wie *dritte Etappe der allgemeinen Krise, Selbstkostensenkung, Anwendung mathematischer Methoden.* Die Fachbegriffe werden fortlaufend numeriert in einer Termliste festgehalten. Zu einem späteren Zeitpunkt wird zusätzlich eine zweite Liste angelegt, in der die Schlagwörter unter den entsprechenden Nummern alphabetisch geordnet werden.

Bei der Erarbeitung der Terms bestätigten sich die internationalen Erfahrungen, daß für ein Fachgebiet im wesentlichen nur 500 bis 700 Terms benötigt werden. So wurden für den Dokumentationsdienst *Politische Ökonomie des Kapitalismus* auf der Grundlage von Fachbegriffen bisher rund 770 Terms ermittelt. Ab 1964 ist es geplant, die Erfahrungen dieses Experiments auf weitere Dokumentationsdienste wie *Politische Ökonomie des Sozialismus* und *Soziologie* auszudehnen. Bei gleichen positiven Erfahrungen können die Ergebnisse dem Nutzerkreis der Dokumentationsdienste zur Verfügung gestellt werden.

Dabei sind zwei Möglichkeiten vorhanden: Die Interessenten wenden sich mit der gewünschten Literaturrecherche nach Schlagwortkombinationen direkt an die Zentralstelle. Hier werden mit Hilfe der Sortiermaschine die entsprechenden laufenden Nummern der Titel und die Systematikzahlen herausgesucht und den Interessenten übermittelt. Sollten mehrere Recherchen gewünscht werden, kann die Niederschrift der Daten mit Hilfe der Tabelliermaschine erfolgen. Der Fragesteller, nunmehr im Besitz der notwendigen Angaben, kann ohne großen Arbeitsaufwand aus den Dokumentationsdiensten die gewünschte Literatur und damit die ausführlichen bibliographischen Daten und das Referat heraussuchen. Für größere Betriebe und Institutionen mit eigener Lochkartenstation können die angefertigten Lochkarten mit Hilfe eines Dopplers vervielfältigt werden. Diese Stellen können dann jede gewünschte Literaturrecherche selbst vornehmen.

Die gewonnenen Erkenntnisse lassen unter Berücksichtigung der Erfahrungen in der Sowjetunion und in den westlichen Ländern einige Schlußfolgerungen für die weitere Arbeit auf diesem Gebiet zu.

1. Die begrenzte Kapazität der Lochkarte gestattet es nicht, alle Angaben, die auf einer Dokumentationskarte vorhanden sind, rationell zu speichern. Deshalb ist es zweckmäßig, die Anwendung der maschinellen Lochkartenverfahren mit den traditionellen Dokumentationsdiensten zu verbinden.
2. Der größte Teil der Kapazität der Lochkarte ist, um die Vorzüge der Lochkartentechnik richtig auszunutzen, für die Speicherung von Sachverhalten zu verwenden.
3. Für die Verschlüsselung der Sachverhalte sind die Zahlen der Klassifikation nicht brauchbar, da sie zu viel Platz auf der Lochkarte beanspruchen. Es muß ein spezielles Codesystem ausgearbeitet werden.
4. Das Hauptproblem zur Erreichung richtiger und zuverlässiger Antworten bei der Recherche ist die richtige Termbildung. Es kommt bei der Termbildung darauf an, falsche Kombinationsmöglichkeiten auszuschließen.
5. Die Lochkartenverfahren ermöglichen nicht nur die maschinelle Recherche, sondern können auch für die maschinelle Herstellung von Bibliographien u. ä. verwendet werden.
6. Die rationelle Ausnutzung von Lochkartenanlagen ist nur bei zentralen Stellen gewährleistet.
7. Der relativ hohe Arbeitsaufwand für Lochen und Prüfen der Lochkarten kann wesentlich reduziert werden, wenn es gelingt, die Lochbandtechnik für die automatische Bearbeitung der Lochkarten auszunutzen.

Neben den Problemen der Anwendung maschineller Lochkartenverfahren darf nicht versäumt werden, den rationellen Einsatz manueller Verfahren zu untersuchen. Es ist für kleinere Vorhaben durchaus angebracht, auch bei dem jetzigen Stand der Entwicklung besondere Verfahren anzuwenden. Die manuellen Lochkartenverfahren, besonders das Sichtlochkartensystem, können auch zweckmäßig als rationelle Organisationsmittel eingesetzt werden.

Gegenwärtig werden die Möglichkeiten der manuellen Methoden nicht genügend genutzt. Mit Erfolg wurde beispielsweise von der *Zentralstelle für wirtschaftswissenschaftliche Dokumentation und Information* eine Bibliographie ökonomischer Bibliographien im Sichtlochkartenverfahren hergestellt. Völlig falsch wäre es jedoch, die Möglichkeiten der manuellen Verfahren zu überschätzen und der zielgerichteten Forschung zur Lösung der Probleme der maschinellen Aufbereitung der Information nicht die nötige Aufmerksamkeit zu widmen.

AUTORENVERZEICHNIS

Fred Oelßner, geb. 1903, Professor, Direktor am Institut für Wirtschaftswissenschaften der DAdW.

Fritz Behrens, geb. 1909, Professor, Dr. rer. pol. habil., Wissenschaftlicher Arbeitsleiter am Institut für Wirtschaftswissenschaften der DAdW.

Gunther Kohlmey, geb. 1913, Professor, Dr. rer. pol., Abteilungsleiter am Institut für Wirtschaftswissenschaften der DAdW.

Johannes Behr, geb. 1927, Dr. rer. oec., Wissenschaftlicher Arbeitsleiter am Institut für Wirtschaftswissenschaften der DAdW.

Kurt Brünecke, geb. 1935, Dipl. math., Wissenschaftlicher Assistent am Instiut für Wirtschaftswissenschaften der DAdW.

Kurt Braunreuther, geb. 1913, Professor, Dr. rer. oec. habil., Arbeitsgruppenleiter am Institut für Wirtschaftswissenschaften der DAdW.

Helmut Steiner, geb. 1936, Dr. rer. oec., Wissenschaftlicher Oberassistent am Institut für Wirtschaftswissenschaften der DAdW.

Manfred Thiel, geb. 1930, Dr. rer. oec., Wissenschaftlicher Arbeitsleiter am Institut für Wirtschaftswissenschaften der DAdW.

Rudi Gündel, geb. 1924, Dr. rer. oec., Wissenschaftlicher Arbeitsleiter am Institut für Wirtschaftswissenschaften der DAdW.

Horst Heininger, geb. 1928, Dr. rer. oec., Wissenschaftlicher Arbeitsleiter am Institut für Wirtschaftswissenschaften der DAdW.

Kurt Zieschang, geb. 1922, Dr. rer. oec., Wissenschaftlicher Arbeitsleiter am Institut für Wirtschaftswissenschaften der DAdW.

Johann Lorenz Schmidt, geb. 1900, Professor, Dr. phil., Abteilungsleiter am Institut für Wirtschaftswissenschaften der DAdW.

Herbert Meißner, geb. 1927, Dr. rer. oec. habil., Abteilungsleiter am Institut für Wirtschaftswissenschaften der DAdW.

Wolfgang Seidel, geb. 1933, Dipl. oec., Leiter der Dokumentation am Institut für Wirtschaftswissenschaften der DAdW.

www.ingramcontent.com/pod-product-compliance
Lightning Source LLC
LaVergne TN
LVHW081337011026
849161LV00013BB/2941